21世纪应用型本科系列教材•文化产业类

传媒市场调查

CHUANMEI SHICHANG DIAOCHA

程秀花 姜东旭 编著

中山大学出版社

图书在版编目（CIP）数据

传媒市场调查/程秀花，姜东旭编著. —广州：中山大学出版社，2011.9
（21世纪应用型本科系列教材·文化产业类）
ISBN 978-7-306-03939-2

Ⅰ. 传…　Ⅱ. ①程…　②姜…　Ⅲ. 传播媒介—高等学校—教材　Ⅳ. G206.2

中国版本图书馆CIP数据核字（2011）第136059号

出 版 人：祁　军
策划编辑：邹岚萍
责任编辑：邹岚萍
封面设计：李晓新　王洪亮
责任校对：陈　霞
责任技编：黄少伟
出版发行：中山大学出版社
电　　话：编辑部 020-84111996，84111997，84113349，84110779
　　　　　发行部 020-84111998，84111981，84111160
地　　址：广州市新港西路135号
邮　　编：510275　　传　真：020-84036565
网　　址：http://www.zsup.com.cn　E-mail：zdcbs@mail.sysu.edu.cn
印 刷 者：江门市新教彩印有限公司
规　　格：787mm×960mm　1/16　14.5印张　290千字
版次印次：2011年9月第1版　2014年8月第2次印刷
印　　数：3001~5000册　　定　价：30.00元

内 容 提 要

传媒产业是文化产业的重要组成部分。传媒产业的迅速发展对人才提出了更高的要求，其中，传媒市场调查能力正是传媒人才必备的核心能力之一，也是市场发展对传媒人才提出的能力要求。

传媒市场调查是一门专业基础课程，其主要研究三个方面的内容：传媒市场调查前的方案设计；传媒市场调查的实施；传媒市场调查报告的撰写。具体内容包括确定调查目标、设计调查方案、运用第一手资料和第二手资料、定性调查和定量调查、调查数据的收集方法、调查问卷的设计、样本计划和样本容量的确定、数据的收集和处理分析以及调查报告的撰写。

本书可以作为高等院校文化产业管理、艺术管理、新闻传播学、公共事业管理、国际文化贸易、会展经济与管理、动漫产业管理、文学、艺术学等相关专业的教材或教学参考书，也是文化产业研究者、政府部门的管理者和文化产业从业人员的重要参考资料。

总　序

任何教材都是关于知识的认识和理解。不同的认识会有不同的知识体现，不同的理解也会有不同的知识追求。我们尝试编纂应用型本科系列教材，概括起来主要基于这样几点考虑和探索：

教材是一幅知识的蓝图，它标明知识的走向、知识的关系和知识的系统。然而，我们所强调的则是对知识走向的创新、知识关系的重构和知识系统的再建。

教材不应该是对知识的按图索骥，而应该是对知识变化过程的引领。没有变化的知识不是真知识，不能应用的知识不是活知识。知识的生命在于知识的重组、知识的再生和知识的生产。知识是一个过程，了解和获得知识的真正目的，是掌握和运用知识。

教材要教给学生学什么，还要告诉学生如何学，更要指导学生如何应用。这里的应用不是指如何操作，而是指对基础知识和专业知识的巧妙融合和灵活处理。应用不是指做什么，而是指利用什么做什么，利用得好坏就是应用的方法。传授知识的方法是形式也是内容，根据对象选择内容，更应根据对象设定方法。

教育是一个永远值得探索的过程，因为知识永远都在变化。掌握知识变化的规律永远都需要探索——探索本身就是一种创建，一种辉煌。

一套教材的总序，就是一套教材的总的开头。开头的目的其实不在开头本身，开头的目的在于让人们急着往后看，看内容、看思路、看方法。所以，总序的文字就应该少到极致，而思考的空间却应该大到无穷……

丁海宴

2011 年 6 月 6 日于南京方山

目 录

第一章　传媒市场概述

◉ 知识要点

1. 传媒市场的定义及特征
2. 传媒市场化历程及现状
3. 传媒市场运行机制
4. 受众

导入案例 >>>

从“触网”到“触媒”：青鸟华光玩转型

2003年8月10日，青鸟华光发布公告，公司控股子公司北京北大文化发展有限公司（以下简称“北大文化”）与中国青年报社共同投资组建的“北京中青联合传媒文化有限公司”已正式成立。根据公司7月24日的公告，北大文化还将与中国青年报社、江苏盛世网络传媒有限责任公司共同投资成立“上海青年传媒有限公司”，这标志着公司继进军广电网投资领域后，开始全面布局文化传媒产业。

青鸟华光的前身华光科技1997年上市时主要拥有计算机应用和通信两大类产品。但由于种种原因，1999年公司业绩出现大幅度下滑。2000年6月份，以北京大学作为依托的北大青鸟集团入主华光科技。随后，公司从广电网跨越到文化传媒，产业结构调整可谓紧锣密鼓。

北大青鸟入主之初，青鸟华光确立了在保留原有的计算机应用和通信两大类产品基础上，进军广电网领域投资的发展方向。公司先后斥资8200万元购买了青鸟集团持有的章丘广电青鸟网络有限责任公司49%的股权，投资1亿元与潍坊广电合资组建潍坊广电网络有限公司，持股49%；2002年又投资4800万元与江苏广播电视集团、北京北大青鸟有限公司合资组建江苏盛世网络传媒有限公司，三家公司主要经营有线电视网的收费以及广电网络的增值业务等。

2003年年初，公司又开始介入文化传媒领域，公司出资1.6亿元从关联股东北大青鸟手中收购其持有的北大文化80%的股权。北大文化主要经营文化娱乐体育产业的投资管理，先后投资成立了京华文化传播公司、北京数字工场文化传播有限公司等一批具有一定实力的国内传媒文化企业，还与人民日报社合办了《京华时报》。此次，公司参与组建“中青联合”和“上海青年传媒”两家公司仍是以北大文化为投资主体，中青联合主要经营文化用品销售，组织文化体育交流活动，承办展览、展示、信息咨询、企业形象策划等；上海青年传媒将全权代理或受托经营《青年报》发行、广告、印刷等业务，并基于《青年报》的品牌进行咨询、商务、文化活动、展览等业务。

三年多的时间，公司先后投资3亿多元，通过承接大股东北大青鸟在广电网和文化传媒领域的投资，新介入了广电网、文化传媒两大产业。

（《证券之星》，2003年8月11日）

第一节　传媒市场的定义及特征

一、传媒市场的定义

要弄清传媒市场的定义，我们首先要弄清楚它的两个子概念——传媒和市场的定义。

1. 传媒。与传媒近似的概念还有媒介、媒体，学术界历来没有明确的界定，三者之间存在着普遍的混用现象。根据《词源》，“传媒”、“媒介”、“媒体”三词对应的英文单词均为“media”。按照《韦伯大词典》（*Webster*）的释义，在大众传播学意义层面上，“media”包括两种不同的意思：①mass media；②members of mass media，即大众媒介和大众媒介的组成人员。本书所指的传媒（传播媒介），是指“大众传播媒介”，广义的大众传媒包括报纸、杂志、电视、广播、电影、图书、音像制品，以及正在迅速崛起的互联网络，其中报刊、电视、广播与互联网是四种主要的新闻信息传播媒介。

2. 市场。市场是社会分工与商品生产的伴随物，是一个发展的概念。早期的市场专指商品交换的场所，一般设在交通比较发达、人口容易汇集的地方。随着商品经济的发展，市场的概念也不断演进，从广义的角度理解，市场是指所有商品交换关系的总和。正如马克思指出的：“生产劳动的分工，使它们的产品互相成为商品，互相成为等价物，使它们互相成为市场。”① 尽管目前我国经济理论界对市场这一概念的表述不尽相同，但归纳起来看，主要有以下三种：①市场是商品交换关系的总和；②市场是一定区域内潜在的消费者及其购买力与购买欲望；③市场是商品间交换的场所。根据唐绪军的理解，以上三种表述并不矛盾，第一种表述强调的是市场的本质属性，也即市场的抽象内容，具有理论的意义；第二种表述强调的是市场的主导因素，也即市场的决定因素，具有现实的意义；第三种表述强调的是市场的组成形式，也即市场的外在形态，具

① 《马克思恩格斯全集》第25卷，人民出版社1974年版，第718页。

有操作的意义。①

传媒市场的概念是在传媒与市场两个子概念的基础上形成的，理解了传媒与市场这两个子概念，对传媒市场的理解也就比较容易了。国内学者现在关注传媒市场的不少，但对之给予明确界定的，尚不多见。比较有代表性的主要观点有如下几种：

（1）“报业市场实质上就是报业生产者（编辑记者、印刷工人）与读者和广告商之间的经济关系的总和。”②

（2）“传媒市场是指以传媒为中心的各类传媒产品市场组成的整体市场，它包括硬件传媒市场和软件传媒市场。”③

（3）“传媒市场通常是指创办、收购、兼并、参股传媒和传媒机构输出输入的市场，概括地说，是指传媒生产和传媒产权交易的市场。”④

（4）“传媒市场化是指中国传媒在70年代末以来发生的种种变革，本质是媒介个体日益作为一种特殊企业进入市场，成为整个市场体系的一个特殊组成部分。”⑤

（5）“传媒的市场化是指非商业化传媒在基本保持其原有的所有制、政治立场、编辑方针的前提下以市场经营的方式取得经济自立的过程。”⑥

在以上五种关于传媒市场的表述中，（4）和（5）显然是着眼于对传媒市场的动态描述，并不是对传媒市场的内涵界定；而（3）侧重于传媒资产交易和产权交易，这当然也是传媒市场包含的内容，同时也是我国传媒市场目前正在探索的难题，但主要是从传媒市场开放的角度立论的，似乎还不是对传媒市场定义的一般表述；（2）则把传媒市场划分为传媒硬件市场和传媒软件市场，虽然比较全面，但其“传媒硬件市场”（如印刷机器市场）似乎也属一般物质产品市场，并不能显现传媒市场的特性。本书认为，（1）虽然受到研究内容的限制，只是对报业市场的界定，但是对报业市场的内涵与外延的界定比较准确，也比较简洁，可以作为传媒市场界定的主要依据。

根据这一定义，参照经济学关于市场的一般表述，本书认为，传媒市场就是传媒、传媒受众和传媒的广告商之间所有经济关系的总和，也就是从传媒产品供给者到达需求者之间的各种经济关系的总和。构成传媒市场的主体包括：①作为传媒产品与服务提供者的传媒机构（个人）；②作为传媒产品消费者的公众；③传媒的广告商。而传媒产品（服务）作为传媒市场的交易与传播对象，则是传媒市场的客体。传媒市场的主体与客

---

① 参见唐绪军著《报业经济与报业经营》，新华出版社1999年版，第81页。

② 唐绪军：《略论我国目前的报业市场与报业经营》，载《新闻与传播研究》，1997年第4期，第6页。

③ 周鸿铎等著：《传媒经济》，北京广播学院出版社1997年版，第32页。

④ 刘建明：《传媒市场从单边开放到双边开放》，载《声屏世界》，2003年第12期，第12页。

⑤ 黄升民、丁俊杰主编：《媒介经营与产业化研究》，北京广播学院出版社1997年，第4页。

⑥ 陈怀林：《论中国报业市场化的非均衡发展》，载《新闻与传播研究》，1996年第2期，第2页。

体，共同构成传媒市场的基本要素。

二、传媒市场的特征

统一的市场体系是各种商品经济关系的具体体现和综合反映，是多种市场相互关联、相互制约的共生关系所形成的有机整体。我国传媒市场是我国社会主义市场体系的重要组成部分，既有相同于一般物质产品市场的共性，更有自己的特殊性。如果从传媒经济的角度考察，我国传媒市场具有三个基本特征。

（一）传媒市场本质上是信息市场

从本质上来说，传媒向大众传播的内容基本上都可以纳入信息这个范畴。

1987 年，国家科委首次编制了我国信息产业投入产出表。在“中国信息商品化产业”一项中就包含有“新闻事业”及“广播电视事业”，这表明国家已经开始将新闻事业视为投入必须有产出的信息产业的一个组成部分。因此，传媒市场从本质上来说，仍然是信息市场，所以它具有信息市场的一些基本特征。

1. 传媒市场具有扩张性。进入信息时代，无论是政府、企业还是普通民众，对于信息的需求越来越多，而其信息需求的满足将主要依赖于传媒市场，因此，随着传媒产业的发展与传媒商品化程度的提高，传媒商品的供给将呈扩张之势。单以上海为例，上市公司青鸟华光于 2002 年和江苏广播电视集团携手，共同向原上海《青年报》注资 4800 万元人民币，对该报进行全面改版。与此同时，北京某报业集团也将斥资进军上海，组建一张早报。而在此之前，上海报业市场已经接连诞生两份综合性日报：《外滩画报》和《东方早报》，其中，《东方早报》由上海文汇新民报业集团控股，联合浙江、江苏两地报业集团外来资本，投资近 1 亿元人民币。对于蓬勃发展的中国传媒市场，境外的大型跨国传媒公司也在积极谋求合作。世界传媒业巨子默多克从 1993 年斥资 10 亿美元从李泽楷手中买下星空传媒（star TV）开始，就对中国传媒市场抱有浓厚的企图心。

此外，传媒市场的扩张性，还体现在传媒产品消费的连带性上。由于信息只有通过积累才会更加系统，效果才会更大，因此，对某类传媒产品的需求一经产生，这种需求将演变为连续性需求，而且还会引起对相关信息的需求。

2. 传媒市场的市场形态具有多元性。传媒市场形态的多元性是由多重出售方式决定的。一般认为，传媒市场呈现双元结构，即发行（收视）市场和广告市场。比如报纸，一方面，报纸的新闻版面可供出售，购买的对象是读者；另一方面，报纸的广告版面也可以供出售，购买的对象是广告主。[①] 本书认为，随着制播分离的推进，内容市场

① 参见屠忠俊著《当代报业经营管理》，华中理工大学出版社 1999 年版，第 17 页。

日益成为重要的市场之一，发行机构在这里变成了购买者，内容生产者成为供应商，内容市场、广告市场、接收市场共同构成传媒市场的多元形态。此外，传媒产品的内容十分丰富，不同的传媒产品，在交换的过程中又表现出不同的个性，这影响到市场形态上，使传媒产品的市场形态更加复杂多样。

3. 传媒市场的交易具有广域性。传媒产品的实质是信息，它在流通的过程中不会像物质商品那样受商品技术因素的影响。物质商品由于受技术因素的影响，流通的时间和空间范围都是有限的。如新鲜蔬菜，为不使其变质，只能在最短的时间内就近销售。而传媒产品则不同，只要其信息的使用价值存在，它就有流通的可能，而且其使用价值并不会随流通次数的增加而减少，也不随载体的改变而改变，这就为传媒产品的广域传播创造了条件。同时，现代通信技术的广泛运用又使传媒产品的广域传播变成了现实。因此，传媒市场交易的广域性是其他商品流通无法比拟的。如世界著名的新闻频道CNN、FOX新闻网等，它们在多个国家或地区直接落地或者被其他媒体广泛转载引用，其新闻传播可以说是遍布五大洲、七大洋。在伊拉克战争中，CNN和半岛电视台的报道就被世界各大媒体纷纷采用。自从20世纪80年代飞速发展的Internet被广泛运用之后，信息的实时传送已经远远超越了过去报刊、电视台、电台由于物质条件的限制而不能达到的界限，“地球村”的概念深入人心，全球化的信息传播已经成为了现实。由此，不少学者认为，传媒市场真正的全球化时代已经到来。

4. 传媒市场的交易具有非唯一性。一般来说，物质商品的交换就意味着所有权的转让，也就是所谓消费者独享性，传媒产品的交换则不尽然。由于传媒产品的共享性，使得传媒产品的卖方在出售传媒产品之后往往仍然拥有对传媒产品的所有权甚至使用权，因此，同一传媒产品在交换过程中，对于其第一所有者而言，可以多次出售，直至传媒产品的使用价值完全丧失为止。当然，传媒产品的交易次数并不是无限的，其交易次数的多少主要取决于传媒产品的新鲜性、适用性、区域性等。

（二）传媒市场是典型的公共品市场，这一特征是由传媒产品特征及传媒的特征决定的

说到公共品市场，在这里必须先引入一个经济学上的“公共品”的概念。所谓公共品（public goods），也称“公共物品”、“公共产品”，是指那种无论个人是否愿意购买，都能使整个社会每一成员获益的物品①。如国防、社会基础设施等。在公共品市场中，单个市场主体利益的最大化并不是其主要的追求目标，公共品市场所追求达到的是

① 参见（美）保罗·萨缪尔森、威廉·诺德豪斯著《经济学》（第十六版），萧探等译，华夏出版社、麦格劳·希尔出版公司1999年版，第268页。

全社会共同利益的最大化。毫无疑问，我国的新闻传媒也可以算在“公共品”范畴之内，传媒市场也属于公共品市场的一部分。

传媒市场作为社会主义市场体系中的一部分，实现市场效益最大化是它的必然规律。市场经济体制鼓励追求经济效益，在市场经济条件下，可以使用一切正当手段追求市场效益。传媒产品的生产和销售以市场为导向，旨在产品能为消费者所消费，最终实现市场效益，这不仅是允许的，而且是应倡导的。

但是，传媒市场又不同于一般的市场，在追求市场效益最大化的同时，还有一个遵守法律法规、恪守职业道德和社会公德的问题，有一个尽可能和社会效益相统一的问题。[①] 因此，传媒市场既要顾及市场导向，又不能唯市场导向马首是瞻，传媒市场所要追求的应该是社会总体效益的最大化。

传媒产品和一般的物质产品，无疑有着某种本质上的相通之处：它们都有商品的属性，都要经由市场而为消费者所消费。所不同的是，物质产品供消费者进行物质消费，精神产品供消费者进行精神消费。物质产品的生产和销售，应当以市场需求为导向。而传媒产品既不能不顾市场需求的导向作用，因为没有市场需求的传媒产品，不可能有经济效益，也不可能有社会效益；又不能完全为市场需求的导向作用所左右，因为作为精神产品，传媒产品毕竟包含着对某种价值观的倡导、对不良社会倾向的否定、对理想境界的追求等思想内涵，而这些内容是物质产品所不具备的。更何况，新闻传媒和传媒工作者负有引导社会舆论的使命。他们是“把关人”，负有信息过滤和选择的使命，掌握着解释信息的权力和信息传递的关口。信息每经过一道“把关人”把守的关口，都会发生量和质的变化。[②] 新闻传媒若一切为市场导向所左右，那么就会片面追求“卖点”，就会一味搜异猎奇，就会迷失正确的方向。现在有一种错误观点，认为讲社会效益就不讲经济效益，讲经济效益就是不择手段地去赚钱，完全不顾社会效益。比如目前传媒市场上出现的一些现象：借口受众需要，大搞低级趣味的传媒产品；有的经营者，借口发展传媒市场，大搞假产品、低质量的产品。这些行为都是违背传媒市场运行规律的，是不被允许的。

（三）传媒市场是注意力资源生产和消费的主要市场

“注意力资源”是一个经济学概念。如何有效地吸纳受众的注意力，并将这种注意力稳固地维持下去，这是现代传媒在市场竞争中的焦点所在。加拿大著名传播学家麦克卢汉最早进行了注意力研究。他以电视为例，指出，电视台实际上是在租用我们的眼睛

① 参见丁柏铨《论传媒市场》，见中国新闻研究中心（www. cddc. net），2001 年 9 月 20 日。

② 参见甘惜分主编《新闻学大辞典》，河南人民出版社 1993 年版，第 62 页。

和耳朵做生产。电视台购买大众注意力的投入，是要制造人们爱看的电视节目，而观众是用注意力来为看节目交费。观众交给电视台的注意力就成了电视台的巨大资源，然后他们将这一资源高价卖给需求这种资源的人（需要做广告的商家）。对于广告商来说，做广告就是在高价收购注意力。此后，美国传播学者麦克尔·高尔德哈伯发表了《购买注意力的人们》（*Attentions Shoppers*），提出了注意力资源的商业价值。

众所周知，注意力是由信息所引导的，信息时代最明显的标志就是信息的无限量递增即信息爆炸，注意力稀缺是信息出现相对过剩的必然产物。随着当代社会逐步进入后信息时代，注意力成了稀缺资源。诺贝尔经济学奖获得者赫伯特·西蒙对后信息社会特征研究后曾说："随着信息的发展，有价值的不是信息，而是你的注意力。在信息社会里，硬通货不再是美元，专注就是硬通货。"①

由于海量信息的出现，注意力资源成为当今最稀缺的资源之一。现在，人们把收视率、收听率和阅读率称为"注意力资源"。大众传媒想方设法推陈出新，为的就是吸引受众的眼球，形成注意力资源。而广告商向媒体购买的并不是报纸的某块版面空间或广播电视的某个节目时段，而是这块版面空间、这一节目时段所实际吸纳的受众的阅读或收视行为而形成的注意力。正如中国人民大学舆论研究所所长喻国明所说："真正能够为媒体赚取大量资金的最终产品是由其报道和节目所吸纳到的受众的注意力。"②

第二节 我国传媒市场化历程及现状

自19世纪初中国近代报纸产生至今，我国传媒发展已走过了将近200年的历史。在这一过程中，如何争取消费者，为建立自由的媒介市场而展开的新闻实践和新闻观念的表述，追求在广阔的市场中进行新闻传播，实现其最大的新闻传播效果，始终是中国新闻业历史进程中的一个经济逻辑。③ 从《京报》靠发行来收回盈余，到《上海新报》和《申报》这两份英商报纸在19世纪70年代展开的一场厮杀，再到党的十一届三中全会以来市场经济条件下，媒介不得不考虑商品交换原则对新闻工作的影响，注意到市场对媒介的选择因素，直到今天"媒介就是服务"、报业集团化理念的确立，诸如此类，无不体现了市场的影响。

---

① 《注意力是一种财富》，见 http://www.jfdaily.com，2005-03-19。

② 喻国明著：《喻国明自选集——别无选择：一个传媒学人的理论告白》，复旦大学出版社2004年版，第299页。

③ 单波著：《20世纪中国新闻学与传播学——应用新闻卷》，复旦大学出版社2001年版，第10页。

一、我国传媒市场化历程

我国传媒市场化历程经历了以下四个阶段。

（一）传媒企业化经营方针的提出和实施

新中国成立后，1949 年 12 月 17 日，国家新闻总署召开全国报纸经理会议。会议决议："全国一切公私营报纸的经营，必须采取与贯彻企业化的方针。即公营报纸必须把报社真正作为生产事业来经营，逐步实行经济核算制。私营报纸必须在已有基础上进一步改善经营方法。条件好的报纸要争取全部或大部分自给，条件较差者亦应在政府定期定额的补贴下，争取最大可能的自给程度。"随后，中共中央批转了新闻总署党组《关于全国报纸经理会议的报告》，要求全国报纸特别是公营报纸把报纸作为生产事业来经营，逐步实行报价核算制，整编臃肿机构，厉行精简节约，逐步改变依靠政府定期定额补贴的现状。1950 年 9 月，中共中央宣传部发布《关于报纸实行企业化经营情况的通报》，肯定"去年 12 月新闻总署召开的全国报纸经理会议决定的企业化经营方针是完全正确的，可以实现的"。在上级部门的督促下，各家报纸纷纷采取措施实行企业化：①适度提高报纸定价，部分收回报纸生产成本；②保持广告经营，增加其在报纸总收入中的比重；③采用国产纸张，降低成本；④紧缩编制，健全财会制度；⑤实行民主管理，提高工作效率；⑥适当组织剩余劳动力，从事副业经营。企业化经营后，各地报纸的财政状况开始好转，广告费在报纸收入中的比重逐年增加。《人民日报》1949 年 12 月的广告收入只占 9.42%，到 1950 年 6 月，其广告收入占总收入的百分比达到 19.28%，1950 年上半年的广告收入可抵其同期印刷、编辑、营业、管理四项费用的 64%。1950 年 8 月，全国已有 33 家公私营报纸已经或开始做到全部自给而有盈余。1951 年省级以上报纸基本做到自给自养。各地电台普遍经营广告业务，有的大中城市还开设以播出广告节目为主的工商台、经济台。1951 年，天津电台、北京电台广告收入自给有余，并上缴部分利润。这次传媒的企业化经营持续到 1956 年后戛然而止，国家开始了对资本主义工商业的社会主义改造，全国基本完成经济国有化的目标，建立起了计划经济体制，经济活动严格在统一计划下进行。在发行上，当时的报纸主要以公费订阅为主。报纸的发行不是从读者的需要出发，只是保证订数，稳定完成计划。此后 20 多年间我国传媒的财经制度以供给制为主导，政府拨款或津贴成为传媒的主要经济来源。

（二）传媒广告的恢复和繁荣

党的十一届三中全会后，国家百废待兴，传媒经营活动复苏。1978 年，财政部批准了《人民日报》等8家中央新闻单位试行“事业单位、企业化管理”的报告。1979年1月4日，《天津日报》率先恢复广告，揭开了我国报纸恢复广告经营的序幕。1979年4月，财政部在颁发《关于报社试行企业基金的管理办法》中，再次明确报社是宣传事业单位，在财务管理上实行企业管理的办法。根据政策，传媒事业单位的性质不变，但可从事一定的经营活动，可从经营收入中提取一定的比例用于增加员工的收入和福利，改善传媒自身的营运条件。“事业单位、企业化管理”是政府鼓励报纸走向市场化的重要举措，由于经营的成败优劣同传媒及其员工的福利直接相关，调动了传媒投身市场的积极性。传媒领导者在注重社会效益的同时，开始关注经济效益和市场变化。1979年11月，中共中央宣传部正式批准新闻单位承办广告，并对刊登广告做出了一些具体规定。随后其他报纸、电视台、电台纷纷跟进，开始经营广告。到80年代中期，事业单位、企业化管理制度在全国多数中央和省级新闻单位普遍实行，地市级报纸到1993年也有一半以上实行经济独立。恢复传媒广告是传媒顺应这一政策开始传媒经营的开端。报业率先恢复刊登广告，走上“独立核算、盈余留用”的自我发展道路。由于经济发展的驱动和传媒运行经费的紧张，在传媒管理部门许可下，传媒为了减轻国家的经济负担，迫不得已才选择自谋出路，这时的传媒广告经营是一种被动的举动。20世纪80年代是广告经营的恢复和调整时期，1990年代后广告经营进入高速发展时期。一是广告费持续增长。我国广告费从1979—1989年10年间增长了100倍，1990年代的递增速度为25%～30%，远远高于国民生产总值的增长。1979年恢复刊登广告时，当时全国传媒的广告营业总额只有数百万元，1980年，全国广告营业额发展到1.1亿元，其后每年以40%的速度递增。二是广告公司在发展中成长。广告公司数量迅速增加，广告业恢复之前，全国从事广告业务的专业公司不到10家，2000年，我国广告业经营单位为7万多家，广告从业人员60多万，初步形成了以专业广告公司、传播媒体和广告制作系统为主的广告经营格局。三是广告媒体空前繁荣。1981年，全国已有1000多家报纸杂志、100多家电台和电视台经营广告业务，几乎占到了当时传媒数量的全部。广告的恢复，使得捉襟见肘的传媒有了较为稳定的财源。广告成为传媒获利的手段，更多的部门开始创办媒介。报纸、广播、电视、杂志等媒体数量迅速增长，网络媒体广告开始在广告传播领域占有越来越重要的地位，户外广告得到充分的开发利用，各类交通广告、楼盘广告、电梯广告花样翻新。四是广告管理不断完善。1982年，国务院颁布《广告管理暂行条例》，这是我国第一部全国性的广告管理法规。传媒可合法经营广告，广告业务的发展突飞猛进，广告经营收入成为传媒的经济支柱。

（三）自办发行引发传媒发行体制改革

20世纪80年代中期，随着城市经济体制改革的启动，企业广告增多，外商广告进入，传媒资源偏紧，传媒经营活动迅猛发展。1987 年，国家科委编制的我国“信息产业投入产出表”，将“新闻事业”、“广播电视事业”纳入“中国信息商业化产业”中，传媒由行政单位变为独立的信息产业。报社逐渐获得了定价权、广告刊登权和发行权。1988 年国家下发文件，规定除国家仍然包经费的少数几家中央大报外，报纸定价一律放开；广告版面比例的限制逐步完全放开，报刊纷纷走上自办发行的道路。过去那种国家花钱办报、花钱订报，只生不死、优劣全包，不讲经营、不计成本的局面开始改变；国家分期分批对传媒“断乳”，实行“独立核算、自负盈亏、照章纳税、财政不给补贴”的新体制，传媒在各种成本上涨、财政补贴骤减的情况下被推向市场。1984—1986 年，我国出现了以数量增加为中心的第一次办报热潮，报纸总数由 1978 年的 186 家增加到 1984 年的 1445 家、1985 年的 1446 家、1986 年的 1574 家。[①] 与此同时，出现了“周末版现象”、都市报（含城市晚报）现象。广播电视同时受到振奋。1983 年 4 月，第十一次广播电视工作会议提出“广开财源，提高经济效益”，“四级办广播、四级办电视、四级混合覆盖”，广播电台和电视台的数量随之急剧增加。1986 年 12 月 15 日，广东电台成立珠江经济广播电台，进行新闻体制改革，利用板块节目形式播出节目，取得了良好的社会效益，开创了“珠江模式”，引发经济台、系列台现象。报纸的发行业在积极创新，为了争取更好的发行效益，晚报和其他城市报纸利用读者相对集中的优势，走上自办发行或“自发与邮发相结合”的道路。1985 年 1 月 1 日，《洛阳日报》宣布打破邮发渠道的垄断，率先在全国范围内实行自办发行。其他报社接踵跟进，《天津日报》成为第一家自办发行的省级报纸；《沈阳日报》随后成立了全国第一家发行公司；《扬子晚报》则在江、浙、沪建立井然有序的发行网络。1987 年，全国已有《太原日报》、《桂林日报》、《柳州日报》、《大连晚报》等 26 家报纸实行自办发行。1992 年，全国有 500 多家报纸自办发行，1995 年上升到 700 多家。1993 年，全国报纸发行总收入近 52 亿元，1994 年增至 130 亿元。实践证明，自办发行对报社经营大有裨益，成效显著：报纸投递时间缩短，投递质量提高；发行成本降低，年平均只需原来的 18%；报款回收迅速提高，发行量不断增长，年增长率超过 10%。报刊多渠道发行模式是在权衡比较邮发合一和自办发行优劣利弊的基础上的思考。多渠道发行是把自办发行的成功经验与邮政发行网络的优势结合起来，努力开发社会发行力量，开拓新的报刊分配销售渠道。社会力量主要指报刊出版单位所在城市的报贩、报摊、代办报纸零售的商业网点，乃至由社会人士创办的专业报刊发行公司[②]。1999 年 9 月，阳光报业服务公

---

① 参见徐占焜《高扬时代主旋律——对新中国新闻界 50 年的宏观观察》，载《中国报刊月报》1999 第 5 期，第 4 ～ 8 页。

② 参见倪祖敏、张骏德著《报刊发行学概论》，复旦大学出版社 2005 年版，第 100 页。

司在河北省张家口市开业，这是一家私营报刊服务公司，营业范围为提供送书、报、刊服务，兼营报纸、期刊、图书的零售。至此，我国以邮发、自发及委托社会其他渠道代发为主要内容的多种发行体制、多种发行方式共存的发行格局初步形成。

（四）传媒市场化全面展开

传媒市场化进入新时代是在邓小平南巡讲话和党的十四大的召开、党中央明确地提出建立社会主义市场经济体制以后。1992 年，中共中央《关于加快发展第三产业的决定》正式将报刊经营管理列入第三产业，传媒经济发展在观念上发生了质的飞跃，市场化行为开始走向自觉，主要表现在集团化、资本运营等方面。1988 年 3 月，新闻出版署和国家工商行政管理局颁布了《关于报社、期刊社、出版社开展有偿服务和经营活动的暂行办法》，第一次以政府部门的规范性文件承认了传媒的广告、印刷等经营活动可以独立出来，组建公司。从此，传媒开始多种经营，兴办各种各样的经济实体。除从事照片洗印、制版印刷、信息咨询等传统经营项目外，一些报社开始涉足旅游业、餐饮业、服装加工业、国际贸易以及房地产等经济领域。多种经营大多采用企业承包经营管理的办法，以“一业为主，多业并举”为目标，由纵向一体化向横向一体化发展。少数成功的传媒涉足房地产、交通运输、高新技术开发、餐饮旅游等行业，创办一系列跨地区、跨行业、独资或合资经营的经济实体。传媒经营面向市场，在市场力量的推动下，从单一生产型走向生产经营型，实现了结构上的突破；从单纯的事业体制逐步走向企事业混合型体制，实现了性质上的突破；报社从单一商品生产走向多元化全方位服务，实现了功能上的突破。

市场经济带来的巨大活力使传媒迅速发展，传媒的巨大活力吸引了大批的政府和机构投资。1991—1993 年，出现了以扩版为中心的第二次办报热潮，出现了“扩版热”、“系列台（频道）热”等现象，1992 年全国各类公开发行的报纸中扩版的达 200 家以上。[①] 在“扩版热”和“系列台（频道）热”中，一些市场起步较早、经营较好、实力较强的报社开始拥有两张以上的报纸和其他出版物及多种经营产业，报业集团的雏形开始形成。新闻出版署 1994 年 5 月 18 日发出《关于书报音像出版单位成立集团问题的通知》的规范性文件，颁布了组建报业集团的规定。1994 年 6 月，由新闻出版署出面，由浙江日报社做东，召集 10 家国内主要报社在杭州召开全国首次关于报纸集团化问题的研讨会，探讨并初步提出组建报业集团的 5 个条件，包括媒体实力、经济实力、人力实力、技术实力和发行实力。1996 年 1 月 15 日，经由中共中央宣传部同意，国家新闻出版署正式批准广州日报社作为报业集团试点单位，组建我国第一家报业集团。这标志

① 支庭荣著：《媒介管理》，暨南大学出版社 2004 年版，第 223 页。

着我国传媒走向集团化阶段，传媒经营发展到由规模数量型向优质高效型转化、由粗放式经营向集约化经营转化的时期。1996 年 5 月 29 日，广州日报报业集团正式挂牌运营。该集团运行两年后，形成了十报一刊的规模经济，年总收入达 15 亿元，该集团年总利润、总资产、净资产分别比成立前增加 74%、180%、140%。事实证明，传媒集团适应市场经济发展需要，是传媒集约经营和多元发展的有效组织形式。传媒集团的成立给传媒注入了新的血液，集团的管理成本大大降低，且集团内部各成员间以经济为纽带，使传媒在传媒以外的整个社会大市场上的市场影响力加深。

资本市场是市场经济中最高级的市场形式，也是最具竞争性的市场。西方发达国家的传媒不遗余力地借助资本市场优化资源配置，分散市场风险，实现了快速发展。全球化背景下西方传媒参与资本市场的发展经验为我国传媒资本市场的形成提供了有益的启示和间接的推动力。1994 年 2 月，我国第一家传媒类的股份有限公司——上海东方明珠股份有限公司挂牌上市，标志着我国传媒资本市场的发轫。1999 年 3 月，湖南电广在深圳交易所上市，筹集资金 4 亿多元。2001 年 1 月，全国新闻出版局长会议指出，要着力进行“媒介领域投融资体系创新”，“试点集团要着重在实现多渠道利用社会资金方面取得进展”。中国证监会 2001 年 4 月发布新版《上市公司行业分类指导》，将传播与文化产业定为上市公司的 13 个基本门类之一。其中，传播与文化产业主要分为出版、声像、广播电影电视、艺术、信息传播业 5 个大类。这是上市公司行业首次将传媒产业作为一个基本门类予以规范，传媒进入证券市场获得制度层面的认可，传媒类概念股获得投资人的认同。2002 年 2 月 1 日，新《出版管理条例》施行，在融资政策方面作了一定的调整，国家允许设立从事图书、报纸、期刊分销业务的中外合资经营企业、中外合作经营企业、外资企业。这一系列的信号显示：利用资本市场、提升传媒竞争力成为传媒投融资体制改革的重要目标。2005 年 8 月，国务院发布《关于非公有资本进入文化产业的若干决定》，允许非公有资本进入出版物印刷、刻录类光盘生产等文化行业和领域。这类文化企业还可参股出版物印刷、发行，新闻出版单位的广告、发行，广播电台和电视台的音乐、科技、体育、娱乐方面的节目制作，以及电影制作发行放映；可以建设和经营有线电视接入网，参与有线电视接收端数字化改造，但在这些文化企业中，国有资本必须控股 51% 以上。2005 年 7 月 13 日，分众传媒成功登陆美国纳斯达克股市，成为海外上市的中国纯广告传媒第一股，并以 1.72 亿美元募资额创造了当时的 IPO 纪录。从 2006 年年初开始的两年时间里，分众传媒先后收购了框架媒介、聚众传媒、凯威点告、影院广告公司 ACL、好耶等覆盖五大领域的广告公司，初步完成了全国范围内的垄断式布局。

二、我国传媒市场现状

30 多年来，我国传媒面向市场，实行“事业单位企业化管理”，逐步走上了一条良性发展之路，我国的传媒市场也初步形成。

（一）从理念层来看，传媒市场的理念已深入人心

从“找市长”到“找市场”，是市场化观念确立的表征，这种变化，不仅发生在经济行业，也发生在传媒业。我国传媒市场的确立，集中体现在受众本位的凸显，因为对于传媒企业而言，受众不仅是现实的产品消费者，而且是潜在的（广告）消费者。“改革开放后，中国开始融入国际社会，国内媒介在传播观念上也发生了变革，提出和强调了‘受众喜欢什么’、‘受众想知道什么’，从而在传播模式和选择传播内容的标准上向受众本位的方向发生根本性的转移。”①

1991 年前后兴起的报刊“周末版”大潮和广播电视节目“平民化”的趋势、1995 年全国逐步兴起的“都市报热”，都可以看做是对传媒受众本位凸显的论释。

（二）从制度层面来看，传媒市场主体的地位逐渐明确

一直以来，我国传媒作为意识形态的一部分，市场主体地位不被认同。改革开放以后，国家的传媒政策不断调整，其集中指向是不断明确传媒的市场主体地位，规范传媒市场环境，促进传媒业健康发展。

1993 年，中共中央和国务院发布《关于加速发展第三产业的决定》，正式将报刊经营列入第三产业。新闻业作为信息产业的组成部分，是报业产业化改革的一个转折点。

1994 年，新闻出版总署发布第 356 号文《关于加速发展第三产业的决定》，是第一个明确传媒集团化发展的文件，尽管只是个框架性的意见，却从此拉开了传媒集团化进程的序幕。

1997 年，新闻出版总署发布第 117 号文《关于报业治理工作的通知》，其主旨是“取消内部报纸，压缩公开报纸”，查处“挂靠”办报、个人承包办报，对主管主办单位不履行职责报纸坚决停办。

1999 年，中办、国办第 30 号文件《关于调整中央国家机关和省、自治区、直辖市厅局报刊结构的通知》要求厅局报刊精简、划转、合并、撤销，少数保留的一律自负盈亏。

---

① 罗以澄：《解读经济全球化背景下的中国媒介市场》，见《媒体发展研究报告》（2002 年卷），武汉出版社 2002 年版，第 22 页。

2001 年，中办、国办第 17 号文件《关于转发〈中央宣传部、国家广电总局、新闻出版总署关于深化新闻出版广播影视业改革的若干意见〉的通知》，明确了深化新闻传媒业改革的指导思想、方针原则，改革的总体要求、基本格局，改革的主线（“以结构调整为主线推进改革，控制总量，合理布局，盘活存量资产，优化资源配置，发展集约经营，形成规模优势”）和重点（“积极推进集团化建设，把集团做大做强”），改革的组织领导，等等，同时肯定了国有大中型企业的合法投资者地位。

2003 年 3 月，新闻出版总署和对外经贸部联合发布《外商投资图书、报纸、期刊分销企业管理办法》，明确从当年 5 月 1 日起我国书刊分销市场对外开放。

7 月，中办、国办联合发出《关于进一步治理党政部门报刊散滥和利用职权发行，减轻基层和农民负担的通知》及实施细则，决定通过压缩部门报刊总量，调整结构，有效治理报刊散滥现象；采取切实有效措施，坚决制止部门报刊利用职权摊派发行，成为当前力度最大的传媒市场化行动准则。

不难看出，30 年来新闻规制的变化主要体现了以下目标：①由直接行政干预转向政府治理与市场相结合，适应社会主义市场经济发展的要求，大力培育传媒市场主体地位，深化传媒市场机制，优化资源配置，调整布局结构，提高产业集中度，推进产业的集约化、规范化发展；②扩大投融资渠道，放宽市场准入，适应 WTO 条件下的传媒业竞争，促进传媒产业升级；③建立健全政策制度和法律法规，政府监管合理化，政府治理传媒业从滞后管制转入事先引导，回归传媒业发展本业规律。

（三）从传媒市场的运作层来看，市场化运作方式成为我国传媒进一步发展壮大的主要手段

以政府的新闻规制和市场化发展需要为基础，整合与扩张成为传媒发展的两大主题。20 世纪 90 年代以后，我国传媒市场化运作的主要事件有：

（1）1996 年，我国第一家报业集团广州日报报业集团有限公司成立。截至 2007 年 3 月，我国已经成立了 31 家报业集团，同时也形成了几家大型出版发行集团、广电集团，集团化已经成为传媒市场运作的大趋势。

（2）1999 年，《成都商报》通过其控股的成都博瑞投资有限公司，收购上市公司四川电器原大股东的大部分股份，实现了报业资本经营的突破。随后，融资政策逐渐明确，传媒融资渠道逐步放宽。

（3）传媒跨地区、跨行业经营已经试水。北京的《新京报》就是南北两大报业集团合作的结果，同样的还有上海的《东方早报》。报纸期刊、广播电视涉足互联网经营已不新鲜。2004 年 6 月 30 日，羊城晚报报业集团与侨金集团联手打造的海外华文报纸《澳洲新快报》在澳大利亚悉尼正式出版发行，开创了中国国内报纸品牌登陆西方国家

的先河。这也表明，在 WTO 形势下，我国传媒“走出去”战略已开始。

（4）传媒竞争趋向激烈。一般而言，市场竞争有三个层次，一是打价格战，重量不重质；二是以规模结构、效益为主的竞争；三是以资本、人才、品牌、商誉为主的竞争。

从南京、成都、武汉、西安等城市轰轰烈烈的报业价格战至今，传媒的价格战尚未平息。但同时，我国传媒的差异化竞争也在如火如荼地进行，传媒更加注重资本、品牌的竞争，免费报纸已经诞生。2004 年 3 月 16 日，解放日报报业集团主办的《时代报》正式创刊并在上海地铁沿线免费发行。

总体来看，无论是政策制度，还是市场运作状况，都表明我国传媒业改革进一步深化，统一的、开放的市场逐渐形成，传媒的整合扩张也收到了明显的效果。

三、我国传媒市场化动因追寻

现代传媒有着复杂的生态系统，其市场化的选择，与作为传媒社会生态的政治、经济、文化等因素密切相关，也与作为传媒自然生态的内在因素密不可分。本书认为，我国传媒市场的产生与发展的根本动因主要来自四个方面：经济的市场化、社会的信息化、传媒自身的内在需求以及传媒角色和功能的变化。

1．经济的市场化。“市场的发展必然促进媒介产生对利益属性的自觉并且产生追求利益的行为。”① 从 20 世纪 70 年代末至今，我国的经济体制通过逐步改革，完成了计划经济、有计划的商品经济到市场经济的巨大转变，从而实现了经济的市场化。在经济体制从计划经济向市场经济转化的过程中，以下三个因素对传媒的市场化产生了至关重要的影响：

（1）计划经济体制的逐步消亡使传媒逐渐失去了政府对传媒物质资源的保证，从而形成了对传媒的巨大经济压力。1978 年，政府对传媒再次提出并运用了“事业单位企业化管理”这一体制，成为传媒在市场中追求利益的巨大压力和动力。

（2）生产的发展需要不断扩大的市场需求，而面对越来越多的可选择的商品，消费者也需要更多的关于产品的信息，对市场的鼓励和消费者关于产品信息的获得，必须依赖一个强有力的中介进行，而传媒无疑最适合承担这一功能。因此，广告市场的发展，为传媒提供了商业运营的最初市场。

（3）市场的出现带来了传媒间的竞争，市场的发展又使传媒间的竞争逐步升级。失去了经济保障的传媒不得不依靠自身的经营谋求生存，而首先面对的就是发行和广告两个市场。这两个市场虽然非常巨大，但并不是无限的，生存于有限的市场中的传媒为

---

① 黄升民、丁俊杰主编：《媒介经营与产业化研究》，北京广播学院出版社 1997 年版，第 51 页。

了获得更多的经济利益，就需要市场竞争，而在对市场的争夺中，传媒的市场行为也在不断发展，市场运营能力不断提高。因此，经济的市场化不但成为传媒市场化的最初动力，也成为传媒市场继续发展的持续推动力。

2. 社会的信息化。经济改革以来，市场的扩大、经济交往的增加促进了大量的非政治新闻的纯信息的产生，同样也激发了大众对于政治新闻以外的信息的需求，从而使整个社会形成了信息需求的规模市场。社会信息化的发展必然促使传媒产生对其信息组织属性的自觉。随着整个社会信息量的增加和信息需求的增加，传媒开始突破以往单纯传播政治性新闻的信息传播模式，其传播的信息更为丰富，信息传播行为也更加自觉。更为重要的是，传媒在其信息组织属性的发展中也发现了信息传播的潜在利益，从而使信息传播行为与利益行为紧密结合起来，越来越多的传媒从单纯的意识形态传媒向商业传媒转变，发展成为独立的信息传播机构，这在很大程度上又成为整个传媒市场化的一个重要动力。

3. 传媒自身的内在需求。谋求自我生存和发展的传媒在对商业化运营方式的探索中逐渐意识到自身所面对的是一个有着巨大获利潜力的市场，而在实际的运营中，广告、发行、多种经营等经营活动也为传媒带来了丰厚的收入。传媒越依靠自我谋生，就越需要更多地介入市场，而越多地介入市场、参与竞争，就会越来越以市场和利益为行为指向。这样，在传媒内部，商业运营的驱动力就随着商业运营行为的发展而逐渐增强，直到市场化已经发展到一定程度的今天，利益已经成为传媒以商业化方式谋求生存和发展的主要驱动力。

4. 传媒角色和功能的转变。在改革开放以前，我国的传媒基本上都被视为单纯的舆论和宣传的工具，是一种意识形态传媒，它不可能被利用为谋求商业利益的手段，根本不存在什么传媒市场。直到1978年以后，整个社会从阶级斗争转向以经济建设为中心，一方面，对“阶级斗争”口号的废止使传媒的阶级斗争工具论失去了理论的依据，另一方面，经济的发展又使传媒承担了更多的经济任务，出现商业化倾向。传媒的角色多元化，功能也大为拓展，传媒的商品属性被广泛认同，为传媒市场的出现提供了理论依据。

第三节　我国传媒市场运行机制

所谓市场经济，从直观的意义上说，是以市场为配置社会经济资源主要方式的经济；从实质上说，“是以市场机制（即以价格机制为核心的并与竞争机制和供求机制相结合）为配置社会经济资源主要方式的经济”①。传媒市场作为我国社会主义市场体系的组成部分，是以市场为配置传媒资源的主要方式的一种经济组成形式。“传媒市场的运行机制同物质市场运行机制一样，主要由价格机制、供求机制及竞争机制三部分构成”②。在传媒市场中，在自身经济利益的驱使和约束下，传媒主体都能判断在市场上某种因素的作用必然引起某种结果的出现，从而形成了传媒市场运行机制发挥作用的客观性。与一般物质品市场不同，由于传媒产品以及传媒市场本身的特殊性，传媒市场机制作用的发挥又有不同的表现。从总体上看，传媒市场运行机制具有如下特征。

一、传媒市场客体的多元结构

传媒市场与其他物质品市场有一个显著不同，它在一个市场上生产，却在两个市场上出售（即受众市场和广告市场），罗伯特·皮卡德的《媒介经济学》称之为“双元结构”③，许多媒介经济的论著都承袭了这一观点。比如贾国飚著《媒介营销》提出的媒介市场的二重性，“与其他有形产品的运作相比，媒介产业运作的市场空间是相当独特的，呈现出一种典型的‘二元产品市场’。媒介只创造一种产品，但却活跃于两个性质迥异的市场”④。

传媒产品的双重出售方式，与达拉斯·斯麦兹提出的受众商品论不无关系。按照斯麦兹的理解，受众的消费会产生新一轮的供给，在这一过程中，受众本身也变成了商品。这一看似令人难以接受的观点，通过分析媒介、受众与广告商之间的复杂关系，表明媒介在生产信息的同时生产了对于这些信息有兴趣的受众，媒介将这些受众（及其注意力）出售给广告商，以获取广告费。传媒的受众对广告商有多大的吸引力，取决于其数量、质量（是否属于广告商品的消费者，是否具有现实消费能力）以及忠诚度。⑤

需要指出的是，仅用“双重出售”的方式来描述传媒市场的客体结构还是不完善的。理由很简单，因为传媒事实上不仅在受众和广告这两个市场上买卖产品，而且在节目内容市场（或称“信息源市场”）也存在着卖出或购入的关系。制播分离以后出现的节目市场、越来越被传媒重视的新闻信息源市场应该都属于此类。只要分析传媒市场的基本流程，就可以得出同样的结论：“媒介的日常市场竞争活动的开展是建立在节目资源、受众资源、广告资源三种资源基础之上，媒介在市场经营活动的延伸最终也是围绕

① 全国干部培训教材编审指导委员会组织编写：《社会主义市场经济概论》，人民出版社 2002 年，第 7 页。

② 周鸿铎等著：《传媒产业市场策划》，经济管理出版社 2003 年版，第 15 页。

③ （美）罗伯特·皮卡德著：《媒介经济学》，冯建三译，台湾远流出版事业股份有限公司。

④ 贾国飚著：《媒介营销》，湖南人民出版社 2003 年版，第 13 页。

⑤ 参见郭镇之《传播政治经济学理论泰斗达拉斯·斯麦兹》，载《国际新闻界》2001 年第 3 期，第 61 页。

着三种资源整合利用而展开。”① 在国外，因为大多数传媒供应商的功能根本不是内容的生产者，而只不过是再包装者或收集者，他们购买各种内容，然后按接受者的兴趣对内容进行组装或安排。从这个观点来看，传媒供应商的功能只不过是他们活动的三个相关市场利益的中间调和者。②

因此，笔者认为，传媒市场上客体结构是多元的，它由信息源市场（或称节目内容市场）、发行（收视）市场和广告市场组成。在这三个市场中，有着生产注意力、吸引注意力、开发注意力逐层传递的关系。如图 1－1 所示。

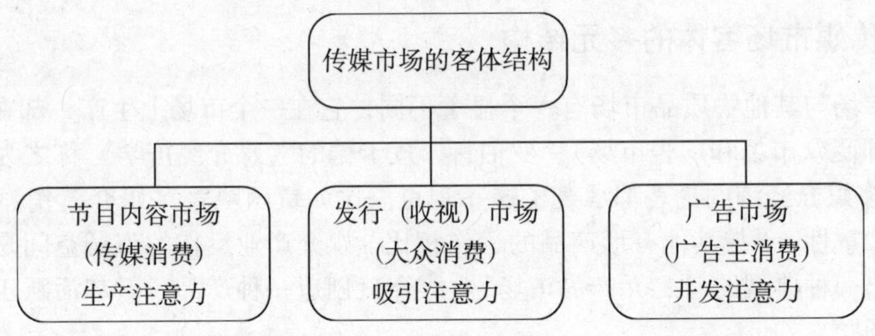

图 1－1　传媒市场的构成

在我国目前的传媒市场实际中，以上三种结构形态基本具备，但尚不完善，这集中体现为，我国传媒的发行（收视）市场、广告市场发展得很快，但新闻信息源（内容节目市场）建设远远不够。这一现象已被越来越多的传媒人士关注，“内容为王”已成为一种共识。“要维系一个第一流的信息源。信息源是媒体形成竞争优势的重要前提，一个实力媒体必须拥有信息专线和专家网络。”③

二、传媒市场主体的多重约束

传媒市场主体就是各类传媒及其从业者。传媒市场主体与一般物质品市场主体不同。一般物质品市场主体以追求自身利益最大化为原则，而传媒市场主体在追求自身利益最大化的同时，更追求传媒社会总收益的最大化。通俗地说，传媒既追求经济效益，更追求社会效益。传媒市场运行机制的理想结果应该是社会效益与经济效益的统一，这与传媒主体的多种约束（属性）密切相关。

---

① 纪宁著：《媒介新动向》，沈阳出版社 2001 年版，第 75 页。

② 参见欧洲通讯委员会编《经济学——数字化市场的战略问题》，苏晓鹰译，辽宁人民出版社 2002 年版，第 24 页。

③ 转引自《中国新闻年鉴》，商务印书馆 1999 年版，第 219 页。

作为我国传媒市场主体的各类传媒，大多数都具有信息、利益、控制三种属性，或者说受到信息组织、利益组织和控制对象的三种约束。作为信息组织，传媒受到信息（新闻）传播规律的制约，这是传媒市场主体的基本属性和角色。“要使报刊完成自己的使命，首先不应该从外部施加任何压力，必须承认它具有连植物也具有的那种为我们所承认的东西，即承认它具有自己的内在规律，这种规律它不能而且也不应该由于专横暴决而丧失掉。”[①]。马克思这里所讲的“内在规律”，实际上就是说报刊（传媒）必须遵守新闻规律。作为利益组织，传媒与其他市场主体一样，也追求自身经济利益的最大化，传媒市场运作也要符合经济规律。虽然我国传媒业的发展始终存在着这样一条经济逻辑，但是在相当一段时期，它都被暗化了，在我国传媒市场初步形成之后，传媒作为利益主体的企业属性日益凸显，传媒的竞争也日趋活跃，经济效益也成为传媒生存和发展的制胜之道。作为控制对象，传媒具有明显的意识形态属性，它是社会上层建筑的组成部分。改革开放以后，随着我国传媒利益组织属性凸显，传媒的意识形态属性有所弱化，但是，它始终是传媒市场运作中一条或明或暗的警戒线，传媒“事业单位”的属性始终存在。

撇开传媒作为信息（新闻）传播组织的基本属性不论，我国传媒具有典型的双重角色：舆论引导者和经济创收者，通俗地讲，就是既要搞好报道，又要搞好经营，希望双重角色能够带来双赢是我国新时期传媒改革的理论出发点。“中国政府希望传媒获得双赢的思路是，既不淡化或者削弱传媒的认识舆论导向，又可以让传媒赚大钱。这个良性循环的构图是这样的：用传媒雄厚的实力来进一步加强传媒的政治角色，同时寄希望于政治权威性给它带来滚滚财源。”[②] 这种理论设计给我国传媒市场运行带来了先天的隐患：多重角色的冲突和错位常常不可避免，传媒政企不分，政事不分，以及由此带来传媒市场运行机制失效。这是研究我国传媒市场运行机制时必须注意到的问题。

三、传媒市场运行的市场因素与非市场因素共存

改革开放后，随着我国传媒市场的兴起和初步形成，市场这只看不见的手，以自己的魅力配置传媒资源，成为我国传媒活力迸发的驱动器，导演了传媒产业运作的一出出话剧：都市报一夜兴起，传媒融资上市渐成热点，传媒集团化方兴未艾，价格战硝烟弥漫。但是，我们也会看到，由于我国长期实行的计划经济的惯性以及我国传媒市场的特殊性，我国传媒市场运行仍然是不健全的：一方面，市场运行机制在传媒资源配置上发挥着越来越大的作用，另一方面，非市场因素依然存在，成为我国传媒业进一步发展的束缚。这些非市场因素明显表现在以下几个方面。

---

① 《马克思恩格斯全集》第1卷，人民出版社1956年版，第190页。

② 刘宏著：《中国传媒的市场对策》，北京广播学院出版社2001年版，第144页。

（一）传媒市场的进入与退出壁垒

传媒市场的进入与退出壁垒，主要是指新办传媒进入市场和原有传媒退出市场的难度，或称进入与退出障碍。影响传媒市场进入的因素很多，既有经济技术的原因，也有非经济方面的因素，根据支庭荣的研究，传媒市场最主要的进入障碍是"高固定成本、政府管制和现有媒介市场力量"①。

我国传媒市场因经济技术因素造成的进入障碍，随着传媒业知识含量和技术含量的增加，呈现出扩大的趋势。以北京报业市场的状况为例，1998 年《北京晨报》创刊时，仅仅 1500 万元的资金投入就占据了北京报业市场第三的市场位置，而到 2001 年《京华时报》创刊时，对于其主要达到的第一阶段目标——进入北京报业市场前三、四位而言，其所挟 5000 万元资金也略显窘迫。3 年不到的时间，北京报业市场进入的资金"门槛"已经翻了 3 倍。在电子传媒市场，这种趋势甚至更为明显。不过，现阶段我国传媒市场进入障碍，政策性因素还是起着主导作用。到目前为止，我国实行严格的传媒准入管制，各类传媒，包括报刊、广播、电视、出版社等均实行严格的审批核准制，开办者必须是官方指定的体制内机构，开办必须得到主管部门的授权批准。以报业为例，新闻出版总署 1990 年 12 月 25 日颁布的《报纸管理暂行规定》，第二章就对"报纸的审批"做出了七大条若干小条的明确规定；1992 年，党的十四大以后，我国迎来了改革开放以后的第二个办报高潮（1991—1993 年 9 月全国新办报纸 352 种），从 1994 年起，国家对报业实行"从数量增长型向优质高效型转变"的战略，从严审批、控制数量。控制数量，按照曹鹏的理解，就是"基本不新增媒介，只能以旧换新"②，进一步提高了报业市场进入的政策性壁垒。近几年来，我国传媒的市场收益大大高于其他行业，广告经营额年增长达到 35%，高于同期 GDP 的年均增长幅度，应该说与行业进入壁垒造成的垄断收益多少有些关系。

我国传媒市场退出壁垒也很高，或者说缺乏退出机制，也是一种非常普遍的现象。这既是长期计划经济体制的历史惯性使然，也与我国的传媒市场结构和传媒管理体制有关。仍以报业为例，1991 年，国家有关部门把我国报业分为九类（机关报、行业专业报、生活服务报、企业报、军队报、社会群众团体报、文摘报、晚报、综合类报）③。仔细分析一下，九类报中，虽然机关报只占 30.6%（1993 年），但是其他各类报中，也有不少是"准机关报"。我国传媒的这种泛机关报性质，决定了它极易受到行政权力

---

① 支庭荣著：《媒介管理》，暨南大学出版社 2000 年版，第 10 页。

② 曹鹏著：《中国媒介前沿》，新华出版社 2003 年版，第 320 页。

③ 参见中宣部新闻调研小组编《中国报业总量结构效益调查》，新华出版社 1996 年版，第 4 页。

的保护，缺乏自主退出市场或转让的内在动力。我国传媒很少像西方传媒那样宣布破产或产权转让，长期以来存在着一种“只生不死”现象，不仅造成了传媒资源的较大浪费，而且降低了传媒市场运行机制发挥作用的效率，不利于传媒市场的健康发展。

（二）不按市场规律办事，传媒市场运行信号失真

如果说传媒业的进入与退出壁垒主要是传媒业非市场因素在传媒结构上的表现，那么，不按市场规律办事、传媒市场运行信号失真则更多的是传媒业非市场因素在传媒行为上的表现。

1．传媒业条块分割导致传媒市场运行信号失真。在现阶段，一方面，我国对于传媒业实行分开管理，各传媒在经营上基本上是互不干涉的，即使有少数传媒进行“跨媒体”实践，但总体上，我国传媒业内条块分割严重。另一方面，除了中央的报纸、广播、电视台具有开拓全国性市场的能力外，其他传媒的经营范围基本上局限在当地的行政地域范围内。近几年来，我国卫星电视发展迅速，所有的省级卫视都已经上星，但卫视在各地的落地问题仍需要继续解决。而其他非卫视的地方电视台，由于受到政策、财力、人力的限制，传播区域基本上以行政区划为界。报纸等印刷媒体的刊号虽然是全国的，但地方报纸由于受到各种因素的制约，发行具有明显的地域性①，结果是：“在某些局部地区、局部市场上，同质等效的传播产品的大量重复造成了传媒市场‘饱和’的假象，导致传媒市场运行信号失真。”②

2．公费订阅和摊派发行导致传媒市场信号失真。公费订阅与摊派发行是计划经济体制留下来的固弊，是权力寻租在传媒发行上的体现，违背了传媒市场公平竞争的原则。这几年，虽然我国自费订阅市场发展很快，但公费订阅仍然存在，传媒及其主管部门公开或变相摊派发行的现象也并不鲜见。由于公费订阅和摊派发行并没有面向真正的消费者，因此，发行量难以反映消费者的真实评价，极易造成虚假发行或无效发行，在这样的情况下，广告并不向虚拟发行量的传媒集中，从而导致传媒市场运行信号失真。

3．传媒利益约束力不强，导致传媒市场运行信号失真。在健全的传媒市场里，传媒作为市场主体，始终受到自身利益的约束，对市场盈利非常敏感，并据此调整自己的市场行为。在我国传媒业，相当多的传媒特别是机关报类型的传媒，由于体制原因，习惯于受到行政保护，市场敏感度不强，缺乏追求利益的动力。有的传媒长期亏损，靠贷款度日，不仅没有退出传媒市场，而且安于现状，不思进取；有的传媒，市场开发意识不够，在赚取大量的广告费之后，没有将它们用在“刀刃”上，即投入到市场中去发

---

① 参见吴飞著《大众传媒经济学》，浙江大学出版社2003年版，第119页。

② 周伟主编：《媒体前沿报告》，光明日报出版社2003年版，第11页。

展产业，而是热衷于修建办公楼，出现所谓媒介“办公大楼”现象；还有的传媒，竞争意识淡薄，习惯于“找市长”要政策，不断丧失市场开拓、自我发展的机遇。

第四节　受众与市场

一、受众的定义

受众是一个看似简单，实质上却是一个抽象的、众说纷纭的概念，它所指称的现实事物，通常也是多种多样和不断变化的。例如，受众可以用来指小说的读者，也可以指卫星电视的订户。

可见，受众既是社会环境（这种社会环境导致相同的文化兴趣、理解力和信息需求）的产物，也是特定媒介供应模式的产物。即，受众是社会环境和特定媒介供应方式的产物。受众既是内容立足和定位的根本，又是广告主广告投放的最直接的目标对象。无论在内容市场还是在广告市场上，受众都发挥着十分重要的作用，是连接媒介二元市场的桥梁。根据对媒介二元市场特征的分析，受众是媒介市场的最终消费者。一方面，受众是内容市场的消费者，另一方面又因此成为广告主投放广告的产品的潜在消费者。

受众概念的发展经历了漫长的过程。最早的受众是指那些聚集在一起现场观看表演或竞技的城邦观众，他们是受众的原始雏形。15 世纪印刷品的出现，催生了最早的大众媒介受众——阅读公众；电影的发明和影院放映方式的出现，数以百万计的人们一起分享相同的、经媒介传播的感情和体验，批量生产的拷贝传播，取代了个性化的、活生生的现场表演和互动；20 世纪初中期，广播电视的发明，使受众身份第一次与技术手段的拥有联系在一起，跨越有形疆域的无形传播，大大扩大了传播的影响面和影响力，时空转换性更强，共时分享的受众也更多。随着以电脑科技为基础的媒介技术的发展，各种媒介的互动能力在不断增强，由单向系统变为双向系统，甚至多媒体网络。目前，受众比以往任何时候人数都多，规模更加“巨大”，受众的数量在不断增加，受众参与和接受信息传播活动的范围在不断扩大，受众在接受和传播信息时的身份和地位的差别在消失。

受众具有二重性。早期，人们普遍认为媒介拥有“魔弹”般的威力，而受众是被操纵的、中弹就倒的“靶子”。但随着对传播现象和规律的不断深入的认识，随着大众传媒向产业经营方向发展，市场化逐渐呈现强势，而将大众受众视为市场、视为消费者的观念也日益发达。以美国学者为首的经典传播学研究者进入 20 世纪 70 年代以后，就一直在强调受众在传播中的重要地位，他们认为传播是一个双向传播的过程，受众不是被动的接受者，他们通过反馈影响传播者，没有反馈，传播就无法有效地进行。因此，受众不是绝对的被动，而是具有一定的主动性和选择能力，他们能够按照自己的意愿解读媒介文本，并建构意义。随着网络时代的到来，因为网络的反馈也更加方便，受众因而比以前具有更大的主动性。

二、受众研究的经典理论

（一）德弗勒的受众理论

受众研究有诸多流派和观点，传播学界普遍认为，美国著名传播学者梅尔文·德弗勒在《大众传播理论》（1975）一书中对众多受众研究者的探索成果所作的归纳和总结是比较科学的。

德弗勒将相关的学说归纳为四种：个人差异论；社会分类论；社会关系论；文化规范论。

1. 个人差异论。个人差异论是由卡尔·霍夫兰于1946年最先提出，并由德弗勒在1970年作了某些修正而形成的。这个理论以心理学“刺激—反应”模式为基础，从行为主义的角度来阐述接受对象，认为受众成员心理或认识结构上的个人差异，是影响他们对媒介的注意力以及对媒介所讨论的问题和事物所采取的行为的关键因素。

个人差异论认为，大众传播媒介在设计劝服性传播前，需要先弄清受众的兴趣、爱好、需要、价值观、态度等，再挑选与之相应的信息进行传播；否则，与受众特点和需求不符合的信息，就会遭到回避和拒绝。

2. 社会分类论。又称为社会范畴论 ，它以社会学为基础，重点强调受众的社会群体的特性差异。社会分类论认为，受众是可以分类的，尽管每个受传者的个性千差万别，但在一定的社会阶层中，会形成不同的社会类型；某一社会类型的受众对同一信息又会有大体一致的反应。大众媒介据此有针对性地采写、设计、制作、传播信息，就能增强传播媒介的吸引力，提高大众传播的效果。而不同社会类型的受众，也会将接受对象锁定在符合自己要求的媒介或栏目上。

3. 社会关系论。社会关系论主要得益于拉扎斯菲尔德、贝雷尔森、卡茨等人的研究成果。这种理论认为：受传者都有自己特定的生活圈，大众媒介传播的任何信息，在这种生活圈面前都要遭到审查、过滤或抵制，很难通行无阻、全部过关，并且有许多人首先得到的信息往往不是来自大众媒介，而是来自“意见领袖”，而这二次传播的信息并非不偏不倚。因此，大众媒介的效果既非一致的、强大的，也非直接的，个人间复杂的社会关系极大地限制和约束着传播效果。

4. 文化规范论。文化规范论从媒介及其内容的角度出发去分析传媒内容如何为社会树立文化规范，促使社会中的个体（受众）发生种种变化的相互联系。文化规范理论认为，大众传播不一定直接使受众发生变化，但它可以作用于受众所处的社会环境，通过变化了的社会文化背景再作用于受众，使之观念发生变化。

（二）其他理论

1. 满足需要论。满足需要论又叫使用与满足论，是一种兴起于20世纪40年代形成于20世纪70年代的受众研究理论。这一理论不仅要求尽力了解受众对什么感兴趣，还要求了解受众为什么感兴趣。

这一理论认为，受众面对大众传播媒介并不是被动的，实际上，受众总是主动地选择自己所偏爱的和所需要的媒介内容和信息，而且不同的受众还可以通过同一个媒介信息来满足不同的需要，并达到不同的目的。因此，不是传播媒介在使用人，而是人在使用媒介，而人使用媒介说到底只是为了满足其需要而已。

2. 社会参与论。又叫受众介入论，它渊源于美国宪法中有关公民权利的一种受众理论。社会参与论的主要观点可以归纳如下：

（1）大众传播媒介应是公众的讲坛，而不是少数人的传声筒。

（2）公民及其团体既是信息的接受者，又是信息的传播者。

（3）时代在发展，受众在变化，许多人已不满足于消极地当一名接受者，一种试图积极参与报刊的编写、广播电视节目的制作和演播的自我表现欲望正在增长。

（4）让受众参与传播，正是为了让他们积极接受传播。因为，人们对于他们亲身积极参与形成的观点，要比他们被动地从别人那里得到的观点容易接受得多，且不易改变。

（5）参与传播也是受众表达权的具体体现。

三、受众心理与行为选择

市场经济对媒介的最大改变是在消费者领域确立了新闻产品的消费者——受众的主体地位，在生产者领域确立了媒体自负盈亏的独立经营者的地位。对受众的“迎合”和市场理念，使传媒在商业化操作的过程中不可避免地出现了新闻以愉悦人为目的的现象，其产生和发展有着深刻而复杂的原因，并且与当今传媒的受众心理存在着密切的关系。

（一）需求心理

大众传播是以期在大量的、各种各样的传播对象中唤起传播者预期的思想，试图在各方面影响传播对象的一个过程。因此，在大众传播活动中，受众的需求层次往往从两个方面反映出来：新闻受众的结构层次决定其需求层次；需求本身也具有层次性。由于他们的文化水平、年龄结构、生活环境等方面不同，不同的受众群体就会有不同的需求，因而对媒体、传播内容就会有不同的选择和理解。据有关部门统计，文化层次较高的受众，除看电视、听广播外，更多地选择报纸，而文化层次较低的受众更多地选择电视，且以娱乐性内容为主，即使是选择了报纸，其阅读心理仍是以猎奇为主。

受众是信息传播的目的地，受众的需要是传播发展的原动力，是传播过程得以存在的前提和条件。受众又是传播效果的“显示器”，只有符合了受众需要的传播活动才能够实现传播者的意图，才能取得良好的效果。当然，传播媒介也要对受众需要有所区分，受众需要有正当与不正当、合理与不合理、健康与不健康、积极向上与消极落后之分，绝对不能对受众的需要不加区分地一味迎合，以免影响传播效果，给社会带来负面效应。

（二）惰性心理

人的惰性决定了其总是倾向于以最大的努力获得尽可能大的报酬，也就是说人在接受信息时，因为人的惰性心理而往往选择省时省力就能获取的信息。传播者为什么要“尽力使硬新闻软化”、“强调新闻的故事性、情节性”、“写作中加入人情因素，加强贴近性”、“走新闻故事化、文学化”，这是受众接受的惰性心理使然。

对于受众来说，新闻信息带给他们的愉悦过程就是同化的过程，愉悦顺应了受众原有的认知体系，愉悦在使人的舒适和愉快的感觉兴奋起来时，并不要求大脑过多地参与，它使人获得快感而不需要心理上的改变；而其他非娱乐消遣功能的新闻信息带给受众的常常不是“快乐”，而是要求受众付出努力的，需要其加入主观性和能动性的判断，调用受众原有的经验，对新的刺激加以注意、解释和记忆，这常常是人本能中所不情愿的。人一方面有着先天的惰性，希望能够自如地应对外部世界，因为自主的经验不会引起心理结构的大的改变，从而不会使人感觉到紧张，正如短时间的轻松散步令人愉悦但不会改善身体的机能一样。另一方面，人为了自身的生存和发展，又不能满足于原有的心理结构，要适应新的事物就必须改变原有的结构，所以，有着明确自我意识的人不会只满足于以愉悦人为目的的新闻，他还有更高的阅读需求。

（三）消遣心理

受众需求的不仅仅是过去那种政治味浓厚的信息，他们还需要经济、文化、科技、教育等各个领域的信息，更重要的是人们除获取各类信息之外，他们还希望在紧张的工作之余，新闻传媒能为他们提供消遣。因为，人的需要中不仅包含有高尚的精神需求，而且也包含着由人的本能和欲望无节制扩张所带来的低级、庸俗、不健康的需要。因此，当新闻以愉悦人为目的，更多地提供了一些轻松活泼的文化休闲内容，并且用搞笑、调侃的方式带给人们信息，就满足了受众追求轻松愉悦的心理。尤其在当今经济体制转轨的形势下，人们处在价值体系的断裂期，大众内心常常会感到抑郁、失落，人们从来没有这样强烈地需要愉悦，需要某种宣泄情绪和缓释心理压力的通道。以愉悦人为目的的媒体其搞笑、煽情、刺激的节目形式、报道手段无疑更为广泛，它们提供新闻和其他轻松休闲的节目，用轻松活泼的语言和幽默的风格营造出愉悦的氛围，为受众带来情绪上的解放感，在调笑、戏说中，人们的压抑情绪得以释放，精神压力得到了缓解。新闻信息作为一种重要的信息，它使受众在接受它的时候，关注眼前和个人的境遇及感受，追求欲望满足的快乐，满足自我宣泄与表达的需求，进而忘却愁苦和烦恼。

需要注意的是，以愉悦人为目的新闻对于受众来说是有时间性的，或者说只是暂时的。受众往往通过阅读中的轻松愉悦使自己潜意识中的缺憾得到宣泄和释放，从而缓解和消除心理上的不平衡。这种需求虽然急切，但一经满足，甚至是部分满足时，它就会被消除和缓解。相反地，提供决策依据的信息功能则侧重于满足受众长远的需要，具有高层次和深层次的价值，受众可以在获得信息之后的长时间内不断地回味和借鉴。

（四）心理效应

所谓心理效应，是指媒体传播过程中的一些心理现象对传播过程和传播效果的影响。传播活动所针对的对象——受众，作为社会群体的一员，具有鲜明的群体性和社会性。传播者在考虑传播的效果时，不应忽视受众的群体心理特征及其产生的心理效应。

1. 威信效应。指传播者个人或群体的权威性、可信性对受众心理的作用以及由此产生的对传播效果的影响。威信效应的产生主要取决于信息源在受众心目中的威望和地位，一旦受众发现信息源的可信度并不如心目中所期待的那么高时，信息源在受众心目中的威望和地位就会大打折扣。传播学研究认为，传播者或信息来源的威信越高，其说服的效果就越大；威信越低，传播的说服性效果就越小。

2. 从众效应。指作为受众群体中的个体在接受信息时所采取的与大多数人相一致的心理和行为的对策倾向。大众传播活动通常是在“一对多”的场合下进行的，在这种情况下，受众群体中的多数意见会对成员中的个人意见或少数意见产生压力，个体往往因为害怕被孤立而被迫或潜移默化地服从多数意见，与群体达成一致。对于一般受众而言，这种群体压力现象是很普遍的，在信息接受中，从众效应一方面能够规范人们的接受行为模式，趋向于群体一致；但另一方面又通常会导致个性的压抑，影响个人独创性的发挥。

3. 逆反效应。指受众由于受某种原有立场、思维定式的影响，而产生与传播者的传播意图相反的心理倾向。受众的逆反心理主要表现为对传播内容或传播者的不满、怀疑、反感、抵触乃至否定、排斥，致使传播受阻甚至产生负效应。致使受众产生逆反心理的原因是多方面的，包括受众因素和传播者因素。逆反心理表现类型可分为以下三种：一是评价相反型。即受众对客观存在的事物现象和问题所持的判断呈相反性趋向。二是情感相悖型。即受众对所传事物蕴涵及表现的情绪情感与传播者的情绪和情感相背离。三是行为逆反型。即受众在接受传播信息后，采取的行为方向与传播者所期盼的行为方向截然相反。这三种类型相互联系、不可分割。评价可以激发情感，导致行为，而情感和行为也可以引发评价。根据逆反心理的三大类型及其表现，逆反心理的特征可以概括为如下三点：一是对抗性。即传播效果不仅是零效果，而且是负效果。表现为受众接触传播后对传播者和传播内容存在着较为显著的心理失衡，形成心理对抗，采取“对着干”的态度。二是情感性。即形成逆反心理的主要因素是情感成分，次要因素是认知成分，表现为不满、抵触、对立等情绪激烈的心理现象。三是延续性。即受众的逆反心理形成一种思维定式后，对后续相关和类似的传播者、传播内容和传播方式都会在评价、情感和行为上产生逆反心理。逆反效应通常是新闻传播中的一种失误，应该尽力加以避免。传播者必须有强烈的受众意识，把受众当做服务的对象，增强与受众的亲近感，尽可能选准受众心理的共振点。只有这样，才能在受众中产生预期的传播效果，达到传播者的目的。

4. 认知心理的强化。人对事物的认识在心理上通常有深浅层次之分，即对事物的认识有一个从表象到本质的过程，在行动上也有一个自觉过程。在传播过程中，传播活动通过信息作用于受众的心理也有程度之分，它包括：

（1）浅层次的传播效果。又称环境认知效果，仅仅形成于受众的感知层面。衡量它的尺度通常用受众对传播内容的知晓度来表示，“读报人数”、“收视率”、“收听率”等指标所反映的都是浅层次的传播效果。例如，媒体传播的节日公休时间、天气情况等，只需受众感知就行了，无需受众深层次地思考。

（2）中层次的传播效果。又称价值形成和维护效果。它不仅作用于受众的感知觉，还进一步影响其思维和情感。衡量它的尺度可以用“理解度”、“赞同度”来表示。大众传媒在报道新闻和传达信息时，常包含对某一事物的是与非、善与恶、美与丑、进步与落后的价值判断，客观上起着形成与维护社会规范和价值体系的作用。受众在接受这类信息时，就会用大脑去思考、去判断，并形成和产生相应的价值取向，从而形成中层次传播效果。如网络广为流传的高跟鞋踩死小猫事件，在受众中就引起了强烈反响，同时，“虐猫事件”“惊动”两会，24 名政协委员“不依不饶”提案，呼吁立法反对虐待动物，并配合立法加大媒体等部门的宣传力度，使善待动物的观念深入人心。这一传播效果就是一个典型。

（3）深层次的传播效果。又称社会行为示范效果。媒体通过传播活动，不仅作用于受众的感知觉、思维和情感，而且还进一步影响其意志甚至个性心理品质，导致受众行动上的变化。如，2009 年 11 月 7 日，一名名为“来来回回”的网友在论坛上发布帖子，公布了自己的一组照片，并高调宣称自己用高蛋白的营养品也就是血浆做花肥。“血浆浇花”的网帖在国内各大网站和论坛传开后，引起了网友的极大愤慨，认为此举是对献血者和对生命的不尊重，强烈要求严惩相关人员，并对血液的管理过程表示质疑。“血浆浇花”事件表明，血液管理工作有待加强，当务之急在于加强采供血机构全过程质量控制，确保血液质量和血液安全。由此可见，受众从认知到理解再到行动，是传播效果的一个不断累积、深化和扩大的过程。传播内容怎样冲击受众的心理，其冲击程度如何，直接影响到传播效果的大小。因此，传播者要想达到自己的传播目的，产生良好的传播效果，就必须充分重视受众心理认知的层次性，并针对不同的层次采用不同的策划、采访、写作、编辑手法。对那些只需作用于受众感知觉的浅层新闻，如一般公告式的体育赛事、文化娱乐、水情旱情、车船班次、气象通报等消息就尽可能地把它们处理得简洁、明了；对那些需要作用于受众思维、情感的中层次新闻，如人物专访、热点访谈、深度报道等，就要依据受众的文化程度、理解能力、兴趣爱好等精心创作，助其理解；而对那些影响受众人生观价值观的深层次新闻，还应注意运用美学、教育心理学原理，让受众消化、吸收，并使之付诸行动。总之，受众是传播活动的最终完成者，是新闻文化的主体，受众的心理需求客观上左右着新闻的走向。进入21世纪，全球化的新闻消费已是一种不争的事实。先进的传播媒介利用复杂的技术向人们倾泻着各种信息。人们打开报纸、广播、电视机和网站，随时可以进行新闻消费。21世纪的消费者也随之变得更加挑剔和缺乏耐性，他们要在密集的信息中寻找适合自己需求的信息。如果新闻精品多起来，报道形式丰富多彩，并能在市场竞争中获得消费者的货币选票，那么，正在培育的新闻消费市场就可以朝着良性循环的方向发展。

四、受众调查在传媒市场中的应用

（一）反馈与受众调查

反馈是构成传播过程必不可少的要素。它是指受传者对接受到的信息的反应和回应，也是受传者对传播者的反作用。在信息反馈过程中，传播者便是受传者，受传者则变成了传播者。

反馈是一种双向对话，是体现社会传播的双向性和互动性的重要机制，其速度和质量依媒介渠道的性质而有所不同，主要有延迟性、间接性、代表性、累积性、量化性等特点。

受众调查研究正是在这样的基础上以帮助传播者了解分析受众、改善提高传播效果为目的的一种研究方法。

（二）受众调查的方法

既然受众在媒介市场中被看做是消费者，那么市场营销理论中的有关理论和调查方法都适用于媒介市场，比如进行以人口统计学为基础的问卷调查、利用焦点群组（focus group）访谈进行受众研究等。但是媒介内容又具有非标准化生产、明显的时效性、媒介需求波动性强烈等特点，这些特点决定了受众调查的特殊性，因而受众调查也显得更为复杂。

随着受众调查和研究的发展，针对受众媒介消费行为和广告消费行为的调查和研究逐渐受到重视，受众调查的方法除了传统的基于人口统计学的问卷调查外，也增加了测试和实验等以受众媒介消费行为和心理为调查与研究对象的方法。但是在国内针对受众媒介消费行为的研究还仅仅局限于传播学研究的理论层面，远没有像针对广告消费行为的调查那样被商业化。

针对受众实际消费特征的调查和研究需要结合受众媒介消费行为和广告消费行为的调查研究方法，因此，除了统计学和传播学，还要包括市场学方面的内容。

值得注意的是，网络媒体的互动性改变了受众调查的方法，使得媒体可以直接进行受众调查和跟踪。即便这样，在网络行业提供第三方专业受众调查的公司由于能够为广告主和其他投资人及利益相关人提供相对客观的数据而仍然大行其道，例如一些浏览率调查公司。随着不同媒体间的融合，比如报纸、杂志的网络版、数字化互动电视的普及，利用网络媒体的互动性来实施受众调查也在为传统媒体所应用。

受众调查的主要方法有抽样调查法、访谈法、内容分析法和实验法。

1. 抽样调查法。是对一部分人或特定“人口”样本（杂志订阅者、报纸读者、电视观众等）的研究，它根据统计学原理，将从样本中得出的结论推广到全体人口，具有一定程度的确定性和可信性，适用于较大范围的调查。

2. 焦点组访谈法。是一种对话的技术，以使调查者能够理解并解释研究对象的行为或看法。它主要侧重于较小范围以及问题不太多的调查。

3. 内容分析法。是一种对明示的传播内容进行客观、系统和定量描述的调查方法，其特点是客观性、系统性和普遍性。调查者多用内容分析法来分析传播内容与受传者的关系——考察特定社会群体经常接触的媒体内容，分析他们的兴趣、关注点和需求，以及接触和解读的过程、结构和特点等等。

4. 实验法。多用于研究人的认知或心理变化，是处理因果关系问题的传统方法。一个实验包含了试验者对变量的控制或操纵和用公正、系统的方法观测的结果。经典的实验将回答一种变量是否或在什么程度上影响另外一个变量的问题。

具体的调查方法在后面的章节中会详细讲述。

（三）我国受众调查的发展概况

第一阶段（1982—1985 年）：受众调查的起步、发展阶段。

第二阶段（1986—1988 年）：受众调查走向黄金时期，并成为新闻改革的催化剂。

第三阶段（1989—1991 年）：受众调查开始深入理念层，并进一步完善调查机制。

第四阶段（1992 年至今）：受众调查重振雄风并逐步走向市场阶段。

受众调查也成为媒介市场调查的一部分，其作用主要是测定转型时期不断变化的受众需求，以保证在不断变化的受众市场重新定位。

（四）受众调查研究的内容

1. 人口统计特征。包括受众层次和比例构成，如受众的性别、年龄、职业、收入、学历等，即一个特定媒介的受众是由哪些人组成的。此类受众调查近年来才开始被国内媒体逐渐重视和应用，比如上海电视台生活时尚频道所做的受众调查（见表 1－1）。

表 1－1 上海电视台生活时尚频道的受众构成

		所有频道观众构成（%）	生活时尚频道观众构成（%）	指数（%）
年龄	4～14 岁	9.1	9.5	104
	15～24 岁	12.7	21.1	166
	25～34 岁	6.6	9.4	142
	35～44 岁	18.7	19.0	102
	45～54 岁	20.7	20.9	101
	55 岁以上	33.2	20.1	61
性别	男	52.3	40.9	78
	女	47.7	50.1	105
学历	小学及以下	18.7	16.5	88
	初中	38.7	38.2	99
	高中	31.7	32	101
	大学及以上	10.9	13.3	122
生活水平	低	71.4	67.6	95
	一般	15.6	17.5	112
	高	13.0	14.9	115

数据引自中华传媒网（数据提供：CSM 索福瑞 2002. 1. 1－2002. 4. 30 及上海文广新闻传媒广告资讯）。

2. 媒介消费行为特征。指受众对于媒介的消费和接触的行动和状态。目前应用的具体指标包括接触媒介的频率、接触媒介的时间分布、接触媒介的时间长度、接触媒介的途径、媒介消费的方式等，反映的是受众在内容市场上的消费特征。然而，中国媒体所关注的媒介消费行为特征也仅仅是人口统计学意义上的消费行为特征，基于传播学来研究受众媒介接触的心理图像特征的应用几乎是空白。

3. 广告消费行为特征。研究对象包括受众接触广告的频率、习惯、途径等，反映的是受众在广告市场上的消费特征。大的专业媒介购买公司是进行此类受众调查和研究的主体。

4. 实际消费行为特征。由于受众在二元市场上都扮演着重要角色，受众既是内容市场的消费者，又是广告主投放广告的产品的潜在消费者。因此，受众调查除了描述受众概貌的人口统计特征、媒介和广告消费行为特征外，还应该包括受众的消费方式与心理图像特征。对受众进行实际消费行为特征的调查和研究是对媒介消费行为特征和广告消费行为特征的有机结合。在我国国内，以此为内容的受众调查也基本上属于空白。

五、受众调查和研究的作用

一方面，受众调查和研究可以帮助媒介了解受众需求并获得及时的反馈，在此基础上可以针对已确定的目标受众进行内容生产，这和消费者调查的原理相类似。媒体的文化政治属性决定了媒体不应该去一味迎合受众的需求，很多时候媒体的责任是要引导受众。但是，利用消费者研究的理论和方法去进行受众调查和研究显然可以帮助媒体改善内容制作的质量。例如《财富》杂志中文版在每一篇文章后都会请求读者针对这篇文章的可读性等方面进行评分，根据读者总体的反馈，杂志可以及时进行内容的调整。

另一方面，受众调查的结果在媒介的二次销售中可以成为广告主或是媒介购买公司提供广告投放的依据。这也是受众调查和研究区别于一般的消费者调查和研究的主要特点。

媒体经营的是内容，更是消费内容的受众，因此，媒体不仅要关注内容的质量，也要关注受众的质量。以国内《经济观察报》为例，《经济观察报》提出“精确发行”的发行思路。根据在媒介消费行为方面的影响力，《经济观察报》收集了国内主流高校中经济学院、管理学院、新闻学院所有教师的名单，北京各大部、委、司、局级干部的名单，以及国内主要广告公司负责人的名单，组成了一个10万容量的数据库，并且对他们进行定向赠阅。每一期《经济观察报》赠阅的费用是30万元，但是这30万元得到了10万个高质量读者的信息。同时，在增加内容的前提下，这份报纸还大幅度地提高零售价，但是维持每年的订阅价格不变加送额外的奖励，即通过价格分歧的手段鼓励读者采用订阅而不是零售的方法。其所有的目的只有一个——通过经营受众资源提升

《经济观察报》的广告价值。

《经济观察报》的策略行之有效，但是不足的方面是它所关注的仍然是受众在媒介消费行为方面的影响力，而不是他们的实际消费能力，显然后者对于广告主来说更有价值。与其相比，同样实行定向发行的《福布斯》杂志中文版的受众定位更为明确：35～50岁、男性为主、企业高层决策者，他们是消费能力最强的一个群体。

本章小结

1. 传媒市场的定义。传媒市场是传媒、传媒受众和传媒的广告商之间所有经济关系的总和，也就是从传媒产品供给者到达需求者之间的各种经济关系的总和。

2. 传媒市场具有三个基本特征：①传媒市场本质上是信息市场；②传媒市场是典型的公共品市场；③传媒市场是注意力资源生产和消费的主要市场。

3. 传媒市场运行机制具有如下特征：①传媒市场客体的多元结构；②传媒市场主体的多重约束；③传媒市场运行的市场因素与非市场因素共存。

4. 受众的定义。受众是社会环境和特定媒介供应方式的产物。

5. 德弗勒的受众理论：个人差异论；社会分类论；社会关系论；文化规范论。

6. 受众调查的主要种类有抽样调查法、访谈法、内容分析法和实验法。

7. 受众调查研究的内容有几方面：①人口统计特征；②媒介消费行为特征；③广告消费行为特征；④实际消费行为特征。

思考与练习

1. 请列举一些有关传媒市场最新动态的新闻或者事件。

2. 请收集本年度新媒体行业发展概况的数据。

3. 试总结受众与市场的关系。

第二章　传媒市场调查概述

◉ **知识要点**

1. 传媒市场调查的定义、性质
2. 传媒市场调查的基本内容
3. 传媒市场调查的分类和程序

导入案例 >>>

赛立信（SMR）进一步深化国内广播收听率调查

赛立信媒介研究公司（SMR）是目前我国国内唯一一家专门从事广播收听率调查的专业调查机构。目前，随着媒体间竞争的与日俱增，广播媒体也加入了市场化和产业化的行列，收听率数据作为广播媒介市场上的“通用货币”，对电台的经营管理和广告创收都具有重要的参考依据。为此，赛立信于2009年进一步深化了国内广播市场的收听率调查服务。

10年间，赛立信一直致力于广播领域的研究和服务，拥有专业的广播调查经验和庞大的数据库系统，现已为500多个电台频率提供收听率数据，稳居国内广播调查市场占有率第一。

2009年，赛立信又结合当今广播发展的需求和趋势，一方面，进一步深化中国内地广播收听率调查，丰富收听率调查产品线和服务，包括提出新型节目评估体系，进一步简化和提高电台内部节目科学、规范、客观的经营管理。另一方面，广播广告效果评估是赛立信相继推出的又一相应市场需求产品，从而有效地对广播广告投入情况进行综合评定，不仅为电台，更为广告公司和企业主提供广播广告方面的参考标准和依据。除此之外，特定听众群分析、满意度调查、频率定位研究等深入调查已在国内全面铺开。

随着广播收听率调查意识不断加强，赛立信在全国70余个城市开展最大规模的无主调查项目，提供庞大、连续的收听率调查服务。“赛立信广播节目评估 & 广告价值分析管理系统”（BPESTM）是赛立信推行深化广播收听率调查的又一成果。BPESTM系统已于2008年改版升级，兼具科学性、公正性、全面性、可操作性和实用性的特点，将有力地推动广播电台的节目评估工作，促进广播电台的节目管理和绩效管理，提高广播节目的质量和创新广播节目的内容。

［“行业动态”，见 http：//www.3SEE.com（市场研究网）2009－11－11］

第一节　传媒市场调查的定义、性质

一、传媒市场调查的定义

传媒市场调查与一般调查类似，只不过传媒市场调查是以弄清受众的行为和态度、探究传播市场的现实结构及竞争者的状况为重点的，因此，一般调查的思路也适用于传媒市场调查。

目前，对于市场调查的定义仁者见仁，智者见智，并没有统一的说法。

有人说市场调查是指对与营销决策相关的数据进行计划、收集和分析并把分析结果用于营销决策的过程。也有人认为市场调查是一种通过信息将消费者、顾客和公众与营销者连接起来的职能。还有人认为市场调查是运用科学的方法，系统地收集和分析有关营销问题和相关信息，以帮助企业营销管理人员解决营销管理决策中的问题。

市场调查是市场调查与研究的简称，也被称为市场调查、营销调查、市场研究等。由于市场经济、市场营销始终处于不断发展之中，市场调查也随之不断发展；加之各自立足点的不同和认识点的差异，导致人们对市场调查理解上的差异。关于市场调查的概念有各种各样的阐述，归纳起来，主要有以下两种：

一种观点是把市场调查理解为对市场的调查（相当于 market research）。由于对市场的理解存在差异，市场调查又分为狭义和广义两种。狭义的市场调查是把市场理解为商品销售对象，即顾客的集合。狭义的市场调查就是对顾客的调查，是主要针对顾客所做的调查，即以购买商品、消费商品的个人或家庭、组织为对象，收集顾客购买和使用商品的事实、意见、动机等有关资料，并进行分析研究的工作过程。显然，这基本上相当于对消费者及其行为的研究。广义的市场调查是把市场理解为商品交换关系的总和，即是一个由各种市场要素构成的有结构、有功能的体系。

另一种观点是把市场调查理解为对市场运营的调查（相当于 marketing research）。它不仅以市场为对象，而且以市场运营（marketing）的每一阶段，包括市场运营的所有功能、作用等都作为调查的对象。广义的市场调查的范围包括顾客、产品、销售和促销等内容。目前，越来越多的学者倾向于采用这种定义。当然，持这种认识的学者对市场调查定义的表述也存在差异。市场调查（marketing research）亦译作营销研究或市场研究。尽管有许多组织和个人对市场调查有不同的定义，但基本意思是一致的。下面列出美国市场营销协会组织和著名的美国学者菲利普·科特勒（Philip Kotler）关于市场调查的定义，以帮助理解什么是市场调查。

市场调查是一种借助信息把消费者、顾客及公共部门和市场联系起来的特定活动，这些信息用以识别和界定市场营销的机会和问题，产生、改进和评价营销活动，监控营销绩效，增进对营销过程的理解。——美国市场营销协会

市场调查是系统地设计、收集、分析和报告与公司所面临的具体市场形势有关的数据和发现的过程。——菲利普·科特勒

一般的定义：市场调查是指以科学的方法收集市场资料，并运用统计分析的方法对所收集的资料进行分析研究，发现市场机会，为企业管理者提供科学决策所必要的信息依据的一系列过程。

传媒市场调查与一般的市场调查类似，我们认为，传媒市场调查是指传媒企业或传媒组织运用科学的方法，有目的地、有系统地收集、记录、整理和分析有关传媒市场的信息和资料，分析市场情况，了解市场的现状及其发展趋势，从而为市场预测和决策提供客观的、正确的、重要的参考依据的一系列过程。一般地说，传媒市场调查以弄清受众的行为和态度、探究传媒市场的现实结构及竞争者的状况为重点。但这并不是传媒市场调查的全部。从原则上说，传媒一切有效运作所必要的市场资讯都是可以通过调查的方式获取的。调查内容主要包括有：媒介的地域分布状态，媒体的普及状况，媒体受众的社会阶层、消费水准以及媒体接触状况，受众对于媒体的反映和评价，等等。必须指出的是，传媒市场调查的价值归宿是为传媒市场的操作决策服务的，面对不同的发展阶段、不同的竞争局面、不同的自身资源及其所处的市场位置，人们所需要的市场调查的目标类型是不同的。因此，实际的传媒调查可能涉及十几甚至几十个不同的专业领域，根本不存在统一的市场调查的手段和模式。

二、传媒市场调查的性质

传媒市场调查是一种管理工具，其基本任务就是为管理层提供解决营销问题的信息。传媒市场调查也是确定受众和潜在受众需要和需求的关键管理工具，是企业用来与受众建立长期关系的手段，好的市场调查有助于保证传媒企业未来的生存和发展。传媒市场调查具有以下六个方面的性质：

1. 系统性。调查必须针对某一问题进行；必须先行设计，经过认真的策划和实施；必须收集充分的、有代表性的数据，并加以精确计算。市场调查是一个系统过程，它不单纯是对市场方面的信息进行收集的过程，还包括编制调查计划、调查设计、抽取样本、访问、收集资料、整理资料、分析资料、撰写市场调查报告等。

2. 目的性。任何市场调查都应有明确的目的，即通过了解目标市场上的顾客、竞争对手、产品使用、销售、促销等方面的情况，为企业营销决策提供客观依据，减少决策中的不确定因素，提高企业营销决策的科学性和可行性，为企业赢得经济效益。例

如，多数电台和电视台主要把收视数据用于台内的管理，比如什么节目该上马，什么节目该裁掉，什么节目用来评奖和评优等；理论界也主要关注如何利用收视数据形成科学的节目评价体系。

3. 社会性。传媒市场调查的社会性主要反映在两个方面：

（1）调查的主体是具有丰富专业知识的专业人。一方面，他们掌握的专业知识包括传播学、文化市场营销学、传媒经济学、商品学、广告学、公共关系学、管理学、消费者心理学、市场调查、统计学、财务管理等；另一方面，他们具有丰富的实践经验，洞悉目标市场的文化性特征和消费者偏好，掌握了针对性较强的调查技巧。

（2）调查的对象是具有丰富感情内涵的社会人，是目标市场上有一定消费偏好的消费者，在核心文化的影响下，他们又表现出民族次文化、地理次文化、宗教次文化方面的特征，这就使市场调查的范围扩大到社会生活的各个领域。

4. 经常性。传媒市场调查的目的在于发现问题，并为有效地解决问题提供依据，经常性的市场调查有助于媒体发现问题和机会。

有的媒体认为自己很重视调查，却总感觉把握不住受众，这主要是由于没有长期地坚持必要的市场调查，而选择“无用的”时间点才进行，有的媒体甚至想通过调查一劳永逸。其实，调查间隔时间越长，媒体就越难把握受众的习性。因此，要想摸透受众的心理，必须不断地与其沟通、交流和接触。有的媒体只有遇到问题时才急着进行市场调查，却忽视了问题的产生都有一个累积的过程，并不是一触即发的，所以，当碰到问题时再进行市场调查，对于问题的解决作用有限。因此，媒体要把日常的预防性调查活动放到首要位置，并贯穿于媒体的经营过程中，把市场调查视为一项常规性、持续性的工作。

例如，在收视率调查中，样本是按照随机原则抽取的，必然有随机波动，收视数据在一定范围内的波动是正常的，它可以反映受众总体的大致情况，却不能完全代表全体受众，所以比较这个月和上个月、这一周和上一周的收视数据的上升或下降的意义不太大。正确的做法应该是先分析出收视数据的回归线，看节目的中长期的收视水平相对于回归线的上升和下降水平，并且看这些上升和下降是否可以用偶然的波动来解释，即使有非偶然的波动，也要找出合理的理论和事实解释，才能够确实得出节目收视情况的结论，轻易给节目和栏目下结论是不可取的。

5. 科学性。传媒市场调查对市场状况进行分析和判断，不能凭借个人经验或主观臆断，而要借助现代科学技术手段，经过一系列严密的程序，在科学分析论证的基础上得出结论。具体包括：运用抽样调查法、观察法、实验法和态度测量表法等现代调查技术进行市场调查；运用计算机和相关的专业统计软件分析、整理市场情报资料；建立反映市场需求结构及其变动的调查模型；对调查结果进行误差分析。其中，每项程序或环节都必须建立在科学、严密、准确无误的基础上，才能得出正确的结论。

6. 不确定性。由于市场是高度差异化、瞬息万变的，受众是千差万别的，其需求也是不断变化的。因此，传媒市场调查也必须随着市场与受众的变化趋势而不断更新，从而紧跟受众，甚至引导市场消费趋势。市场调查虽然有科学的程序化步骤，但在市场这个动态的过程中，任何环节都需要创意的帮助，因为其本身含有众多的不确定因素与灵活性，绝不是一种分析模型和一些数据可以解释的。因此，只有具备创新意识、灵活思维和敏锐目光的调查人员，才能十分敏感地抓住这些有价值的信息，并根据这些信息提出很有创意的假设和独特前卫的见解，然后运用各种调查方法对其证实，即“大胆假设，小心求证”。

第二节　传媒市场调查的分类

由于传媒市场调查的主体、客体、范围、时间、功能等方面存在差异，传媒市场调查可以分为不同的类型，表现出不同的特征。

一、宏观调查、监测调查和专项调查

按照调查内容，传媒市场调查可分为三类：宏观调查、监测调查和专项调查。

1. 宏观调查。宏观调查是对宏观数据的调查，这种调查一般研究统计局宏观数据、经济信息、国家信息、行业信息等，能对市场活动作一个总体的判断，对企业作战略上的决策有很好的帮助作用，但作具体的微观决策时不太适用。

2. 监测调查。监测调查可以分为收视监测、零售监测和媒体监测，这类调查主要是对一种频繁发生的行为的数据的监测，提供的是客观信息，对为什么会产生这种行为不做研究。比如，收视监测是在电视用户中安装收视仪，监测用户收看了哪个频道，至于为什么喜欢这个频道而不喜欢另外一个频道，则不做分析；又如，媒体监测是对报刊、网络等媒体上发布的广告等相关数据的监测。监测调查只能监测现在，是对受众某一时点上的研究。

3. 专项调查。专项调查是与企业紧密相关，涉及受众的行为和态度、偏好、看法和打算的调查。这类调查主要包括新产品调查、满意度调查、品牌调查、广告调查、市场细分与定位和消费行为与态度调查等。这种调查可以涉及受众的过去、现在和未来。

二、二手资料调查和一手资料调查

按照资料的来源，传媒市场调查分为二手资料调查和一手资料调查。

1. 二手资料调查。二手资料调查是通过对现成的企业内部或者外部的二手资料的

收集进行调查。

2. 一手资料调查。一手资料调查是通过对从未有过的新问题、新看法等原始资料的收集进行调查。

通常，我们会把二手资料调查和一手资料调查这两种方法结合起来进行。

三、定性调查和定量调查

按照研究的性质，传媒市场调查分为定性调查和定量调查。

1. 定性调查。定性调查主要是研究“是什么”、“为什么”、“如何做”等问题。主要调查方式有座谈会法、深度访谈法和观察法等。

2. 定量调查。定量调查主要研究“是多少”的问题。主要调查方式有邮寄调查、电话调查、面对面调查、定点拦截、网上调查等。

四、探索性调查、描述性调查、因果性调查和预测性调查

传媒市场调查是用来帮助解决特定营销问题的，根据调查的功能或目的来划分，可以使我们更好地理解营销问题的性质是如何影响调查方案选择的。据传媒市场调查的目的和深度不同，可分成四种基本类型：探索性调查、描述性调查、因果性调查、预测性调查。

1. 探索性调查。探索性调查是为了使问题更明确而进行的小规模调查活动。这种调查特别有助于把一个大而模糊的问题表达为小而准确的子问题，并识别出需要进一步调查的信息。探测性调查具有灵活性的特点，适合于调查那些我们知之甚少的问题。

探索性调查所采取的途径一般有借助二手数据的分析、个案研究、专家咨询或调查、试验性研究、其他定性研究方法等。

探索性调查的资料来源主要有三方面：一是现成资料，这是主要来源；二是向专家、产品设计者、技术人员和有识之士请教，向用户、顾客做调查；三是参考以往类似案例，从中找出一些启发。

2. 描述性调查。描述性调查是寻求对“谁”、“什么事情”、“什么时候”、“什么地点”这样一些问题的回答。它可以描述不同消费者群体在需要、态度、行为等方面的差异。描述的结果尽管不能对“为什么”给出回答，但也可用做解决营销问题所需的全部信息。

描述性调查设计非常细致，要求清楚地规定调查的六个要素，即5H1W：

* 谁（who）——谁是品牌的消费者和潜在的消费者；
* 什么（what）——从被调查者那里，我们应该得到什么信息；
* 何时（when）——什么时间从被调查者那里获取信息；
* 何地（where）——应该在什么地方与被调查者接触以获得信息；

＊ 为什么（why）——为什么要进行这次调查；

＊ 什么方式（how）——以什么方式获取信息，采取什么样的调查方法。

3. 因果性调查。因果性调查是调查一个因素的改变是否引起另一个因素改变的研究活动，目的是识别变量之间的因果关系。如预期价格、包装及广告费用等对销售额的影响。因果性调查要求调查人员对所研究的课题有相当的认识，能够判断一种情况的出现会导致另一种情况的发生，并能说明其原因所在。

因果性调查的方法和其他方法有一定差异。考虑因果关系时要将有可能影响结果的变量控制起来，这样自变量的影响才能测试出来。因果性调查方法主要是实验法。

4. 预测性调查。就是企业为了推断和测量市场的未来变化而进行的研究，它着眼于对未来市场状况的调查，是企业制订市场营销方案和市场营销决策的基础和前提，对企业的生存和发展具有重要意义。

五、目标受众市场调查、特定传播市场的吸引度调查、特定媒体的市场定位调查、特定传播产品的市场接受度调查

就传媒市场调查主要的目标类型而言，大致有以下几种：

1. 目标受众市场调查。受众调查主要回答这样六个问题：①特定地区或特定媒体的目标受众是由谁构成的——目标受众群调查；②目标受众群在传播市场上选择和偏好哪些传播产品——传播产品的内容与形式的调查；③目标受众群为何选择与偏好特定传播产品——受众的接触动机调查；④哪些受众参与对于媒体的选择与接触——特定传播市场或特定传播媒体的受众结构调查；⑤目标受众群如何选择和接触传播产品——受众的接触行为与接触习惯调查；⑥目标受众群在何时何地接触传播产品——受众接触的时空结构调查。

2. 特定传播市场的吸引度调查。传媒产品是人格化需要的产物，每一类传播产品都有其产生、发展和衰亡的“生命周期”。研究表明，某一类产品所处“生命周期”的阶段性特征对于传播决策而言是制订合理有效的基本战略的重要基础。换言之，如果我们准备比较理性地参与传媒产业的竞争，我们就至少应该对传媒产业的现存“产品”以及可能的“生长点”的生存和发展周期有一些必要的了解和可靠的把握，对某一“主打产品”目前所处的发展阶段有一个基本的判断，以便知道自己应该做些什么或不该做些什么。关于特定传播市场的吸引度调查正是围绕这一问题展开的，它主要包括：①该传播市场总量大小的调查与评估；②该传播市场所吸纳的受众规模及成长率；③该传播市场所吸纳的广告规模及成长率；④进入该传播市场的竞争者数量及竞争强度；⑤参与该传播领域竞争的技术难度；⑥传播产品的流通渠道的专门化程度及成本；⑦社会政治文化环境对于该类传播产品的容纳与接受程度。

3．特定媒体的市场定位调查。它主要包括：①该媒体目前所拥有的传播市场份额及其成长性；②该媒体目前所拥有的品牌知名度、美誉度；③该媒体核心传播产品所拥有的比较优势；④该媒体传播产品的“行销”渠道（报刊发行或广播电视的覆盖）的适用性与频率；⑤该媒体传播产品的生产能力与单位成本；⑥该媒体对于新的传播产品的研发能力。

4．特定传播产品的市场接受度调查。它主要包括：①传播产品的定价：a．成本分析；b．利润分析；c．价格弹性；d．需求分析（受众潜量、接受度潜量以及接受度预测）；e．竞争对手定价的可能性空间分析。②传播产品的品质：a．传播产品核心价值的确定与市场测试；b．传播产品的内容类别与市场需求的中心度的调查与分析；c．传播产品的形式标志与市场“接受—辨识”度测试；d．该传媒产品的竞争性产品的调查。③该传播产品的受众接触渠道调查：a．受众接触渠道的构成与适用性分析；b．受众接触习惯的调查与分析；c．受众接触行为中的品牌与形式偏好；d．受众支付能力（货币支付能力、可支配时间等）的调查。

第三节　传媒市场调查的基本内容

受众构成分析、受众的接触行为和选择偏好分析以及媒介竞争分析和受众的满意度分析均为现阶段传媒市场调查的常见内容。

一、受众构成分析

受众是我们的市场诉求对象。受众构成分析可以从社会统计学的意义上为我们拟合出特定媒体现有受众的“标准像”。这种“标准像”的作用至少有这样一些：①为媒体在对象的社会特征（如年龄、性别、学历背景、职业状况、收入水平、消费或经济决策能力等）明确的情况下有针对性地决定传播的内容和形式，以便使传播产品与受众需求更加切合与对位；②找到形式受众与理想的目标受众之间的距离和差异，以便通过传播内容和形式的调整来更加有效地吸引预定的目标受众；③为“受众注意力资源的售卖”向广告商标志自己这个传播产品的“品质”。现阶段的广告商早已从单纯追逐受众规模数量的境地中走出来了，与规模数量相比，现在的广告商更加注重的是媒介所凝聚的受众的过程“品质”（如他们的学历、职业、收入水平、消费或经济决策能力等等）。

常见的受众构成分析的调查指标是通过以下提问获得的：

例：您的基本情况。请在您选项前的方格内打“√”。

A. 您的性别：1□男；2□女

B. 您的年龄：＿＿＿＿＿周岁（请在横线上填上阿拉伯数字）

C. 您的学历：

1□小学及小学以下　2□初中　3□高中、中专或中技
4□大专　5□大学本科　6□双学位、硕士、博士

D. 您的职业或身份：

01□工人/商业服务业人员　02□企业领导或管理人员
03□农民或农民工　04□机关/事业单位干部
05□一般职员/文员/秘书　06□公检法/军人/武警
07□专业技术人员/教师/医生　08□私营或个体劳动者
09□初高中学生　10□高校学生
11□离退休人员　12□其他人员＿＿＿＿＿（请写明）

E. 您所在工作单位的性质是：

1□国有企业　2□民营企业　3□私营企业
4□外资企业　5□合资企业　6□政府机关
7□文化事业单位　8□尚未工作或已离退休

F. 您目前每个月的各项收入（包括各种固定的或临时的收入）合计大约为：

1□无收入　2□500 元以下　3□500 ～999 元
4□1000 ～1499 元　5□1500 ～2499 元　6□2500 ～4999 元
7□5000 元以上

G. 请问在您家里什么物品的购买（或消费）主要由您做出决定？（可以多选）

1□无　2□家庭日常消费品（食品、服装等）
3□家庭大件消费品（电器、家具等）　4□外出休闲旅游
5□家庭重大消费（购房、买车等）　6□家庭投资项目（股票、证券、古董等）

H. 在您所工作的机构中，您对本单位经济决策的影响力如何？（请选一项）

1□基本上可以我说了算　2□在某些方面可以我说了算
3□我的建议常常被拥有决定权的人采用　4□我的建议有时被拥有决定权的人采用
5 口我对本单位的决策几乎没有什么影响力

二、受众的接触行为和选择偏好分析

传播的竞争是沿着两个层面展开的：一是尽可能提高传播产品对于受众的价值报偿（如实用、重要、好看或“解气”、“解闷”、“解惑”等）；二是尽可能降低受众获取传播产品时的代价（如报纸和刊物的定价、销售和发行渠道，开本与篇幅，广播电视的时段安排，播出的国家，栏目间的有机衔接等）。传播实践所谓的“适需而传”和“传逢其时”的境界正是在正确地了解这样两个层面的问题的基础上达到的。内容的适

需问题可以通过考察受众的选择偏好来解决，接触传播产品的方便、低代价问题可以通过考察受众的接触心理、接触行为和接触习惯来解决。

常见的受众接触行为和选择偏好分析的调查指示是通过以下提问获得的：

例1：一般而言，您喜欢阅读什么类型的报纸？（请逐项填答）

A. 按照报纸的出版地划分，您喜欢阅读下列哪些报纸？（可以多选）

1□全国性的报纸　2□本省或本地区的报纸　3□本市报纸

4□其他地区的报纸　5□无论哪种报纸都不喜欢

B. 按照报纸的出版周期划分，您喜欢阅读下列哪些报纸？（可以多选）

1□周报　2□周二或周三刊报纸　3□日报

4□无论哪种报纸都不喜欢

C. 按照报纸的种类划分，您喜欢阅读下列哪些报纸？（可以多选）

01□综合性机关报　02□晚报　03□都市报

04□早报、晨报　05□专业类报纸　06□体育报

07□法制报　08□青年报　09□生活服务类报纸

10□文摘报　11□文化娱乐类报纸

D. 按照报纸的性质划分，您喜欢阅读下列哪些报纸？（可以多选）

1□信息集纳、内容丰富的报纸　2□贴近工作、指导性强的报纸

3□贴近生活、实用性强的报纸　4□背景翔实、分析独到的报纸

5□生动有趣、可读性强的报纸　6□针砭时弊、尖锐泼辣的报纸

7□风格新锐、时尚潮流的报纸　8□意见多样、观点兼容的报纸

9□无论哪种报纸都不喜欢

E. 按照报纸的版面篇幅划分，您喜欢阅读下列哪种报纸？（只选一项）

1□对开报纸（像《人民日报》那样大小）　2□四开报纸（像《参考消息》那样大小）

3□无论哪种报纸都不喜欢

例2：您在自费订阅或购买一份报纸时最看重的因素是什么？（最多选5项）

01□价格相对较低　02□订阅购买方便

03□内容好看，可读性强　04□内容实用，贴近生活

05□内容重要，接触现实　06□版面漂亮，印刷精美

07□报道及时，时效性强　08□特色鲜明，针对胜强

09□信息充分、完整　10□分析深刻，有启发力

11□内容丰富，篇幅量大　12□紧跟潮流，引领时尚

13□知识含量大，有保存价值　14□有吸引读者参与的活动

15□有奖励读者的各种赠品　16□报纸的美誉度高

17□注重深度报道　18□副刊优秀，有文化品位

19□能反映群众呼声和意见　20□权威性，指导性强

21□其他_____________（请写明）

例3：一般来说，您是更倾向于以订阅的方式获得报纸，还是更倾向于以零售的方式获得报纸？（请选1项）

1□以订阅的方式获得报纸　　2□以零售的方式获得报纸　　3□不一定，视情况而定

例4：如果您更倾向于以订阅方式获得报纸，请问您认为哪种订阅方式最方便？（请选1项）

1□去邮局订阅　　2□去工商银行订阅　　3□去报刊发行站订阅

4□电话预约，上门订阅　　5□去居委会订阅　　6□由单位代订

7□由发行员直接上门征订　　8□其他＿＿＿＿＿＿（请写明）

例5：如果您更倾向于以零售的方式获得报纸，请问您希望在什么地点能买到报纸？（请选1项）

1□在路边、车站的固定摊点购买　　2□在住所或单位附近的固定摊点购买

3□向流动售报人员购买　　4□什么地方都无所谓

例6：您希望在什么时间把报纸送到您手里最好？（请选1项）

1□早上7：00时以前　　2□早上7：00—8：00时　　3□上午8：00—9：00时

4□上午9：00—11：00时　　5□下午1：00时以后　　6□什么时间都无所谓

例7：您一般在什么地方阅读报纸？（请选1项）

1□在家阅读　　2□在单位阅读　　3□在出行途中阅读

4□其他地点

例8：一般来说，报纸上的哪些内容是您非常想看的？（请在所有您想看的选项前的□内打"√"，多选不限）

A. 新闻性内容

01□国际新闻　　02□国内新闻　　03□广东新闻

04□珠三角新闻　　05□广州新闻　　06□深圳新闻

07□港澳台新闻　　08□批评揭露性报道　　09□社会新闻

10□体育新闻　　11□经济新闻　　12□娱乐新闻

13□热线新闻　　14□文化新闻　　15□证券新闻

16□新闻背景与分析　　17□健康新闻　　18□教育新闻

19□热点访谈　　20□中外报纸摘要　　21□名人访谈

22□百姓言论

B. 服务性内容

23□电视节目介绍　　24□天气预报　　25□生活小常识

26□今日生活提示　　27□消费信息　　28□航班列车信息

29□科学新知　　30□健康指导　　31□理财资讯

32□流行时尚　　33□就业指导　　34□业余爱好指导

35□文史揭秘　　36□国外生活方式　　37□文化艺术资讯

例9：就您的阅读兴趣而言，您认为报纸在新闻和信息传播领域应当重点增加哪些方面的报道。（不限选，凡您认为应增加的，均请在相应选项前的□内打"√"）

01□热点人物或事件　　02□宏观形势的趋势分析　　03□社会现象的背景分析

04□实用经济知识和信息　05□批评揭露性报道　06□热点话题性报道
07□调查体验性报道　08□生活服务性报道　09□情感类话题和故事
10□百姓茶余饭后的话题　11□其他________（请写明）

例10：一份定价为0.8～1.00元的对开报纸（所谓对开报纸，是指像《广州日报》、《羊城晚报》那种版面大小）您认为它的版面篇幅多少是最合适的。（请选1项）

01□版面越多越好　02□48版左右最好　03□44版左右最好
04□40版左右最好　05□36版左右最好　06□32版左右最好
07□28版左右最好　08□24版左右最好　09□20版左右最好
10□16版左右最好　11□12版左右最好　12□说不清

例11：对于一份您有兴趣阅读的报纸，该报的定价多少是您可以承受的？（请选1项）

1□每份超过2.00元也没关系　2□最多可以每份2.00元　3□最多可以每份1.80元
4□最多可以每份1.50元　5□最多可以每份1.20元　6□最多可以每份1.00元
7□最多可以每份0.80元　8□最多可以每份0.50元　9□报价多少都无所谓

例12：一张您愿意花钱去订阅或零购的报纸，使您感到可读的内容在量上最少占多大比例时，您才会觉得"物有所值"？（请选1项）

1□只要有很少一部分可读就行（约10%以下）
2□只要有一小部分可读就行（约25%左右）
3□只要有一半可读就行（约50%左右）
4□必须大部分可读才行（约75%左右）
5□必须绝大部分可读才行（约90%以上）

三、媒介竞争分析和受众的满意度分析

传播的竞争实际上是对于受众的竞争，而竞争优势的获得其实道理相当简单：谁能够使受众更为满意，一切都是在比较中显示出来的。比较的方面虽然很多，但最重要的是：谁能够在相关资讯的获得方面成为受众所倚重的对象，媒体在受众心目中的形象和独特价值是什么，等等。因此，常见的媒介竞争分析和受众的满意度分析的调查指标是通过以下提问获得的：

例1：通常情况下，当您想了解下列新闻或信息资讯时，您比较倾向于通过下列哪一种报纸来获得？（请在每一方面任选一个最能符合您实际情况的报纸，并将报纸名称前的相应代码填入每一项提问的括号内，如果某项新闻、信息和资讯不是通过报纸获得的，可以不填）

部分报纸的名称及代码。

1.《人民日报》　2.《参考消息》　3.《南方日报》　4.《南方都市报》
5.《广州日报》　6.《羊城晚报》　7.《新快报》　8.《南方周末》
9.《粤港信息时报》　10.《新闻周报》　11.文摘类报纸　12.广播电视类报纸

13. 生活服务类报纸　14. 证券类报纸　15. 体育类报　16. 电脑类报纸

请填入某个报纸的相应标号。

a. 国际新闻（　）　b. 国内新闻（　）　c. 本地新闻（　）　d. 经济新闻（　）

e. 文化娱乐资讯（　）　f. 体育新闻（　）　g. 科教信息（　）　h. 债券股市信息（　）

i. 房地产信息（　）　j. 网络信息（　）　k. 汽车信息（　）　l. 电信、通讯信息（　）

m. 旅游信息（　）　n. 健康美容信息（　）　o. 家电信息（　）　p. 生活消费信息（　）

q. 人才市场信息（　）　r. 校园生活信息（　）

例2：请您从下列方面就您接触各种报纸的情况给予评价。（请在每一方面选择一个最能符合您实际情况或感受的报纸，并将报纸名称前的相应代码填入每一项提问的括号内）

部分报纸的名称及代码。

1.《人民日报》　2.《参考消息》　3.《南方日报》　4.《南方都市报》

5.《广州日报》　6.《羊城晚报》　7.《新快报》　8.《南方周末》

9.《粤港信息时报》　10.《新闻周报》　11. 文摘类报纸　12. 广播电视类报纸

13. 生活服务类报纸　14. 证券类报纸　15. 体育类报　16. 电脑类报纸

请填入某个报纸的相应标号。

a. 如果在上述报纸中能选择一家报纸阅读，您首选哪家报纸？（　　）

b. 当国内外发生重大事件时，您更倾向于找哪家报纸阅读？（　　）

c. 当本市出现了突发事件时，您更倾向于找哪家报纸阅读？（　　）

d. 哪家报纸您因故漏看一期就会感到遗憾，希望能够补看？（　　）

e. 哪家报纸的信息量最为丰富？（　　）

f. 哪家报纸的内容经常成为您和朋友、同事、家人谈论的话题？（　　）

g. 哪家报纸的形式和风格是您最喜欢的？（　　）

h. 哪家报纸的报道内容最为好看、可读？（　　）

i. 哪家报纸像朋友一样，在情感上最能和自己沟通？（　　）

j. 哪家报纸的内容使您感到最有收获？（　　）

k. 哪家报纸最能给您以信任感？（　　）

l. 哪家报纸最能贴近您的实际需要？（　　）

m. 哪家报纸最能大胆地接触和报道社会现实问题？（　　）

n. 哪家报纸刊登的广告信息是最有价值的？（　　）

o. 哪家报纸刊登的广告信息是最可信赖的？（　　）

p. 哪家报纸的总体质量是您最满意的？（　　）

例3：请您就下列方面对北京电视台《晚间新闻报道》进行评价。（请逐项填答）

（1）很不满意　（2）不满意　（3）无所谓　（4）满意　（5）非常满意

a. 题材选择　1□　2□　3□　4□　5□

b. 报道角度　1□　2□　3□　4□　5□

c. 主持人　1□　2□　3□　4□　5□

d. 节目的语言和节奏 1□ 2□ 3□ 4□ 5□
e. 分析深度 1□ 2□ 3□ 4□ 5□
f. 拍摄画面 1□ 2□ 3□ 4□ 5□

例4：提到北京电视台《晚间新闻报道》，它给您留下的基本印象是什么？（请选择一个数字。您选择的数字越小，表示您越赞成左边的词语所代表的评价意见，选择的数字越大，表示您越赞成右边的词语所代表的评价意见，3表示您在两端的评价意见之中持中立的观点）

您对北京电视台《晚间新闻报道》的基本印象是：

大气的	1□	2□	3□	4□	5□	琐碎的
个性鲜明的	1□	2□	3□	4□	5□	风格平庸的
信息量大的	1□	2□	3□	4□	5□	信息量小的
时效性强的	1□	2□	3□	4□	5□	时效性差的
有思想深度的	1□	2□	3□	4□	5□	思想肤浅的
制作精良的	1□	2□	3□	4□	5□	粗制滥造的
公正客观的	1□	2□	3□	4□	5□	主观偏激的
通俗易懂的	1□	2□	3□	4□	5□	艰涩难懂的
实事求是的	1□	2□	3□	4□	5□	哗众取宠的
口气平和的	1□	2□	3□	4□	5□	小气刻薄的
看后常有实际收益的	1□	2□	3□	4□	5□	看后很少实际收益的

第四节 传媒市场调查的程序

传媒市场调查是一种科学性很强、工作流程系统化很高的工作。它是由调查人员收集目标材料，并对所收集的材料加以整理统计，然后对统计结果进行分析以便为决策提供正确的预测的方法。市场调查必须围绕一个主题进行，它的工作组成必须依照严格合理的工作程序，有计划、有组织、有步骤地进行。然而，传媒市场调查没有一个固定的程序可循，一般来说，根据市场调查活动中各项工作的自然顺序和逻辑关系，传媒市场调查与一般调查类似，可分为准备阶段、设计阶段和实施阶段三个阶段，每个阶段又包括若干个步骤。

一、准备阶段

传媒市场调查通常是由传媒在解决传播过程中存在的一些特定问题而引起的，但是，这些问题本身并不一定构成传媒调查的主题，而是要对这些问题进行分析和研究。传媒市场调查准备阶段的主要任务就是界定研究主体、选择研究目标、形成研究假设，并确定需要获得的信息内容。

1．界定研究主体。进行传媒市场调查是为制订传媒市场战略提供依据或是为了解决在传播过程中存在的某些实际问题。所以，传媒市场调查的首要工作就是要根据媒体的战略方针和意图以及媒体在传播中所要解决的问题，明确地界定研究的问题，确定研究的目的。

界定研究问题时，可以从以下几个方面来进行：

（1）分析传媒现状。包括目前面临的市场问题是什么，以及发现此类问题应采取的相应措施。

（2）潜在的问题。这种问题难以发觉，需要细致地观察与分析。

（3）策划新市场，预测可能遇到的问题。

（4）在众多影响市场的问题中，明确哪个值得分析。

（5）预测媒体希望的未来市场。

经过材料的收集，对于所调查的问题更加明晰，由此可以初步确定调查的课题。确定调查课题有以下几个要求：①明确传播效果的关键；②搞清问题的所在；③明确通过调查而获得的数据，是管理层依据数据得出结论的依据；④明确调查的技术和准确度要求；⑤所得调查结论应该含义清晰。

在市场问题明确后，将可以协助拟订市场调查架构，并明确市场调查所达成的目标以及所采用的相应的传播策略。

2．选择研究目标。传媒市场调查通常是由某些具体问题引起的，但在有些情况下，调查的目的很模糊。例如，某频道某档节目近来收视形势不好，收视率大幅度下降，此时的研究目的很可能是“发现引起收视率下降的原因”。但如果节目组知道收视率下降的原因是由于竞争对手推出新的节目造成的，在此情况下，研究的目的就不是寻找原因，而是“寻求解决这一问题的策略”了。研究目的确定以后，调查人员还需把研究目的分解为具体的研究目标。研究目标通常以研究问题的形式出现，表明了管理者所需要的信息内容。例如，研究目的是寻求策略以解决竞争对手推出新节目造成本频道收视率的滑坡，可能的研究目标为：①获得受众对本频道节目的态度和改进的意见；②找出本节目与竞争对手的不同特点；③测定受众对节目的兴趣点。

3．形成研究假设。研究问题确定之后，调查人员将根据研究的目的选择一组研究目标，还要针对实际可能发生的情况形成适当的研究假设。形成假设的作用是使研究目的更加明确，假设的接受和拒绝都会达到研究的目的。例如，假设之一“受众的收视行为受节目创意的影响很大”，假设之二“节目的目标受众应为女性群体”，等等。

二、设计阶段

研究设计是保证调查工作顺利进行的指导纲领，其主要内容有：确定资料的来源、收集的方法、设计调查问卷、抽样设计等。

1．内容设计。就是根据调查的目的来设计调查的范围以及信息资料的来源。

调查的范围是根据调查的目标，确定所需信息资料的内容和数量。可以从以下几个方面来进行：①媒介的地域分布状态；②媒体的普及状况；③媒体受众的社会阶层、消费水准；④媒体接触状况；⑤受众对于媒体的反应和评价。信息资料的来源，是指获取信息资料的途径。传媒市场调查所需的信息资料，可以从媒体内部和媒体外部两方面得到。如果媒体已经建立了市场信息系统，则可以通过数据库得到信息资料。除此之外，还要确定收集信息资料的地区范围。如调查的课题涉及全国范围，就要在全国范围内收集资料，如调查的课题涉及某一地区范围，就要到这个地区去收集资料。

2．方法设计。传统的市场调查方法主要有三大类：询问法、观察法和实验法，每类方法适用面不同。究竟采用何种调查方法，要依据调查的目的、性质以及研究经费的多少而定。

3．工具设计。在确定了调查方法之后，就要进行工具设计。所谓的工具设计，是指采用不同的调查方法需要准备不同的调查工具。如采用询问法进行调查时，需要使用调查问卷。调查问卷设计中关键的问题是提什么问题、提问的方式等。又如，采用观察法中的行为记录法进行调查时，需要考虑使用何种观察工具（照相机、监视器等）。

4．抽样设计。抽样设计就是根据调查的目的确定抽样单位、样本数量以及抽样的方法。抽样单位即向什么人调查的问题。样本数量即对多少人调查。抽样的方法主要包括随机抽样和非随机抽样。在其他条件相同的情况下，样本越大越有代表性，样本数量的多少影响结果的精度，但样本数量过大亦会造成经济上的浪费。

5．方案设计。调查方案或计划是保证传媒市场调查工作顺利进行的指导性文件，它是调查活动各个阶段主要工作的概述。调查计划虽无固定格式，但基本内容应包括题背景、研究目的、研究方法、经费预算及时间进度安排等。

三、实施阶段

实施阶段就是把调查计划付诸实施。此阶段包括实地调查、资料处理和提交调查报告。

1．实地调查。实地调查也称现场调查，是调查人员根据调查计划规定的途径与方式，实地获取各种信息资料的过程。在实地调查中，企业常常要聘请一些企业之外的调查员，因此需要做好调查人员的选择、培训及管理等工作。

(1) 调查人员的选择。参与市场营销实地调查人员素质的高低，将直接影响到此次调查的结果，因此，调查人员的选择显得十分重要。应选取一些责任心强、思想水平较高、口齿伶俐、有一定调查经验的人。

(2) 调查人员的培训。当调查人员的选择工作完成之后，就要对他们进行培训。特别要培训的是一些临时性的调查人员，因为他们缺乏必要的知识和实际经验。

(3) 调查人员的管理。对于调查人员的管理工作要贯穿整个调查的始终，以保证获得信息资料的真实性。要对调查人员收集的资料进行查看，验证是否符合要求，若发现问题，应及时纠正。要对被调查对象进行复查，以防止有的调查人员不讲职业道德，自行乱填调查问卷，使调查结果失真。

2. 资料处理。对收集的信息资料和回收的调查问卷，要进行处理，未经过处理的原始资料是杂乱无章的。为了更好地发挥信息资料的作用，必须根据调查的目的和要求，对得到的资料进行系统的整理和分析。

(1) 整理。对所得资料进行筛选，剔除无效问卷（包括不实、含糊的问卷，缺项过多的问卷，回答前后矛盾的问卷，等等）。

(2) 分类。对所得资料，依据调查目的按一定的标准归类，统一编码。

(3) 列表。依据所得资料，编制成各种图表，供进一步分析之用。

对资料的统计、计算、分析等，在计算机上进行比人工实现要快捷、准确得多。

3. 提交调查报告。传媒市场调查的最后一步工作是撰写和提交调查报告。调查报告是对调查成果的总结和调查结论的说明，应满足以下几个基本要求：

(1) 简明扼要，重点突出。调查报告中切忌罗列一大堆数据和高深的数学公式，而应主要阐述调查中的发现和结论。

(2) 对象明确，讲求实用。调查报告是给各级营销决策者看的，内容要实用，结论尽可能量化而明确，符合读者的理解水平。

(3) 说明调查结果的局限性和误差范围。

调查报告的主要内容有：①调查的目的与方法；②调查结果的分析；③得出的结论；④对策建议；⑤附件（有关的图表、附录等）。

本章小结

1. 传媒市场调查的定义：是指传媒企业或传媒组织运用科学的方法，有目的、有系统地收集、记录、整理和分析有关传媒市场的信息和资料，分析市场情况，了解市场的现状及其发展趋势，从而为市场预测和决策提供客观的、正确的、重要的参考依据的一系列过程。

2. 传媒市场调查具有以下六个方面性质：系统性、目的性、社会性、经常性、科学性、不确定性。

3. 调查分类：①按照调查内容分为宏观调查、监测调查、专项调查；②按照资料的来源分为二手资料调查和一手资料调查；③按照研究的性质分为定性调查和定量调查；④据传媒市场调查的目的和深度不同，分成四种基本类型：探索性调查、描述性调查、因果性调查、预测性市场调查；⑤按照主要的目标类型分为目标受众市场调查、特定传播市场的吸引度调查、特定媒体的市场定位调查、特定传播产品的市场接受度调查。

4. 传媒市场调查的基本内容包括：受众构成分析、受众的接触行为和选择偏好分析以及媒介竞争分析和受众的满意度分析。

5. 传媒市场调查可分为准备阶段、设计阶段和实施阶段三个阶段。

思考与练习

1. 如何理解传媒市场调查“经常性”这一性质？
2. 试总结传媒市场调查的程序。
3. 如何进行受众构成分析？

第三章　传媒市场调查方案的设计

◉ 知识要点

1. 传媒市场调查方案的可行性分析与评价
2. 传媒市场调查课题的界定
3. 传媒市场调查方案的编制

导入案例 >>>

××口服液广告效果调查方案

1. 调查的背景和目的

背景：××公司是我国饮料市场五巨头之一，2000 年以前很少做广告宣传，但 2003 年公司年度广告投入量达到 800 万元，主要是投在电视广告片、各种方式的售点 POP 广告、印刷品广告及少量的灯箱广告等广告媒介上。为了有针对性地开展 2004 年度的产品广告宣传推介工作，促进产品品牌形象的传播和产品销售量的进一步提高，以便在激烈竞争的保健品市场中立于不败之地，公司拟进行一次广告效果调查，以供决策层参考。

目的：分析现有的各种广告媒介的宣传效果，了解现行的广告作品的知晓度和顾客认同度，了解重点销售区域华南和华东地区市场的消费特征和消费习惯，为××口服液 2004 年度的广告作业计划提供客观的事实依据，并据此提供相应的建设性意见。

2. 调查内容

(1) ××口服液的知名度，以及产品在提高免疫力口服液市场的排名情况。

(2) 消费者知晓××口服液品牌的主要信息来源和信息渠道。

(3) 了解顾客对××广告口号的喜好程度。

(4) 了解公司的售点 POP 广告在顾客心目中的评价。

(5) 了解华南、华东地区消费者的特征，包括其职业、年龄、文化教育程、经济收入等特征，以及上述特征对消费者偏好的影响。

(6) 了解上述地区顾客的消费心理和消费特点。

(7) 了解消费者对××口服液产品的口感、包装、容量的期望。

3. 调查对象及方法

本项调查拟在华南、华东两个重点市场开展，调查的范围将深入到上述地区的中心城市和有代表性的市县。调查对象将锁定为30岁以上的中老年消费群体。考虑到此次调查工作涉及面广，因此拟采用多级抽样的方法，即在上述两个地区按月销量的大小分层，从市场调查的效果考虑，主要在××口服液的重点销售地区即上海、广东、江苏、浙江等重点城市进行。并拟定每个城市抽取的样本数为400人，按年龄层次和性别比例分配名额。年龄层分段：30～40岁，41～50岁，51～60岁，61岁以上。各层比例采用近似的1:1，性别比亦采用1:1。总样本数为4400人。

调查的实施要求各地的访问员对所有抽中的400个样本实行面对面的街头访问。执行访问的访问员由当地某高校的大学生担任，我方付给一定的劳务费用。每个调查地点由两名调查员执行访问，每个城市大约需要20个访问员。访问工作的质量监督控制工作以及资料的统计处理工作均由ABC市场调查公司负责。

（注：根据统计学理论，当置信度为98%时，样本量达到380，即可使抽样的绝对误差控制在2%内，完全符合我们此次调查所预设的要求。因此我们决定每个城市的样本数为400人。）

4. 调查作业进度控制

此方案若得以认可，调查组将在2004年5月28日前完成调查工作，并提交调查报告。具体时间安排如下：

4月1—10日　　总体方案、抽样方案和问卷初步设计
4月11—15日　　预调查及问卷测试
4月16—18日　　问卷修正、印刷
4月19—20日　　访问员挑选与培训
4月21—5月18日　　调查访问
5月19—24日　　整理并打印报告
5月25—28日　　报告打印及提交

5. 调查结果和形式

本次调查的成果形式为调查书面报告。具体内容将包括前言、摘要、研究目的、研究方法、调查结果、结论和建议以及附件七个部分。交给客户两份书面材料。

6. 调查费用预算

市场调查估价单如表1所示。

表1　市场调查估价单

费用支出项目	数量	单价（元）	金额（元）	备注
方案设计费用	1份	20000	20000	
抽样设计实施费			2000	
问卷设计费	1份	1000	1000	
问卷印刷装订费	4400份	4	17600	
调查员劳务费	220人	100	22000	
……	……		……	
合计			62000	

（ABC市场调研公司内部资料，2006年10月）

第一节　传媒市场调查方案的设计概述

传媒市场调查方案是调查工作的行动计划和纲领，对调查工作的顺利、高效开展具有重要的指导作用，它往往决定整个调查活动的成败。然而，人们在开展市场调查活动过程中，对调查方案设计的意义通常认识不够，忽视调查计划的制订或仅仅敷衍了事的做法十分常见，尤其是在时间紧迫的情况下，这种做法往往为后期调查活动的顺利开展埋下了隐患。

一、市场调查方案设计的作用和意义

1. 它是调查项目执行者和领导者之间的纽带。调查方案不仅是调查人员完成某项市场调查活动的行动指南，也是企业领导了解该项目的重要手段。完成一项调查需要他人的协助，需要一定的人员设备，更需要一定的资金，而这一切都需要领导的首肯和批准。领导根据调查方案是否科学、可行来决定是否予以实施。此外，科学的调查方案设计也是调查者良好调查水平和能力的体现。

2. 它是市场调查者对调查问题认识深入的标志。任何市场调查工作总是从最初关于调查问题的特点、情况等浅层的定性认识开始的。当调查者逐步明确该如何调查、调查谁、调查多少量、在哪里调查等问题，从而形成调查方案时，才表明调查者对调查问题的真正理解。

3. 它在市场调查活动中起协调和统帅作用。市场调查活动是一项复杂的系统工程，需要多方因素的协调配合，而且许多因素之间有时还存在着矛盾。因此，在市场调查的开始阶段，只有完整细致地考虑了调查活动的全过程以及资源的分配，才能对调查过程中可能出现的问题做好必要的准备，统筹兼顾好实施环节中的各项工作。

二、市场调查方案设计的原则

每个调查问题都是独一无二的，所以调查项目几乎没有完全相似之处。因此，我们必须把每项调查都看成是一个全新的、独立的项目，为此设计完整的、相应的调查方案。但每一个调查方案的设计都必须遵守以下原则：

1. 可行性原则。市场调查方案的设计要有利于调查目标的实现，调查内容、调查对象、调查方法、调查时间和地点的选择要切实可行，不能脱离实际情况。

2. 经济性原则。从事调查活动，要尽量以较少的人力、物力、财力和时间取得令人满意的效果。因此，调查方案的设计应注意经济性，对样本的选取、容量的确定、调查地区的选择、问卷的设计等都要合理安排，尽量节省不必要的开支和时间。

3. 灵活性原则。由于现实社会的多变性，在调查过程中会出现许多新情况，遇到许多新问题，由此需要对调查方案中的部分内容进行调整，所以方案的设计要保持一定的弹性，留有空余，不能定得太死。

第二节　传媒市场调查课题的界定

一、市场调查课题的概念和类型

（一）调查课题的概念①

一般来说，企业总会有一个永恒的主题，那就是减少投入，提高产出。因此，当我们遇到课题太抽象或范围太大时，不妨多从这个角度对课题进行理解。那么，何为调查课题呢？调查课题是指一项调查所要解决的具体问题和主要问题下的分支问题。由企业单位或其他客户提出的市场调查问题，基于客户的认识水平，刚开始大多数是没有经过仔细深入的考虑提出的，因此问题范围会较广泛，针对性不强，甚至只是停留在表层和概念层面。这就需要将调查问题逐层分解为若干个层次性的分支问题，从而确定调查课题。只有在清楚准确地界定市场调查课题之后，才有可能顺利地将调查方案设计好并付诸实施。

（二）调查课题的类型

1. 按课题的性质，分为理论性调查课题和应用性调查课题。理论性调查课题多指停留在理论层面的研究课题，范围比应用性调查课题要大，多用来解释常见或不常见的经济现象或企业行为。相比之下，应用性调查课题多为企业所遇到的较为现实的问题。例如，我们想了解20世纪70年代和90年代青年人的消费心理和消费行为的变迁，这个课题就是理论性调查课题。如果某个企业想了解其品牌在消费者心目中的印象，显然这是一个应用性调查课题。

2. 按课题的目的和作用，分为探索性调查课题、描述性调查课题、解释性调查和预测性调查课题。当我们面临的课题存在过多变数，企业和我们都不太有把握，但是我们又想提前了解一点，此时企业常常会提出探索性调查课题。这种课题常常带有一定的

---

① 参见刘红霞《市场调研与预测》，科学出版社2008版。

理论假说和超前性，其研究方法会有较大的弹性，样本选取方面常用小样本，甚至不大考虑其具有多大的代表性。

描述性调查课题与探索性调查课题相反，其所具有的特点则是采用大样本（样本数在600以上）。这种课题最终的目的是要描述事物总体的特征。

解释性调查课题与描述性调查课题有点类似，其不同的地方在于，解释性课题的结论已经完全出现，我们的研究只是一种事后的解释，而描述性课题的结论尚未完全呈现，还有一点隐藏。

预测性调查课题与探索性调查课题有点类似，不同的地方在于，预测性调查课题中对未来的不确定性比探索性调查课题要小。

二、市场调查课题的界定

（一）用户信息需求的课题界定

根据用户提出的信息需求及其分类（知识型、消息型、数据事实与资料型、咨询服务型）确定相应的调查课题，每类课题的特点、要求各不相同。知识型课题多为理论性调查课题，客户一般为一些非营利性组织，如政府机构、大学、学术团体等。消息型、数据事实与资料型、咨询服务型则为应用型调查课题，客户一般为企业。

（二）自我确定调查课题

调查机构自我选择课题，是课题确定的另一种重要形式。调查机构选择课题应遵循以下原则：

1. 课题的价值。包括理论价值和应用价值。当然，在实际的选题中有时会偏重于其理论价值，有时则偏重于其实际应用价值，还有的时候会要求二者兼而有之。

2. 课题的创造性。这不仅仅是市场调查课题的要求，而且是任何科研课题都应讲究的，是一种作为课题立项的基本要求。否则就会是重复劳动，毫无价值可言。

3. 课题的可行性。这一点至关重要。任何一项课题若不可行，无异于纸上谈兵。

一些大型的广告调查公司在接受商业性调查课题之余，常会做一些带公益性的研究，并将研究结果无偿地予以公布发表。例如，我国著名的北京零点调查公司就常做一些社会民情调查公开发表，其结论常被多家有影响力的媒体采用。其实这也是调查公司向社会展示实力宣传其公司形象的一种做法，这种采用无偿的做法正是企业的高明之处。

三、市场调查课题的研究假设

研究假设是指对调查对象的特征及有关现象之间的相互关系所做的推测性判断和设想。

从某种意义而言，任何一项课题的研究都是从一些假设开始的。就像理工科的探索性科学研究一样，先进行理论猜测，再通过实验来检验；不对则调整猜想，再进行实践检验，如此多个地轮回。我们的市场调查课题正是借鉴自然科学的实验原理来探索社会科学领域事物的本质和规律，二者在纯粹的科学原理上并无多大不同。因此，事先对我们的调查课题做一些研究性假设很有必要，这也是我们进行下一步的调查问卷问题设计的前提和基础。那么，怎样建立研究假设呢？其方法有：一是根据已有的理论和实践经验或研究论证演绎产生；二是通过对社会经济现象之间联系的观察和分析形成。

比如，我们要做一项关于大学生心理健康的调查，这个命题就隐含了一个潜在的假设命题：大学生心理健康状况不太理想，大学生心理存在很多问题。然后我们的研究要做的工作是：找出这些问题并分析出其原因，以便给大学生心理咨询和心理调适方面的指导。

四、确定市场调查课题的步骤

确定调查课题的主要分为以下三个步骤：课题背景分析、课题的相关工作的确定以及市场调查课题的确定。

（一）课题背景分析

调查人员必须了解客户及其所属行业，特别是那些对确定调查课题有较大影响的因素，其中包括问题的环境背景，如所属行业和本企业的历史背景与发展限制条件、决策目标、购买者行为、法律环境及公司的营销能力和技术手段等。

1. 历史背景和发展预测。为了帮助调查人员了解调查课题，我们有必要事先分析研究有关市场份额、创收能力、技术、人口统计及生活方式等方面的历史背景资料，对未来发展进行预测。

2. 资源限制。为了确定调查的范围，有必要考虑现有的资源条件及相应的限制因素，如资金预算、成本、时间和调查手段等制约性因素。

3. 决策目标。决策的目的在于实现既定的目标。在界定管理决策问题时，必须分清两个目标：组织目标和决策者个人目标。组织目标可以是长远的也可以是近期的。如长远目标可能是保持企业的良好形象，或者说争取在下一个五年计划内使销量翻一番。近期目标可以是成功地推出一种新产品，使销量在下一年度增长20%。调查必须服务于组织目标和决策者目标。

4. 购买者行为。购买者行为的研究可用来预测购买者对特定营销行为的反应。影响购买者行为的因素主要有消费习惯、购买者人数与地域分布、价格敏感度、媒体的偏好等。

5. 法律环境。国家和地方政府的政策、法律法规，政府机构以及在社会上能够影响和控制各类组织和个人的压力集团，对这些因素的考虑和分析都属于法律环境分析中所考虑的问题，由此涉及的法律有专利、商标及税收等方面的法律，此外还有关于特定行业的法律法规。

6. 经济环境。经济环境同法律环境一样，是企业营运环境构成的另一个重要组成部分。经济环境涉及购买力、总收入、可支配收入、价格、储蓄、信用、社会总体经济状况。社会总体经济状况直接影响消费者与企业的消费信心和投资信心。目前，我国经济生活中的市场疲软问题与经济环境就有着密切关系。

7. 营销能力和科技水平。企业的营销能力和科技水平状况同样会影响市场调查的性质和范围。试想一下，如果一个缺乏技术背景的公司把推出一项高技术含量产品作为目标，显然是不可行的。技术进步对市场调查的作用非常显著，特别是计算机技术的蓬勃发展。例如，商场普遍采用的商用POS系统，能帮助超市每日监测消费者需求的变化，向工商界提供真实的数据情报。

（二）确定课题的相关工作

为了准确确认课题，调查人员应与决策者进行交流，采访专业人士，分析第二手资料，进行定性研究。

1. 与决策者交流。调查者需要了解决策者所面对的问题，以及他们希望通过调查想获得哪些资料。因此，调查人员应该讲究与决策者交流的艺术。许多情况下调查人员很难见到决策者，甚至还需要一些繁杂的手续才能与决策者见面，而且有时决策者不止一个。尽管如此，同决策者见面仍是不可省略的环节，课题审计工作是调查人员与决策者交流的好机会。

2. 采访专家。向行业专家请教亦是十分必要的。为了获得专家的指点，采用个人访问的方法是较为可取的。采访专家的目的是为了确定调查课题，而不是为了寻求结论性的答案。在征求专家的建议时，有时会面临两个潜在的问题：一是自称行家的人实际上并没有自己的见解，二是得到专家的帮助比较困难。一般来说，在对工业企业或技术含量高的产品做调查时，采访专家会更有效，因为在这些领域内，相对较易识别和接近真正的专家。

3. 分析第二手资料。第二手资料是指前人为其他目的收集的历史数据。第二手数据来自政府、企业、商业性调查机构和数据库等，其特点在于方便、经济和快捷。分析第二手资料是调查的基本环节，只有在第二手资料被充分分析后仍不足以满足我们的调查目的，才会考虑开展第一手资料调查，以充分满足决策需要。第二手资料有一个缺点，即时效性差，如果忽视这一点，有可能会误导调查人员，作为调查人员要特别注意并尽量避免。

4. 定性研究。尽管有上述情报源，有时候为了从根本上理解课题及其影响因素，还必须进行定性调查。在进行定性调查时，调查人员常采用一些探索性技术手段，如小规模的实验性调查。

（三）确定市场调查课题

在确定调查课题过程中，调查人员常犯两种错误：其一是过于空泛，以至于不能为整体调查方案提供清晰的指导。如探寻品牌的营销策略、增强企业的竞争能力、塑造企业的良好形象等。其二是界定得过于狭窄。例如，在为一个大型日用品公司进行的调查项目中，管理课题是：面对竞争对手实行的削价策略，应如何做出反应？调查人员最初界定的调查课题是：①降低产品价格；②在维持产品原价的同时，增大广告投入；③不与竞争对手形成竞争局面，略微降低产品价格，合理增大广告投入。

事实证明，以上述调查课题为中心的调查，并没有给该公司带来令人满意的结果。后来公司请来调查专家展开专业调查，才真正改变了公司的面貌。首先，他们将调查课题重新确定为“扩大市场份额，加强产品线的生产能力”。另外，专家们发现，当顾客不能区分品牌商品的好坏时，很可能只依据商品的价格来判断商品的质量。为此，专家建议公司采用新的营销手段，即提高现有产品的价值，同时推出两个新品牌，用其中一个品牌直接参与竞争，另一个品牌的价格则明显低于竞争对手的价格。

为了避免犯这两种错误，在确定市场调查课题时应遵循两个原则：一是允许调查人员收集涉及管理决策课题所需要的全部信息；二是在制订调查方案时指导调查人员。

（四）市场调查方案设计

市场调查方案的设计，是指实现调查目标或检验调查假设所要实施的计划。在调查之前，根据调查的目的、调查对象的性质，对调查工作总的目标和各个阶段进行通盘考虑和安排，并提出相应的调查实施方案，制订出合理的工作程序。

第三节　传媒市场调查方案的编制

一、市场调查方案的主要内容

市场调查方案策划的设计应包括整个调查工作的全部内容。市场调查方案策划的设计是对市场调查工作各个方面和全部过程的通盘考虑，调查方案是否科学、可行，关系到整个调查工作的成败。

一份调查方案是进行市场调查工作的框架和蓝图。当我们明确了问题之后，对于具体的实践操作，必须通过调查方案的设计来加以落实，在市场调查方案策划的设计中应规定具体的实施细节和实施方法。市场调查方案的主要内容包括调查目的、调查项目、调查对象和单位、调查问卷和调查表、调查时间和调查工作期限、调查地点、调查方式与采用的调查方法、调查资料整理和分析方法、提交报告的方式、调查的组织计划、调查项目定价和预算共 11 个部分。

（一）确定调查目的

确定市场调查的目的，即明确我们在调查中要解决哪些问题，通过调查要获得哪些资料，并说明取得这些资料有什么用途。衡量一个调查设计方案是否可靠和是否科学的标准，主要看该方案的设计是否符合调查目的和要求，是否符合客观实际情况。例如，在××口服液电视广告效果调查方案中，其调查目的就十分明确：分析现有的各种广告媒介的宣传效果，了解现行的广告作品的知晓度和顾客认同度，了解重点销售区域华南和华东地区市场的消费特征和消费习惯，为××口服液 2009 年度的广告作业计划提供客观的事实依据，并据此提供相应的建设性意见。

（二）确定调查项目

调查项目是指调查单位所要调查的主要内容，确定调查项目就是要明确向被调查者了解相关问题，调查项目一般就是调查单位的各个标志的名称。例如，在消费者调查中，消费者的性别、民族、文化程度、年龄、收入等，其标志可分为品质标志和数量标志，品质标志是说明事物质的特征，不能用数量表示，只能用文字表示，如上例中的性别、民族和文化程度；数量标志表明事物的数量特征，它可以用数量来表示，如上例中的年龄和收入。标志的具体表现是指在标志名称之后所表明的属性或数值，如上例中消费者的年龄为 30 岁或 50 岁，性别是男性或女性等。

那么，调查课题如何转化为调查内容呢？

调查课题转化为调查内容指调查课题的概念化和操作化。这个问题与本章第二节中讲的如何将管理决策转化为调查课题完全不同。管理问题转化为调查课题时，因为管理者或决策者在提出课题时大多数时候自已都没能弄得清楚，因此有必要由专业的调查公司重新审视和定义。然而，将调查课题转化为调查内容则是非常专业的问题，而且前者的内涵是基本已固定下来并达成共识。我们要做的是用 10 个甚至 20 个、30 个不等的组合问题来探索调查课题要了解的信息。例如调查的课题是"××口服液广告效果调查"，将其转化为具体的调查内容，则为：

(1) ××口服液的知名度，及其在提高免疫力口服液市场的排名情况。

(2) 消费者知晓××口服液品牌的主要信息来源和信息渠道。

(3) 了解顾客对××广告口号的喜好程度。

(4) 了解我方售点 POP 广告在顾客心目中的评价。

(5) 了解华南、华东地区消费者的特征，包括其职业、年龄、文化教育程度、经济收入等特征，以及上述特征对消费者偏好的影响。

(6) 了解上述地区顾客的消费心理和消费特点。

(7) 了解消费者对××口服液产品的口感、包装、容量的期望。

在确定调查项目时，除要考虑调查目的和调查对象的特点外，还要注意以下几个问题：

第一，确定的调查项目应当既是调查任务所需，又是能够取得答案的。凡是调查目的需要又可以取得的调查项目要充分满足，否则不应列入。

第二，项目的表达必须明确，要使答案具有确定的表示形式，如数字式、是否式或文字式等；否则，会使被调查者产生不同理解而做出不同的答案，造成汇总时的困难。

第三，确定调查项目应尽可能做到项目之间相互关联，使取得的资料相互对照，以便了解现象发生变化的原因、条件和后果，便于检查答案的准确性。

第四，调查项目的含义要明确、肯定，必要时可附以调查项目解释。

（三）确定调查的对象和调查单位

确定了市场调查的目的，接下来的工作就是要确定调查对象和调查单位，目的在于解决向谁调查及由谁来具体提供相关资料的问题。调查对象是指依据市场调查的任务和目的，确定本次调查的范围及涉及的调查对象总体，它是由某些大体性质相同的许多调查单位组成的。调查单位意指所要调查的社会经济现象总体中的个体，是我们在调查中要进行调查的各个调查项目的一个个具体的承担者。例如，上述案例中华南和华东地区所有 30 岁以上的消费××口服液的中老年消费群体都是该次调查中的调查对象，而被抽样的11个城市的4400名消费者则是本次调查的调查单位。

可见，确定调查的对象和调查单位，就是要根据调查目的确定我们想调查何种人、何种团体，细分下来将包括人口、社会特征、心理特征和生活方式、个性、动机、知识、行为、态度和观念，判断这些人是否是合适的人选，这些人未来的行为倾向，等等。

在确定调查对象和调查单位时，应该注意以下四个问题：

第一，由于市场现象具有复杂多变的特点，因此，在许多情况下，调查对象也是比较复杂的，必须以科学的理论为指导，严格规定调查对象的含义，并指出它与其他有关现象的界限，以免造成调查登记时由于界限不清而发生的差错。例如，以城市职工为调查对象，就应明确职工的含义，划清城市职工与非城市职工、职工与居民等概念的界限。

第二，调查单位的确定取决于调查目的和对象，调查目的和对象变化了，调查单位也要随之改变。例如，要调查城市职工本人基本情况时，这时的调查单位就不再是每一户城市职工家庭，而是每一个城市职工了。

第三，调查单位与填报单位是有区别的，调查单位是调查项目的承担者，而填报单位是调查中填报调查资料的单位。例如，对某地区工业企业设备进行普查，调查单位为该地区工业企业的每台设备，而填报单位是该地区每个工业企业。但在有的情况下，两者又是一致的。例如，在进行职工基本情况调查时，调查单位和填报单位都是每一个职工。在调查方案设计中，当两者不一致时，应当明确从何处取得资料并防止调查单位重复和遗漏。

第四，不同的调查方式会产生不同的调查单位。如采取普查方式，调查总体内所包括的全部单位都是调查单位；如采取重点调查方式，只有选定的少数重点单位是调查单位；如果采取典型调查方式，只有选出的有代表性的单位是调查单位；如果采取抽样调查方式，则用各种抽样方法抽出的样本单位是调查单位。

（四）确定调查问卷和调查表的设计

当调查项目确定后，可将调查项目科学地分类、排列，构成调查问卷或调查表，方便调查登记和汇总。

1. 调查表的设计。调查表一般由表头、表体和表脚三个部分组成。

（1）表头。包括调查表的名称，调查单位（或填报单位）的名称、性质和隶属关系等。表头上填写的内容一般不作统计分析之用，但它是核实和复查调查单位的依据。

（2）表体。包括调查项目、栏号和计量单位等，它是调查表的主要部分。

（3）表脚。包括调查者或填报人的签名和调查日期等，其目的是为了明确责任，一旦发现问题，便于查找。

调查表式分单一表和一览表两种。单一表是每张调查表式只登记一个调查单位的资料，常在调查项目较多时使用。它的优点是便于分组整理，缺点是每张表都注有调查地点、时间及其他共同事项，造成人力、物力和时间的耗费较大。一览表是一张调查表式，可登记多个单位的调查资料。它的优点是，当调查项目不多时，应用一览表能使人一目了然，还可将调查表中各有关单位的资料相互核对，其缺点是对每个调查单位不能登记更多的项目。

调查表拟订后，为便于正确填表、统一规格，还要附填表说明。填表说明内容包括调查表中各个项目的解释、有关计算方法以及填表时应注意的事项等，填表说明应力求准确、简明扼要、通俗易懂。

2. 调查问卷的设计。如何根据调查内容设计调查问卷，这一问题在第六章中会有专门介绍。在此，我们只指出一些框架性的知识。比方说，根据调查课题拟订出一系列的问答题或选择题，问题的设计应是调查对象愿意并能够回答的问题。

（五）确定调查时间和调查工作期限

调查时间是指调查资料所属的时间。如果所要调查的是时期现象，就要明确规定资料所反映的是调查对象从何时起到何时止的资料。如果所要调查的是时点现象，就要明确规定统一的标准调查时点。

调查期限是规定调查工作的开始时间和结束时间，包括从调查方案设计到提交调查报告的整个工作时间，也包括各个阶段的起始时间，其目的是使调查工作能及时开展、按时完成。为了提高信息资料的时效性，在可能的情况下，调查期限应适当缩短。通常一个中等规模的调查课题的研究工作需要花费 30 ～60 个工作日不等，一些大规模的社会调查有时会持续 6 个月甚至 1 年的时间。

（六）确定调查地点

在调查方案中，还要明确规定调查地点。调查地点与调查单位通常是一致的，但也有不一致的情况，当不一致时，尤有必要规定调查地点。例如，人口普查，规定调查登记常住人口，即人口的常住地点。若登记时被调查人不在常住地点，或不属于本地常住的流动人口，均须明确规定处理办法，以免调查资料出现遗漏和重复。

（七）确定调查方式与采用的调查方法

这一部分内容我们将作重点阐述。采用的调查方法是否适当，会直接影响调查结果的精确度。

调查的方式有普查、重点调查、典型调查、抽样调查等。具体调查方法有文案法、访问法、观察法和实验法等。在调查时，采用何种方式、方法不是固定和统一的，而是取决于调查对象和调查任务。

1．根据调查问卷内容和要求确定调查方式。在调查方案中，应事先确定采用何种组织方式和方法取得调查资料。如上述案例中，该项调查拟在华南、华东两个重点市场开展，调查的范围将深入到上述地区的中心城市和有代表性的地级市、县。调查对象将锁定为30岁以上的中老年消费群体。考虑到此次调查工作涉及面广，因此拟采用多级抽样的方法。即在上述两个地区按月销量的大小分层，从市场调查的效果考虑，主要在××口服液的重点销售地区即上海和广东、江苏、浙江等省的重点城市进行，并拟定每个城市抽取的样本数为400人，按年龄层次和性别比例分配名额。年龄层分段：30～40岁，41～50岁，51～60岁，61岁以上。各层比例采用近似的1∶1，性别比亦采用1∶1。总样本数为4400人。

2．确定具体的实施方式。实施方式包括面访调查、电话调查、观察调查、网络调查等市场调查方法。常用方法有探索性调查、描述性调查、因果关系调查以及上述方法的有机组合。在上述案例中，调查的实施要求各地的访问员对所有抽中的400个样本实行面对面的街头访问，执行访问的访问员由当地某高校的大学生担任，我方付给一定的劳务费用。每个调查地点由两名调查员执行访问，每个城市大约需要20个访问员。访问工作的质量监督控制以及资料的统计处理工作均由ABC市场调查公司负责。

3．选择市场调查方法的一般性原则。上面我们介绍了常用调查方法，即探索性调查法、描述性调查法和因果性调查法。事实上这三种调查的研究设计并不是绝对性地独立进行。由于调查的目的不同，相应的调查的方法也会不同，目前大多数市场调查往往会采用两种以上的调查方法来收集资料，究竟采用何种方法组合取决于调查问题的性质。选择市场调查方法必须考虑的原则有：

（1）当我们对要调查的问题一无所知甚至有点不知头绪时，可考虑采用探索性调查法。

（2）在大多数情况下，探索性调查是整个调查框架中最初的步骤，为了得出科学准确的结论，我们还应采用描述性调查或因果性调查进行深一步的研究。

（3）并不是任何调查方案的设计都要从探索性研究开始的。我们应根据调查者对调查问题定义的准确度和对调查方法的掌握程度来决定，以便扬长避短。

例如，在“××口服液广告效果调查方案”中，其最后确认的调查方法是：

调查对象将锁定为30岁以上的中老年消费群体。考虑到此次调查工作涉及面广，因此拟采用多抽样的方法。即在上述两个地区按月销量的大小分层，从市场调查的效果考虑，主要在××口服液的重点销售地区进行，即广东、上海、江苏、浙江。

（4）在市场经济条件下，为准确、及时、全面地取得市场信息，尤其应注意多种调查方式的结合运用。

（八）确定调查资料整理和分析方法

采用实地调查方法收集的原始资料大多是零散的、不系统的，只能反映事物的表象，无法深入研究事物的本质和规律性，这就要求对大量原始资料进行加工汇总，使之系统化、条理化。目前，这种资料处理工作一般已由计算机进行，这在设计中也应予以考虑，包括采用何种操作程序以保证必要的运算速度、计算精度及特殊目的。

随着经济理论的发展和计算机的运用，越来越多的现代统计分析手段可供我们在分析时选择，如回归分析、相关分析、聚类分析等。每种分析技术都有其自身的特点和适用性，因此，应根据调查的要求，选择最佳的分析方法，并在方案中加以规定。

（九）确定提交报告的方式

确定提交报告的方式主要包括报告书的形式和份数，报告书的基本内容、报告书中图表量的大小等。

（十）制订调查的组织计划

调查的组织计划，是指为确保调查实施的具体工作计划，主要包括调查的组织领导和调查机构的设置、人员的选择和培训、工作步骤及其善后处理等。必要时，还必须明确规定调查的组织方式。

（十一）调查项目定价与预算

调查的开支费用会因调查课题的不同而不同。在制订预算时，应当制作较为详细的细分工作项目费用计划。通常在调查的前期——计划准备阶段的费用安排应占到总预算的20%左右，具体实施调查阶段的费用安排可占到40%左右，而后期分析报告阶段的费用安排也将占总费用的40%。因此，我们必须全面考虑各个不同阶段的费用支出情况，并避免出现不必要的节外生枝事件影响调查工作的进行。

1. 用户指定课题的定价。包括调查员劳务费、被访者礼品费、交通费、材料费、资料印刷费、办公费用、一定的利润等。

2. 调查机构选择课题的预算编制。包括调查经费的来源以及经费开支预算。

二、市场调查方案的撰写

（一）市场调查方案的格式

市场调查方案有两方面的作用：一是用来提供给雇主即调查委托方审议检查之用，

以作为双方的执行协议；二是用做市场调查者实施执行具体工作任务的纲领和依据。作为一个完整的市场调查方案，必然有一定的格式，我们不妨从市场调查方案所涵盖的主要内容谈起。

市场调查方案的主要内容一般包括以下几个部分：

1. 前言部分。简明扼要地介绍整个调查课题出台的背景原因。

2. 调查课题目的和意义所在。较前言部分稍微详细些，应指出项目的背景、想研究的问题和可能的几种备用决策，指明该项目的调查结果能给企业带来的决策价值、经济效益、社会效益，以及在理论上的重大价值。

3. 课题调查的内容和范围界定。指明课题调查的主要内容，规定所必需的信息资料，开列出主要的调查问题和相关的理论假说，明确界定此次调查的对象和范围。

4. 调查将采用的方法介绍。指明所采用的研究方法的主要特征、抽样方案的步骤和主要内容、所取样本的大小和要达到的精度指标、最终数据采集的方法和调查方式、调查问卷设计方面的考虑和问卷的形式、数据处理和分析的方法等。

5. 课题的研究进度和有关经费开支预算。切记，计划应该设计得有一定的弹性和余地，以应付可能的意外事件的影响。

6. 附件部分。开列出课题负责人及主要参加者的名单，并可扼要介绍一下团队成员的专长和分工情况，指明抽样方案的技术说明和细节说明、调查问卷设计中有关的技术参数、数据处理方法、所采用的软件等。

（二）撰写市场调查方案设计报告时应注意的问题

一份完整的市场调查方案策划报告，上述六个方面的内容均应涉及，不能有遗漏，否则就是不完整的。

具体格式方面，比如编辑排版上，本章提供的范本并不是唯一的，中间内容的适当合并或进一步的细分亦是可行的。总之，应根据具体的案例背景加以灵活处理。

第四节　传媒市场调查方案的可行性分析与评价

一、市场调查方案可行性分析的方法

在调查复杂的社会经济现象时，调查方案的设计通常不是唯一的，我们需要从多个调查方案中选取最优方案。同时，所设计的调查方案也不是一次完成的，而是需要经过必要的可行性研究，针对调查方案进行试点和修改。众所周知，决策失误是最大的失

误。可行性研究是科学决策的必经阶段，是进行科学设计调查方案的重要步骤。因此，对调查工作而言，事先对调查方案进行科学的可行性研究是非常有必要的。针对市场调查方案进行的可行性研究的方法有很多，常见的有经验判断法、逻辑分析法、试点调查法等。现就上述三种研究方法分述如下。

（一）经验判断法

经验判断法是指通过组织一些市场调查经验丰富的人士，对设计出来的市场调查方案进行初步研究和判断，以说明调查方案的合理性和可行性。例如，针对广州市白领阶层的消费支出结构进行研究，就不宜采用普查的形式，实际上这样做既没必要也不可行。在对白领阶层这一概念进行量化处理之后，我们完全可以采用抽样调查的方式。国家统计局在对我国全年农作物收成做出预测时，常采用抽样的方法在一些农作物重点产区做重点调查，这一方法亦属于经验判断范畴。总之，经验判断法可以节约人力、物力资源，并在较短的时间内做出快速的预测。当然，这种方法也是有局限性的，这主要是因为我们的认识很有限，并且事物的发展变化常有例外。我们学辩证法时常说变化是绝对的、不变是相对的，正所谓世事难料，这个世界唯一不变的事情就是变化。各种主要客观因素都会对我们的判断的准确性产生影响。

（二）逻辑分析法

逻辑分析法是指从逻辑的层面对调查方案进行把关，考察其是否符合逻辑和情理。如对于学龄前儿童进行问卷调查、对内蒙古自治区大草原上的牧民调查、对电视观众的广告的偏好调查等，这些都有悖于常理和逻辑，也是缺乏实际意义的。但是，如有一个调查课题，即某企业搞一次民意调查，想知道一项新的福利改革制度在职工中的支持度，在选取样本时我们应该如此操作：假设该企业有1000人，其中，销售人员300人，生产人员200人，科研人员500人，只准备选取样本100人进行问卷调查。那么，从逻辑上讲，我们若按各工种人员在总人口中所占的比例进行样本的分配，显然这样做是科学和符合逻辑的。照此思路，我们将有如下样本分配方法：

销售人员取样数 = 300/1000 × 100 = 30（人）

生产人员取样数 = 200/1000 × 100 = 20（人）

科研人员取样数 = 500/1000 × 100 = 50（人）

同样，当我们想了解广州市城市居民消费支出结构时，对各阶层人员的取样也可以依照此思路进行操作。

（三）试点调查法

即通过小范围内选择部分单位进行试点调查，对调查方案进行实地检验，以说明调查方案的可行性。具体地来说，试点的用意在于以下两点：

1. 试点调查目的在于对调查方案进行实地检验。我们的调查方案是否切实可行，可通过试点进行实地检验，检查调查目标的制订是否恰当，调查指标的设置是否正确，有哪些考核项目应该增加，哪些项目应该减少，哪些地方应该修改和补充。试点工作完成后，要及时地提出具体建议，对原方案进行修订和补充，以便使制订的调查方案科学合理，能切合实际情况。因此，我们可以说试点调查方法实际上是借鉴实验科学的思想，是实验科学思想在社会科学领域的成功运用。

2. 试点调查还可以理解成实战前的演习，可以让我们在大规模推广应用之前及时了解我们的调查工作哪些是合理的、哪些是我们工作的薄弱环节。

运用试点调查方法进行调查方案的可行性研究，还应注意以下几个常见问题：

（1）应选择好适当的调查对象。应尽量选择规模小、具有代表性的试点单位。必要时我们还可以采用少数单位先行试点，然后再扩大试点的范围和区域，最后全面铺开。如此这般，循序渐进。

（2）事先建立一支精干的调查队伍，这是做好调查工作的先决条件。团队成员包括有关调查的负责人、调查方案设计者和调查骨干，这将为搞好试点调查工作提供组织保证。

（3）调查方法和调查方式应保持适当的灵活性，不应太死板。事先确定的调查方式可以多准备几种，以便经过对比后，从中选择合适的方式。

（4）试点调查工作结束后，应及时做好总结工作，认真分析试点调查的结果，找出影响调查的各种主客观因素并进行分析。试点工作也可理解为，在时间要求上并不是那么紧迫的前提下，或者说在我们对方案的实施把握性不大、心中没底时所做的一种小范围测试。这样，万一我们失算也不会损失过大，并且这是一种极好的调试方案的方法。

二、市场调查方案的模拟实施

并非所有的调查方案都需要进行模拟调查，只有那些调查内容很重要、调查规模又很大的调查项目才考虑进行模拟调查。模拟调查结果的分析非常重要，是下一步正式大规模调查工作的成败的关键。我国第五次人口普查广州区方案制订后，在普查前，结合对普查工作人员的培训工作，在正式调查开始前就搞过一次模拟调查，就发现的问题，对方案进行最后的检验和调整。

在一些大型的调查中，举行客户论证会也可被视作模拟实施中的一个环节。

三、调查方案设计的总体评价

市场调查方案设计的总体评价将涉及以下三个方面，即方案设计是否体现调查目的、调查方案是否具有可操作性、方案是否科学和完整。

如上述××口服液广告效果调查方案的设计中，对本次调查的目的、调查内容、调查方法、工作进度、问卷设计、调查费用的预算等要素都做了交代，是一份基本可行的市场调查策划方案，我们只要按照该方案将工作细化并操作起来就可以。

本章小结

1. 市场调查方案的设计原则包括：①可行性原则；②经济性原则；③灵活性原则。

2. 市场调查方案的主要内容包括调查目的、调查项目、调查对象和单位、调查问卷和调查表、调查时间和调查工作期限、调查地点、调查方式与采用的调查方法、调查资料整理和分析方法、提交报告的方式、调查的组织计划、调查项目定价和预算等11个部分。

3. 调查方案可行性分析的方法有三种：经验判断法、逻辑分析法、试点调查法。

思考与练习

1. 调查方案的设计原则是什么？
2. 调查方案的主要内容包括哪些？
3. 分组确定选题，并编制调查方案。

第四章　抽样技术和方法

◉ 知识要点

1. 确定调查对象的四种方法
2. 随机抽样技术
3. 非随机抽样技术

导入案例 >>>

现代抽样方法的先驱——盖洛普

“一种客观测量报刊读者阅读兴趣的新方法”是乔治·盖洛普在艾奥瓦大学写博士论文时用的题目。通过对“Des Moines Register and Tribune”和瑞士数学家雅克布·贝努里具有200年历史的概率统计理论的研究，盖洛普在抽样技术领域取得了进展。他指出，当抽样计划中的调查对象涵盖广泛，涉及不同地域、不同种族、不同经济层次的各种人时，你只需随机抽取而无需采访每个人。尽管当时他的方法不能为每个人理解和认同，但是现在，这已经被广泛使用。

盖洛普通常引出一些特例来解释他自己在说什么或做什么。假设有7000个白豆子和3000个黑豆子十分均匀地混合在一起，装在一个桶里。当你舀出100个时，你大约可以拿到70个白豆子和30个黑豆子，而且你失误的几率可以用数学方法计算出来。只要桶里的豆子多于一把，那么你出错的几率就少于3%。

20世纪30年代早期，盖洛普在全国很受欢迎。他成为Drake大学新闻系的系主任，然后转至西北大学。在此期间，他从事美国东北部报刊的读者调查。1932年夏天，一家新的广告代理商电扬广告公司，邀请他去纽约创立一个旨在评估广告效果的调查部门，并制订一套调查方案。同年，他利用他的民意测验法帮助他的岳母竞选艾奥瓦州议员。这使他确信他的抽样调查方法不仅在数豆子和报刊读者调查方面有效，并有助于选举人。只要你了解到抽样范围具有广泛性，白人、黑人，男性、女性，富有、贫穷，城市、郊区，共和党、民主党，只要有一部分人代表他们所属的总体，你就可以通过采访相对少的一部分人，来预测选举结果或反映公众对其关心问题的态度。盖洛普证实，通过科学抽样，可以准确地估测出总体的指标。同时，在抽样过程中，可以节省大量资金。

（宋文光编著：《统计学基础》，大连理工大学出版社2006年版）

第一节 确定调查对象的四种方法

在进行调查之前，一定要确定好调查对象。确定调查对象的方法有四种：市场普查、重点调查、典型调查和抽样调查。

一、市场普查

市场普查法是以市场总体为调查对象的一种调查方法，是为了了解市场某种现象在一定时空上的情况而进行的一次全面调查。这种调查方法的基本特点是具备全面性和精确性，相对稳定。

市场普查法通常是由专门的普查机构来主持，需要组织统一的人力和物力，确定调查的标准时间，提出调查的要求和计划。由于市场普查法的侧重点是宏观的，它本身包含着很多具体内容，因此它也是实际调查中运用较少的一种方法。

1. 普查的特点。

（1）普查比任何其他调查方式、方法所取得的资料更全面、更系统。

（2）普查主要调查在特定时点上的社会经济现象总体的数量，有时也可以反映一定时期的现象。

2. 普查的主要作用。

（1）为制订长期计划、宏伟发展目标、重大决策提供全面、详细的信息和资料。

（2）为搞好定期调查和开展抽样调查奠定基础。

3. 普查的优缺点。

（1）优点。收集的信息资料比较全面、系统、准确可靠。

（2）不足。涉及面广、工作量大、时间较长，而且需要大量的人力和物力，组织工作较为繁重。

二、重点调查

重点调查是一种为了解社会经济现象的基本情况而组织的非全面调查。它是从所要调查的全部单位中选择一部分重点单位进行调查，借以从数量上说明总体的基本情况。所谓重点单位，是指这些单位在全部总体中虽然数目不多，所占比重不大，但就调查的标志值来说却在总量中占很大的比重。通过对这部分重点单位的调查，可以从数量上说明整个总体在该标志总量方面的基本情况。

（一）重点单位的选择

进行重点调查，关键的问题是要选好重点单位。

（1）重点单位的多少，要根据调查任务而确定。一般来说，选出的单位应尽可能少些，而其标志值在总体中所占的比重应尽可能大些。其基本标准是所选出的重点单位的标志值必须能够反映所研究总体的基本情况。

（2）选择重点单位时，往往存在如下情况：在某一问题上是重点单位，在另一问题上不一定是重点单位；在某一调查总体中是重点单位，在另一调查总体中不一定是重点单位；在这个时期是重点单位，在另一时期不一定是重点单位；重点之中又有重点；等等。

（3）选中的单位应是管理制度健全、统计基础工作较好的单位。

（二）重点调查的组织形式

重点调查根据研究问题的不同需要，可以采取一次性调查，也可以进行定期调查。一次性调查适用于临时调查任务，定期调查适用于经济性调查任务，可以颁发定期报表，由选择的重点单位填报，定期观察一些重点单位的主要技术经济指标的完成情况及其变动。

三、典型调查

典型调查是根据调查的目的和要求，在对研究对象进行初步的全面分析的基础上，从中选择典型单位做周密系统的调查，借以认识事物的本质及其发展变化规律的一种调查方法。

（一）典型调查的特点与分类

1．典型调查的特点。

（1）典型调查是对调查对象中个别或某些单位进行的调查，因此，它是非全面调查。

（2）典型调查是对有意识地选择的调查单位进行的调查，因此容易受人的主观意志的影响。

（3）典型调查可以估计总体，但是不能检验其正确性，因此属于定性调查。

2．典型调查的分类。

一是对个别典型单位进行调查，称为“解剖麻雀”式的调查。

二是在对总体进行分类的基础上，选择一部分典型单位进行调查，即“划类选典”

式的调查。在总体单位比较多、各单位发展条件和发展程度又相差较大时，就需要将总体单位按某种与研究任务有关的标志划分成若干个组，以缩小组内各单位的差异，然后再从各个组分别选出典型单位。按这种方法进行的调查，即称为“划类选典”。

（二）典型调查的作用

1. 典型调查可以对问题作具体深入的分析。它可以具体地了解事物发生和发展的全过程及同各方面的联系，特别是有利于研究新情况、新问题。

2. 典型调查可以补充全面调查和其他非全面调查的不足。典型调查因为调查的单位较少，可以对典型单位进行深入调查，所以能收集全面调查或其他形式的非全面调查收集不到的统计资料和情况，从而把问题搞清楚。

（三）典型单位的选择

典型单位的选择虽然由被调查者确定，但并非随意确定，而是根据调查的目的，参照调查对象和典型单位的有关资料和情况确定的。

选择典型单位，还应合理地确定典型单位的数目。在总体各单位差别不大的情况下，选择一个或几个有足够代表性的单位就可以了。

四、抽样调查

抽样调查也称为抽查，是指从调查总体中抽选出一部分要素作为样本，对样本进行调查，并根据抽样所得的结果推断总体的一种专门性的调查活动。抽样调查是现代市场调查中的重要组织形式，是目前国际上公认和普遍采用的科学的调查手段。

（一）抽样调查的优缺点

1. 抽样调查的优越性。

（1）抽样调查由于只对总体中的部分个体逐一进行调查，所需费用显然大大减少，为一般企业所能承受。

（2）抽样调查由于样本容量较小，调查所需的时间也较短，这就能够在不长的时间内完成资料收集及数据统计工作，保证调查的时效性。

（3）抽样调查由于样本容量较小，调查工作量较少，在调查实施过程中只需较少的访问人员。这就便于精心组织，可对访问员进行更好的训练，更好地控制调查过程，以确保调查质量。

（4）抽样调查也易于增加调查深度。在调查时可以对调查对象进行更全面更深入的了解和研究，可以获得更有价值的信息。

2．抽样调查的不足。由于抽样调查所调查的对象是调查对象中的一部分，抽样调查的结果是从抽取样本中获取的信息资料推断出来的，所以，抽样调查存在着抽样误差。抽样误差是客观存在的，在一定范围内也是允许的。

（二）抽样调查的基本概念

1．总体和样本。总体指的是市场调查所研究对象的全体。例如，在上海市洗衣机市场拥有率调查中，上海市所有家庭户就构成了调查的总体。样本由从总体中抽取的部分个体所组成，某一居委会中的居民户就构成了一个样本。

2．总体指标。总体指标就是调查的目标量，也就是总体的有关参数。例如，在收视率调查中，某段时间内的总体平均收视率，某个节目的总体平均收视率，总体的平均日收看时间，等等，都是要调查的目标量，即总体参数。这些总体参数在抽样调查中是可以通过有关样本指标来估计的。

3．抽样单元和抽样框。抽样单元是指对总体进行划分后得到的每一部分。抽样单元是可以分级的。例如在上海市洗衣机拥有率调查中，各区就是一级单元，在每区中又可分成较小的街道，这就是二级单元，下面还可把居委会作为三级单元。在抽样时，必须掌握所有抽样单元的有关资料，如名单、地图等等，这称为抽样框。在抽样时，抽样单元被抽中的概率可以是相等的，也可以是不相等的。

4．抽样误差和非抽样误差。抽样误差是指样本指标值与被推断的总体指标值之差。此类误差不可避免，只能尽量降低。非抽样误差是指在抽样调查中由于人为差错所造成的误差。这类误差应采取一定的管理措施加以控制。

第二节　随机抽样技术

随机抽样调查（random sampling survey）是按随机原则从调查总体中抽取一定数目的样本单位进行调查、以其结果推断总体的一种调查方式。它对调查总体中每一个样本单位都给予平等的抽取机会（即等概率抽取），完全排除了人为的主观因素的选择，这也是它与非随机抽样调查方式的根本区别。

一、随机抽样调查的特点及其适用范围

1．随机抽样调查的特点。同其他调查方式相比，随机抽样调查具有下列一些特点：

（1）从全部调查总体中只抽取一部分单位进行调查。它的调查范围和工作量比普查小得多，省时、省力又省钱，而且可以较快地取得调查结果。

（2）从总体中抽出来的部分单位，是按随机原则抽取的。总体中每个单位都有同等被抽中的机会，排除了人为的影响，这与非随机抽样调查由调查人员有意识地选取调查单位是不同的。

（3）以样本值推断总体值，并可计算出抽样推断产生的误差大小，也可在调查之前将其误差控制在一定范围之内。

（4）它是一种侧重于定量分析的调查方式。以现象间量的关系来说明现象间质的关系。

由上述特征可见，随机抽样调查的调查范围和工作量比全面调查小得多，节省人力、物力和财力，可以较快地取得调查结果。与典型调查或其他非全面调查相比，在抽选样本以及分析与控制推断总体的准确性大小等方面更具客观性和科学性。

目前，在我国市场调查的某些方面采用了随机抽样调查的方式，如居民家庭生活调查、粮食及重要经济作物的产量调查等。但总的来讲，其应用面还不太广。这主要是由于诸如典型调查、重点调查等方法的运用更为简便易行和灵活，人们比较熟悉；而随机抽样的调查方式须具备一定的数学基础方能掌握运用，多数实际工作者对此较为陌生，因而影响了它的推广。其实，随机抽样这种调查方式在我国市场调查中有着广泛的应用前景。如城乡居民收支状况与购买力的调查、消费者商品需求量与耐用消费品市场普及率的调查、消费结构与消费倾向的调查、农副产品产量与资源的调查、市场价格与需求弹性的调查分析等专题市场调查均可运用随机抽样调查的方式加以组织。

2. 随机抽样调查的适用范围。随机抽样调查方式尤其适用于下列情况：

（1）总体范围大、单位数目多，无需进行全面调查的情况。如服装行业需掌握全国成年人的身高与体型状况以研究成年人服装生产的规格型号，这类调查只需抽样调查其中很少一部分人的情况就可以推算出总体情况。

（2）某些调查对象总体为无限总体（infinite population），无法进行全面调查。如江河、湖泊、海洋中的水产资源量的调查，森林中木材积蓄量的调查，等等，就只能进行抽样调查。

（3）调查对象总体虽非无限总体，但不可能（或不允许）进行全面调查。如破坏性或消耗性的产品质量检验。

（4）对全面调查统计资料的质量进行检查与修正。如我国第三次人口普查后就抽取了全国 972 个居民小组（农村生产队）作为样本重新调查，确定普查的误差。

二、随机抽样调查的组织方法

随机抽样中样本的抽选和组织方法大致有四种：简单随机抽样、分层随机抽样、分群随机抽样和等距随机抽样。

（一）简单随机抽样

1．简单随机抽样的方法。

（1）简单随机抽样的含义。简单随机抽样，也称为纯随机抽样，是指从含有 N 个抽样单元的总体中，一次抽取 n 个单元，使全部可能的 C_N^n 种不同的结果每种被抽到的概率都等于 $1/C_N^n$ 的一种抽样方法。这时所得到的样本称为简单随机样本。

简单随机抽样可以通过如下的方法来操作：从总体中逐个无放回地抽取单元，每次抽取到尚未在样本中的任何一个单元的概率都相等，直到抽足 n 个为止。显然，这是一种无重复的抽样。如果在上述操作时，从总体中逐个有放回地抽取单元，使在每次抽取一个单元之前总体都恢复到原来的状态，使每一次抽取与上一次抽取都是相互独立的，那么这种抽样称为非常简单随机抽样，这是一种有重复的抽样。这时的样本称为非常简单随机样本。

当总体中的单元数 N 非常大、所抽取的样本单元数 n 相对又比较小时，有放回和无放回的抽样几乎是一样的，否则两者还是存在差异。

（2）简单随机抽样的抽签法。抽签法可以如下操作：先把总体中的每个单元编上不同的号码，写在签上。将签充分摇动均匀，从中任意抽取一个号码，将对应的单元选入样本，直到抽足预先规定的样本数目 n 为止。实际操作时也可以同时抽取几个签。

如果抽取一个签记下号码后又放回总体，再随机抽取下一个，这样每次抽取都是相互独立的，这时得到的将是非常简单的随机样本，其中可能出现同样的样本单元。

（3）简单随机抽样的乱数表法。乱数表法又称随机号码表法，就是利用随机号码表抽取样本的方法。

乱数表又称为随机号码表。它是将 0 ～ 9 的 10 个自然数，按编码位数的要求（如两位一组，三位一组，五位甚至十位一组），利用特制的摇码器（或电子计算机），自动地逐个摇出（或电子计算机生成）一定数目的号码编成表，以备查用。这个表内任何号码的出现，都有同等的可能性。利用这个表抽取样本时，可以大大简化抽样的繁琐程序。

随机号码表法应用的具体步骤是：首先，将调查总体单位一一编号；其次，在随机号码表上任意规定抽样的起点和抽样的顺序；最后，依次从随机号码表上抽取样本单位号码。凡是抽到编号范围内的号码，就是样本单位的号码，一直到抽满为止。

例 4－1　乱数表

表 4－1　乱数表

03	47	43	73	86	36	96	47	36	61	46	98	63	71	62
97	74	24	67	62	42	81	14	57	20	42	53	32	37	32
16	76	02	27	66	56	50	26	71	07	32	90	79	78	53
12	56	85	99	26	96	96	68	27	31	05	03	72	93	15
55	59	56	35	64	38	54	82	46	22	31	62	43	09	90
16	22	77	94	39	49	54	43	54	82	17	37	93	23	78
84	42	17	53	31	57	24	55	06	88	77	04	74	47	67
63	01	63	78	59	16	95	55	67	19	98	10	50	71	75
33	21	12	34	29	78	64	56	07	82	52	42	07	44	28
57	60	86	32	44	09	47	02	96	54	49	17	46	09	62
18	18	07	92	46	44	17	16	58	09	79	83	86	19	62
26	62	38	97	75	84	16	07	44	99	83	11	46	32	24
23	42	40	54	74	82	97	77	77	81	07	45	32	14	08
62	36	28	19	95	50	92	26	11	97	00	56	76	31	38
37	85	94	35	12	83	39	50	08	30	42	34	07	96	88
70	29	17	12	13	40	33	20	38	26	13	89	51	03	74
56	62	18	37	35	96	83	50	87	75	97	12	25	93	47
99	49	57	22	77	88	42	95	45	72	16	64	36	16	00
16	08	15	04	72	33	27	14	34	09	45	59	34	68	49
31	16	93	32	43	50	27	89	87	19	20	15	37	00	49

某企业要调查消费者对某产品的需求量，要从 95 户居民家庭中抽选 10 户居民，即用乱码表法抽选样本。具体步骤如下：

第一步：将 95 户居民家庭编号，每一户家庭一个编号，即 01 ～95（每户居民编号为 2 位数）。

第二步：在上面的表中，随机确定抽样的起点和抽样的顺序。假定从第 1 行第 5 列开始抽，抽样顺序从左往右抽（横的数列称“行”，纵的数列称为“列”）。

第三步：依次抽出的号码分别是：86，36，96，47，36，61，46，98，63，71，共

10 个号码。由于 96，98 两个号码不在总体编号范围内，应排除在外。再补充两个号码：62，74。

由此产生 10 个样本单位，号码为：86，36，47，36，61，46，63，71，62，74。编号为这些号码的居民家庭就是抽样调查的对象。

需要说明的是，编号为 36 的居民家庭两次出现在样本里。这属于重复抽样。

例表 4 - 1 的乱数表中，若要求是不重复抽样，10 个样本单位号码就应是：86，36，47，61，46，63，71，62，74，24。若调查总体改为 800 户居民，样本数仍为 10 户，抽样起点为第 3 行、第 1 列，抽样顺序为从上往下抽。这 10 户样本居民号码如何产生呢?

首先，对调查总体 800 户居民编号，从 001 ～800（每户居民家庭号码为 3 位数）。其次，抽样起点应为"167"，从上往下抽，依次产生的 10 户样本单位编号分别是：167，125，555，162，630，332，576，181，266，234。

采用随机号码表法抽取样本，可完全排除主观挑选样本的可能性，使抽样调查有较强的科学性。

2. 总体均值和比例的估计及抽样误差的估算。本部分内容可以在数据分析章节介绍，但由于它与抽样数目的确定密切相关，故提前到这里介绍。我们在介绍时将着重于计算公式，而不在公式推导方面多花篇幅。

（1）总体均值和比例的估计。采用简单随机抽样，可以用样本的特征值来估计总体的目标值，并且可以对抽样误差进行估算。

1）总体均值的估计。设总体 X 含有 N 个单元，总体均值为 $\bar{X}$，在简单随机抽样中，样本含量为 n，则可用样本平均值：

$$\bar{X} = \frac{1}{n}\sum_{i=1}^{n} X_i \qquad (4-1)$$

作为总体均值 $\bar{X}$ 的估计量。

2）总体比例的估计。设总体 X 含有 N 个单元，其中有 φ 个单元具有某种特性，那么总体中含有该种特性的单元的比例为：

$$\pi = \frac{\varphi}{N} \qquad (4-2)$$

在简单随机抽样中，样本含量为 n，其中具有该种特性的单元数为 f，则可以用

$$P = \frac{f}{n} \qquad (4-3)$$

作为总体比例 π 的估计量。

例 4 - 2　从某区 50 家超市中随机抽取 10 家超市，它们的日销售量分别为 51，67，

45，37，81，49，72，65，43，75 万元。

（1）试求该区超市平均日销售量的估计值；

（2）试求该区销售量低于60 万元的超市比例的估计值。

解：

（1）样本的平均日销售量 X 的平均值为：

$$\bar{X} = \frac{1}{10}\sum_{i=1}^{10} X_i = \frac{1}{10}(51 + 67 + \cdots + 75) = 58.5$$

因此，可用 $\bar{X} = 58.5$（万元）作为该区超市平均日销售量的估计值。

（2）样本中日销售量低于60 万元的超市有5 家，因此，样本比例为：

$$P = \frac{f}{n} = \frac{5}{10} = 50\%$$

因此，可用 $P = 50\%$ 作为日销售量低于60 万元的超市比例的估计值。

（2）抽样误差的估算。在应用上述方法对总体均值和比例估计时，必然存在误差，如何来估算误差的大小，是一个在抽样调查中必须解决的问题。抽样误差一般以样本方差或标准误差的形式给出，有时也用估计量和总体参数之差的绝对值来表示。

抽样误差是指抽样所得的样本指标值与相应未知总体指标值之间的差异。抽样误差是反映样本代表性大小的指标，影响抽样误差的因素主要有以下三个：

1）样本容量。在其他不变的情况下，样本容量越大，抽样误差就越小；反之，样本容量越小，则抽样误差越大。

2）总体中个体之间的差异程度。在其他条件不变的情况下，总体中个体之间差异程度越大，抽样误差就越大；如果个体间差异程度较小，那么，抽样误差越小。

3）抽样方法。不同的抽样方法选取的样本对总体的代表性不同，相应的抽样误差，如简单随机抽样误差比分层抽样误差大，而分层抽样误差又大于分群抽样误差。

抽样误差的计算如下：

1）均值的抽样误差。在简单随机抽样情况下，均值的抽样误差有如下的计算公式：

$$\mu_{\bar{X}} = \sqrt{\frac{N-n}{N-1}} \cdot \frac{S}{\sqrt{n}} \qquad (4-4)$$

其中，$\mu_{\bar{X}}$ 表示均值的抽样误差；S 表示样本标准差；N 表示总体单元数；n 表示样本单元数。

在非常简单随机抽样情况下，均值的抽样误差有如下的计算公式：

$$\mu_{\bar{X}} = \frac{S}{\sqrt{n}} \qquad (4-5)$$

例4-3　某饮料公司进行一次居民户平均饮料消费量的抽样调查。在总体10万户居民家庭中，抽选样本2000户。已知，样本标准差为2.5升，试求在简单随机抽样和非常简单随机抽样条件下的抽样误差。

解：$N=100000$（户）　$n=2000$（户）　$S=2.5$ 升

设：$\mu_{\bar{x}}$ 为抽样误差，则：

在简单随机抽样条件下：

$$\mu_{\bar{x}}=\sqrt{\frac{N-n}{N-1}}\cdot\frac{S}{\sqrt{n}}=\sqrt{\frac{100000-2000}{100000-1}}\times\frac{2.5}{\sqrt{2000}}=0.99\times\frac{2.5}{44.72}=0.0553$$

在非常简单随机抽样条件下：

$$\mu_{\bar{X}}=\frac{S}{\sqrt{n}}=\frac{2.5}{\sqrt{2000}}=0.0559$$

2）比例的抽样误差。比例的抽样误差和均值的抽样误差有类似的公式，不同之处是用 $\sqrt{P(1-P)}$ 代替 S，其中，P 是样本比例。

在简单随机抽样情况下，比例的抽样误差有如下的计算公式：

$$\mu_P=\sqrt{\frac{N-n}{N-1}}\cdot\sqrt{\frac{P(1-P)}{n}} \tag{4-6}$$

其中，μ_P 表示比例抽样误差；P 表示样本比例；N 表示总体单元数；n 表示样本单元数。

在非常简单随机抽样情况下，比例的抽样误差有如下的计算公式：

$$\mu_P=\sqrt{\frac{P(1-P)}{n}} \tag{4-7}$$

例4-4　从总体10万户居民中抽取2000户调查，发现饮用果汁饮料的户数为450户，求其抽样误差。

解：$N=100000$（户）　$n=2000$（户）　$P=\frac{450}{2000}=0.225$

设：μ_P 为抽样误差，则：

在简单随机抽样情况下：

$$\mu_P=\sqrt{\frac{N-n}{N-1}}\cdot\sqrt{\frac{P(1-P)}{n}}=\sqrt{\frac{100000-2000}{100000-1}}\times\sqrt{\frac{0.225\times0.775}{2000}}$$

$$=0.99\times0.0093=0.0092$$

在非常简单随机抽样情况下：

$$\mu_P=\sqrt{\frac{P(1-P)}{n}}=\sqrt{\frac{0.225\times0.775}{2000}}=0.0093$$

3）抽样调查的容许误差。上面提及的抽样误差概念，不能理解为一次抽样中得出的样本均值和总体均值实际存在误差大小。抽样误差仅仅是表示误差可能大小范围的一种约定俗成的表示形式。为了准确地理解这一概念，有必要深入地讨论在抽样调查中样本均值和总体均值的实际差异落入误差范围的可能程度问题。

在数理统计中已经证明，在简单随机抽样情况下，总体均值μ落在下列区间中的可能性为$1-\alpha$。

$$\mu = \bar{X} \pm t_{\frac{\alpha}{2}}(n-1)\sqrt{\frac{N-n}{N-1}}\cdot\frac{S}{\sqrt{n}} \quad (4-8)$$

其中，μ为总体均值；$\bar{X}$为样本均值；$t_{\frac{\alpha}{2}}(n-1)$为$t$统计量值；$\alpha$为置信度；$N$为总体单元数；$n$为样本单元数。

这一区间也称为总体均值μ的置信度为$1-\alpha$的置信区间。从另一角度理解式（4－8），可以认为，对于一次随机抽样所得的样本均值$\bar{X}$，总体均值μ与样本均值$\bar{X}$的实际差异的绝对值有$1-\alpha$的可能性小于$t_{\frac{\alpha}{2}}(n-1)\sqrt{\frac{N-n}{N-1}}\cdot\frac{S}{\sqrt{n}}$。因此：

$$\Delta_{\bar{X}} = t_{\frac{\alpha}{2}}(n-1)\sqrt{\frac{N-n}{N-1}}\cdot\frac{S}{\sqrt{n}} \quad (4-9)$$

为样本平均值$\bar{X}$在置信度$1-\alpha$下的最大容许绝对误差，常常简称为最大容许误差。因此：

$$r_{\bar{X}} = \frac{\Delta_{\bar{X}}}{\bar{X}} \quad (4-10)$$

为最大容许相对误差。

对于总体比例的估计，在简单随机抽样情况下也有类似的结果。

总体比例π的置信度为$1-\alpha$的置信区间为：

$$\pi = P \pm t_{\frac{\alpha}{2}}(n-1)\sqrt{\frac{N-n}{N-1}}\cdot\sqrt{\frac{P(1-P)}{n}} \quad (4-11)$$

其中，π为总体比例；P为样本比例；$t_{\frac{\alpha}{2}}(n-1)$为$t$统计量值；$\alpha$为置信水平；$N$为总体单元数；$n$为样本单元数。

因此：

$$\Delta_P = t_{\frac{\alpha}{2}}(n-1)\sqrt{\frac{N-n}{N-1}}\cdot\sqrt{\frac{P(1-P)}{n}} \quad (4-12)$$

为样本比例P在置信度$1-\alpha$下的最大容许绝对误差，简称为最大容许误差。因此：

$$r_P = \frac{\Delta_P}{P} \quad (4-13)$$

为最大容许相对误差。

对于非常简单随机抽样，有完全类似的公式，只是 $\sqrt{\frac{N-n}{N-1}}$ 取为1。

即：

$$\Delta_{\bar{X}} = t_{\frac{\alpha}{2}}(n-1)\frac{S}{\sqrt{n}} \quad (4-14)$$

$$\Delta_P = t_{\frac{\alpha}{2}}(n-1)\sqrt{\frac{P(1-P)}{n}} \quad (4-15)$$

在一般市场调查中，n 均较大，这时 $t_{\frac{\alpha}{2}}(n-1)$ 可用 $Z_{\frac{\alpha}{2}}$ 代替。

3．样本量的确定。在组织抽样调查时，确定样本个案的抽取量是非常重要的环节。抽样数目过多，将造成资金和时间的浪费；抽样数目过少，又会导致调查结果产生较大的抽样误差，不能保证所抽样本对总体的代表性。必要的抽样数目取决于总体个案的差异性，差异大的样本量要大；同时也取决于调查的力量（如经费、时间、人力等），力量大时可以设计样本量大一点，使抽样误差小一些。另外，抽样数目同抽样方法也有关系。例如，在同等条件下，等距抽样和分层抽样等限制性随机抽样方法比简单随机抽样方法的抽样数目要少，不重复抽样比重复抽样的抽样数目要少。

由公式（4－9）、（4－12）、（4－14）、（4－15）都可以得到样本容量 n 的计算公式。

以公式（4－14）为例，样本容量 n 的大小为：

$$n = \frac{S^2 t_{\frac{\alpha}{2}}{}^2(1-n)}{\Delta_{\bar{X}}{}^2} \quad (4-16)$$

从上式可以看出，必要样本容量 n 与总体方差、抽样极限误差及置信水平之间具有以下关系：在其他条件不变的情况下，总体方差越大，必要样本容量 n 便越大，必要样本容量与总体方差成正比；置信水平越大，必要样本容量便越大，二者呈正方向关系；抽样极限误差越大，样本容量越小，二者呈反方向关系。

（二）分层随机抽样法[①]

分层随机抽样法（stratified sampling），也叫类型抽样或分类抽样，就是将总体单位按一定标准（调查对象的属性、特征等）分组，然后在各个类型组中用纯随机抽样方式或其他抽样方式抽取样本单位，而不是在总体中直接抽取样本单位。例如，在进行农村经济调查时，先将农村总体按产粮区、经济作物区、林区、特区、渔区等经济条件划

① 参见胡祖光编著《市场调研与预测》，中国发展出版社2007年版。

分为若干个类型组（层），然后在每层中用纯随机抽样或其他抽样方式抽选若干农民户进行调查。

分层抽样必须注意以下问题：①必须有清楚的分层界限，在划分时不致发生混淆；②必须知道各层中的单位数目和比例；③分层的数目不宜太多，否则将失去分层的特征，不便在每层中抽样。

采用类型抽样比直接采取纯随机抽样的代表性要高，抽样误差要小。采用类型抽样，可以把差异程度大的各单位划分为性质、属性相近的若干类，使类型内的各单位差异程度要小于类型之间的差异程度，即类内方差小于类间方差。在不同类型中分别抽样，就能使样本单位分布更接近于总体的分布，从而能提高代表性，减少抽样误差。在市场调查实践中比较多地采用这种抽样方法。

分层抽样具体做法有以下两种：

1．等比例分层抽样（stratified equal probability sampling）。这种抽样法就是按照各层中单位的数目占总体单位数目的比例分配各层的样本数量。每层抽取样本数计算公式为：

$$S_i = \frac{N_i}{N} \cdot S \qquad (4-17)$$

式中：S_i 表示第 i 层应抽取的样本数；N 表示总体中含单位总数；N_i 表示第 i 层含单位总数；S 表示应抽取样本总数。

例 4－5　一个单位的职工有 500 人，其中 35 岁以下的有 125 人，35 岁至 49 岁的有 280 人，50 岁以上的有 95 人。为了了解该单位职工与身体状况有关的某项指标，要从中抽取一个容量为 100 的样本，由于职工年龄与这项指标有关，决定采用等比例分层抽样方法进行抽取。问，应如何确定各年龄段的调查人数？

解：

按公式得：

$$S_1(35\text{ 岁以下}) = \frac{N_1}{N} \cdot S = \frac{125}{500} \times 100 = 25(\text{人})$$

$$S_2(35\sim 49\text{ 岁}) = \frac{N_2}{N} \cdot S = \frac{280}{500} \times 100 = 56(\text{人})$$

$$S_3(50\text{ 岁以上}) = \frac{N_3}{N} \cdot S = \frac{95}{500} \times 100 = 19(\text{人})$$

2．不等比例分层抽样（stratified inequality probability sampling），又称分层最佳抽样法。此法不按各层中单位数占总体单位数的比例分配各层样本数，而是根据各层的标准差的大小来调整各层样本数目的抽样方法。该方法既考虑到各层在总体中占比重的大小，又考虑了各层标准差的差异程度，有利于降低各层的差异，以提高样本的可信程度。故也可将不等比例分层抽样称之为分层信任程度抽样。各层样本的计算公式为：

$$n_i = n \times \frac{N_i S_i}{\sum N_i S_i} \tag{4-18}$$

式中：n_i 表示第 i 层应抽取的样本数；n 表示应抽取的样本总数；N_i 表示第 i 层含单位总数；S_i 表示第 i 层的标准差（一般为已知数）。

例 4 -6　某公司要调查某地家用电器商品的潜在用户，这种商品的消费同居民收入水平有关，因此以家庭收入为分层基础。假定该地居民户即总体单位数为 20000 户，已确定调查样本数为 200 户。家庭收入分高、中、低三层，其中高档收入家庭为 2000 户，占总体单位数的比重为 10%；中等收入家庭为 6000 户，占总体单位数的 30%；低等收入家庭为 12000 户，占总体单位数的 60%。现又假定各层样本标准差为：高档收入家庭是 300 元，中等收入家庭是 200 元，低档收入家庭是 50 元。现要求根据分层最佳抽样法，确定各收入层家庭应抽取的户数各为多少。

为了便于观察，列表如下。

调查单位数与样本标准差乘积计算表

家庭收入分层	各层调查单位数 N_i	各层的样本标准差 S_i（元）	乘积 N_iS_i
高档	2000	300	600000
中档	6000	200	1200000
低档	12000	50	600000
$\sum N_iS_i$	——	——	2400000

按公式得：

$$n_1（高档收入）= 200 \times \frac{600000}{2400000} = 50（户）$$

$$n_2（中档收入）= 200 \times \frac{1200000}{2400000} = 100（户）$$

$$n_3（低档收入）= 200 \times \frac{600000}{2400000} = 50（户）$$

如果用前面的等比例分层抽样的话，那么，$n_1 = 200 \times 10\% = 20$（户）；$n_2 = 200 \times 30\% = 60$（户）；$n_3 = 200 \times 60\% = 120$（户）。将前后两种方法抽出的各层样本数做个对比，不难看出，家庭收入高的分层样本数增加了 30 户，中档收入家庭的分层样本数增加了 40 户，低档收入的家庭样本数则减少了 70 户。由于购买家用电器同家庭收入水平是成正比例变动的，家庭收入水平高的潜在用户相对大于收入水平低的，所以，增加高、中档层的样本数，相应地减少低档层的样本数，这将有利于提高抽样的准确性。

（三）分群随机抽样法

分群抽样法，又称整群随机抽样（cluster sampling）。指将市场调查的总体按一定的标准（如地区、单位）分为若干群，然后在其中随机抽取部分群体单位进行普查的方法。

此法与分层抽样的区别在于：分层抽样法分成的各层彼此之间差异明显，而每层内部差异很小；分群抽样正好相反，分成的各群彼此差异不大，而每群内部差异明显。从抽取样本方式上看，分层抽样每层都要按一定数目抽取样本，而分群抽样是取总群中的若干群，抽出的群全部为样本。

采用分群抽样法可以避免简单随机抽样可能遇到的一些问题。简单随机抽样抽取的样本可能极为分散，在各地都有，从而增加了调查往返的时间和费用。分群抽样法最主要的优点是：样本单位比较集中，进行起来比较方便，可以减少调查人员往返的时间，节省费用；其缺点在于样本只能集中在若干群中，不能均匀地分布在总体的各个部分，用以推断总体的准确性较差。但当群体内各单位间的差异性大而群与群之间差异性小时，采用此法可以提高样本的代表性。

分群随机抽样一般采取两段式分群抽样法，即先采取纯随机抽样法抽取若干群体，然后对选定的有关群体进行全面调查。例如，调查某城市居民户的情况，拟抽出 1000 个样本。假定该市共有 500 个居民委员会，每一个居委会平均有 100 户居民。这样，就可以以居委会为单位，采用纯随机法抽出 10 个居委会，共 1000 户。然后，把这 10 个居委会的 1000 户视同样本，进行普查。

（四）等距随机抽样法

等距抽样又叫机械随机抽样，或称系统抽样法（systematic sampling）。这种抽样是把总体各单位按一定标志顺序排序，然后依固定的顺序和间隔抽取调查单位。排列顺序可以用与调查项目无关的标志为依据，叫做无关标志排队（例如，按户口册、姓名笔画、地名、地理位置等排列）；也可以用与调查项目直接或间接有关的标志为依据，叫做有关标志排队（例如，职工家庭调查中，按总收入或平均工资由低到高排队，再抽选调查单位）。在市场调查中，抽样间隔（或称抽样距离）可以依据总体单位总数和样本单位数计算确定。显然，用有关标志排队法要比无关标志排队法效果好，但较为麻烦。

例 4－7 要在一个村的 110 户农民中，用等距抽样方法抽 10% 的农户（即 11 户）

进行家庭收支情况调查，用前面讲述的两种排队方法抽取样本，具体做法是：

（1）若按无关标志排队等距抽样，其做法是，只要根据村民户的花名册，用该村的全部村民户数除以预定调查的户数，即110÷11＝10，计算出抽样距离，然后每隔一个距离即10户抽1户进行调查。抽取调查单位的起点，可以从第一组1—10号中随机抽出某号，譬如以7号为第一个调查单位，则这11个被调查户应为第7户、第17户、第27户、……第107户。

（2）若按与调查项目有关的标志排队等距抽样，通常是在计算出抽样距离后，从第一组的组中点或半距处，即中间一个单位开始。譬如，上例110户村民户，按其家庭人均经济收入排队，已知抽样距离为10，则第一个调查单位应为第5户或第6户，然后按间距依次抽足11户家庭。

等距抽样的有关标志排队法，可以看成是一种特殊的分类抽样。这种抽样方法能够保证抽取的样本在总体中均匀分布，从而能提高代表性，减少抽样误差，而且操作比较方便，因此，在市场调查中常被采用。采用有关标志排队法等距抽样，同采用分类抽样一样，在调查之前要掌握调查对象（总体）有关标志的全面资料，否则无法分类。这时，只能采用无关标志排队的等距抽样。

第三节　非随机抽样技术

从调查对象总体中按调查者主观设定的某个标准抽取样本单位的调查方式，称为非随机抽样调查。这种抽样方式虽在样本的抽取方法上带有主观性，并会对总体推断的可靠程度产生影响，但由于它简便易行，可及时取得所需的信息资料，因此，在市场调查中也常被采用。非随机抽样调查的抽样方法主要有任意抽样法、判断抽样法和配额抽样法三种。

一、任意抽样法

任意抽样法，也称便利抽样法或偶遇抽样法。它是一种随意选取样本的方法，通常没有严格的抽样标准。例如，一些大城市做流动购买力调查，因无法采取随机抽样法，所以在车站、码头、机场、旅馆或大商场，碰到外地旅客就随时进行询问调查。任意抽样法的基本理论根据，就是认为总体中每一样本都是“同质”的。而事实上，虽然有的总体的样本基本是同质的，但绝大多数总体中的样本是“异质”的。这种调查方式一般用于非正式的探测性调查。在总体中各样本的同质程度较大的情况下，运用任意抽样法也有可能获得具有代表性的调查结果。

二、判断抽样法

判断抽样法也叫目的抽样法，是按照调查者的主观经验判断选定调查单位的一种抽样方法。判断抽样有两种做法：一种是由专家判断决定所选样本，一般选取“多数型”或“平均型”的样本为调查单位。“多数型”是在调查总体占多数的单位中挑选出来的样本，“平均型”是在调查总体中挑选代表平均水平的单位。另一种是利用统计判断选取样本，即利用调查对象（总体）的全面统计资料，按照一定标准选取样本。判断抽样的样本代表性大小如何，完全凭调查者本身的知识、经验和判断能力而定。如果总体中调查单位比较少，调查者对调查对象的特征了解得比较清楚，那么运用判断抽样所选择的样本也会有较大的代表性。判断抽样具有挑选样本简便及时的优点，在精确度要求不是很高的情况下，企业为了迅速获得解决日常经营决策问题的客观依据资料，常常使用判断抽样的方法。

三、配额抽样法

配额抽样法又称为定配抽样法，是根据调查对象总体的某些控制特征划分标准并依据这些标准分层，然后用判断和巧合抽样法抽取样本。它与分层随机抽样相似，也是按调查对象的某些特征或属性将总体中所有个体分成若干类（层），而配额抽样中各层的子样本是非随机抽取的。

从对市场调查对象总体按控制特征分层并分别规定样本来看，配额抽样同分层抽样法有相似之处；不过，对于层内的抽样方法又有所不同。分层抽样是采用随机抽样方法抽取样本，而配额抽样是按判断抽样法抽取样本。所以，从一定意义上讲，配额抽样法也是一种分层判断抽样法。

实行配额抽样法的主要理论依据是：认为特征相同的调查对象，如同一类别年龄、性别、收入、职业、学历的居民，其要求、反应大致相似，误差不大，因而无需再按随机抽样法抽取样本。在实际工作中，采用配额抽样法抽取样本，简便易行，可省时省费用，也能够较快地取得调查结果，而且样本不至于偏重某一层。同时，只要调查方案设计得当，分析方法正确，所取得的结果就会比较可靠。因而配额抽样法被广泛采用，成为非概率抽样方法中使用最多的一种方法。

当然，配额抽样法也存在着一定的不足之处：同概率抽样相比，容易出现由于所依据的资料不确切而发生选择上的偏差的情况；同时，也不能像概率抽样那样，可以估计抽样误差，并且能够对调查人员访问调查对象的方法加以约束和控制。

配额抽样方法分为独立控制配额抽样方法和相互控制配额抽样方法两种类型。

独立控制配额抽样只对具有某种特征的样本数目规定配额，而对具有两种或两种以上特征的样本数目则不做规定。例如，对某市各大学在校全日制学生上网情况的调查，控制特征分为性别、年级、专业类别三种，已经确定样本总数为400个，按独立控制的配额抽样，则可如表4－2（数字为假设）所示。

表4－2　对在校全日制学生上网的调查

性 别	人 数	年 级	人 数	专业类别	人 数
男	200	大一	100	普通类	200
		大二	100		
女	200	大三	100	艺术类	200
		大四	100		
合计	400	合计	400	合 计	400

从表4－2中可以看出，在400个被调查者中，规定男女生各一半；年级层次栏中规定，要调查的大一、大二、大三、大四数目分别是100人、100人、100人和100人；学生专业类别调查栏中，规定要调查的普通类学生和艺术类学生分别为200人和200人。在以上各栏中，虽然就性别、年级、专业类别等不同控制特征都做了具体规定，然而性别、年级、专业类别之间的关系却没有具体规定，如在大一中男、女调查多少名，普通类学生在大一、大二、大三和大四各年级调查多少名等，都没有规定样本数目，这正是独立控制配额抽样的特点所在。

相互控制配额抽样同独立控制配额抽样恰恰相反，即对各控制特征的每个样本数目都有规定，并予以指派。具体方法主要是借助交叉控制表来确定总体分层的样本交叉分配。我们仍以表4－2虚拟的数字为例来罗列交叉控制表，如表4－3所示。

表4－3　交叉控制表

类别 / 性别 / 年级	普通类		艺术类		合计（人）
	男（人）	女（人）	男（人）	女（人）	
大一	20	30	30	20	100
大二	30	20	20	30	100
大三	20	30	30	20	100
大四	30	20	20	30	100
合计	100	100	100	100	400

根据交叉控制表，市场调查人员可以清楚地了解自己应该抽取的不同层次的样本数。

根据市场调查实践经验，实行配额抽样法，大致要经过四个步骤：

第一步：确定控制特征指标。这些指标的确定过程比较困难，要有长期的经验才能准确地找出相应的指标。配额抽样要以某些社会的、经济的特征作为抽样的基础，而选定的这类特征便叫控制特性。确定控制特性，主要是研究确定以哪些特征作为母体分层的标准，如性别、收入、职业、文化程度等。至于具体选定哪些控制特性，则要取决于市场调查的目的、调查对象的性质和客观环境的条件。

第二步：按控制特性划分副次母体层，确定各层之间的比例关系。例如调查某商品的潜在需求，可以家庭收入和家庭户主年龄作为控制特性，区分副次母体层。为了便于观察分析，可以制订一个分层比例表。

第三步：决定部分层母体（副次母体层）的样本数。这一步骤通常是依据分层母体在总体中所占比例来分配样本数。

第四步：配额分配。即各分层母体的样本数目确定以后，便要向市场调查人员指派配额，由调查人员在指派的样本数额限度内，自由地选择调查对象。

本章小结

1. 确定调查对象有四种方法：市场普查、重点调查、典型调查和抽样调查。

2. 抽样调查的定义：抽样调查也称为抽查，是指从调查总体中抽选出一部分要素作为样本，对样本进行调查，并根据抽样所得的结果推断总体的一种专门性的调查活动。

3. 随机抽样调查的定义：随机抽样调查是按随机原则从调查总体中抽取一定数目的样本单位进行调查，以其结果推断总体的一种调查方式。

4. 随机抽样中样本的抽选和组织方法大致有四种：简单随机抽样、分层随机抽样、分群随机抽样和等距随机抽样。

5. 非随机抽样调查的抽样方法主要有任意抽样法、判断抽样法和配额抽样法三种。

思考与练习

1. 确定调查对象的方法有哪些？

2. 随机抽样和非随机抽样的区别是什么？

3. 试利用简单随机抽样的方法来确定调查对象。

第五章　市场调查资料的收集方法

◉ 知识要点

1. 定性与定量市场调查的区别
2. 文献调查法
3. 观察调查法
4. 小组访谈法
5. 深层访谈法
6. 问卷调查法
7. 实验法

导入案例 >>>

常见的几种网络受众调查手段

网络受众调查不同于一般的商业调查和社会调查，也不同于传统媒体的受众调查。网络受众调查可以充分借助网络自身的传播优势，许多调查活动可以直接在网络上进行，这是其他传统的社会调查、商业调查所不具备的优势。从现有的网络受众调查来看，主要有以下几种常见的调查手段。

1. 网页问卷调查

它是当前网络调查中应用比较普遍的调查形式之一。它是调查研究员根据调查需要设计出一些需要网络受众回答的问题，并以问卷的格式制作问卷，将问卷放在网站的某个网页上，受访者可以根据自己的情况参与填答，填答完的结果经相关的软件处理后直接进行统计分析的调查活动。它类似于传统调查中将问卷刊登在报纸杂志上的调查。

它的基本方法是，调查员通过给受访者发电子邮件、电话联络、移动或网络短消息联络，说明此次网页调查的目的，并请受访者给予积极配合与支持。为方便受访者填答，调查员在电子邮件中告诉受访者网页调查问卷的具体位置或此调查网页的链接地址，受访者只要输入相应的地址或点击该链接地址，网页就会打开并显示出第一页。受访者填答完成后，经网站软件处理后的相关数据会自动进入数据库，便于调查员快速统计分析。

它的优点主要有：一是费用低廉。与传统纸质媒体上的问卷调查相比，能节省大量的问卷印刷费用。二是无需聘用大量的调查员参与调查，可以节省大量的薪酬开支；数据的输入也无需大量的劳动力，相应的成本大大降低。比如，每年的网络十大政治新闻、经济新闻、文化新闻、国际新闻的评选，对于网站来说是一件非常简单的事情，只需设计网页调查问卷就可以，不需要网站投入太大的人力、物力和财力。三是反馈及时。传统媒体的问卷调查，从设计、制作、印刷、分工、入户调查、核查、数据输入到统计分析，需要一个较长的时间周期，短的需要一两个月，长的要几年。但网页问卷调查的周期大大缩短，印刷、分工、登门调查、数据录入等工作不需要做，统计分析只要点击鼠标，几秒钟就可以完成。四是非排他性。它主要是针对所有浏览该网页的网民来说，每个人只要有兴趣，都可以参与调查。

当然，此类型的调查也存在缺点。一是样本不具有代表性。不像传统的受众调查、入户调查是经过科学抽样确定的，而网页调查则缺少这个有用的、必要的环节，因此，网页问卷调查结果的真实性是很难保证的。二是受访者可能随时中断。不像传统的调查，受访者因为各种原因，比如临时有事、停电、电脑死机、网络故障等都可能导致填答问卷的中断。

为提高网页问卷调查的科学性，调查研究员可以采取邀请的方式让某些具有抽样性质的受访者参与调查活动。在网络调查实践中，有些常用的方法可以提高邀请的成功率。比如，提供能说明调查主题的醒目标题，向受访者说明其 E-mail 地址的来源，说明调查的主体单位，说明调查研究的目的，谁会得到该次调查的数据以及参加调查能得到什么奖励，给出调查机构的地址以及联系方法，等等。为了保证所邀请的人接受调查以及防止一人多答，在技术上常常采取的方法主要有以下三种：第一种是要求受访者在调查问卷的首页输入其用户名和所给的密码；第二种是通过相关软件设置，一个 IP 地址只允许做答一次：第三是只给受访者网页调查问卷的地址，不对非受访者链接。

2. 电子邮件调查

这也是网络受众调查常见的方法之一。它是指将调查问卷直接发送到受访者的私人电子信箱中，引起受访者的注意和兴趣，主动地填答并发送回问卷的调查活动。这种方式的调查类似于传统调查中的邮寄调查问卷，它需要把收集目标受众群的电子信箱地址作为抽样框。

它的主要优点有：一是到达面广。网页问卷调查的调查对象主要限于经常浏览或偶尔光顾的网民，而电子邮件调查的前期由于注意收集目标受众的电子信箱地址，因此，它的调查面比实际上网浏览的网民数量要大、范围要宽。二是科学性比较高。与网页问卷调查相比，它可以通过已经收集到目标受众的电子邮箱地址进行科学抽样，有针对性地把问卷发送到指定调查对象的信箱。三是费用比较低廉。在整个调查活动中，主要是通过电子文本或网页的介质进行调查，并省去了入户调查所花的费用，因此相对传统媒体调查活动来说，调查成本比较低。

它的缺点主要有：由于电子邮件调查只限于平面文本格式，因此无法实现跳答、随机化、错答检查等较为复杂的问卷设计；调查的质量不一定完全保证；电子邮件调查在很大的程度上取决于抽样框的完备性和回收率的高低。

3. 弹出窗口式调查

这也是小型调查经常采用的一种方法。它是指当网民在访问网站或浏览某网页时，会碰到一个载有调查问卷的小窗口弹出，如果网民有兴趣参与，就可点击该窗口回答问卷上的相关问题，完成网上问卷后即可以在线上提交的调查活动。

它的主要优点在于：科学性较高。它不同于网页问卷调查，主要区别在于网站安装有抽取受访者的软件，该软件可按照一定的方法如随机抽样、等距抽样等自动地抽取受访者。这种调查类似于传统调查中的街头或商场的拦截式调查，得到的一般也不是真正意义上的随机样本。由于软件抽样根据的是访问而不是访问者，因此经常访问者被拦截抽中的可能性要大于偶尔访问者。这种调查可能更适用于了解网站使用情况的调查。为了保证一个访问者最多只能填答一次问卷，常采用跟踪文件的方式（cookie）。

当然，它的缺点也比较明显。一是拒答率高。它不同于电子邮件调查，电子邮件调查一般是事先通过电话、短消息的方式联系，拒答率较低；而弹出窗口式调查在现在很容易被一些软件当做广告拦截、过滤，因此拒答率较高。二是代表性不强。常见的抽样是调查者对调查总体情况有一个大致的了解，而浏览某网站或网页的网络用户的总体情况不是很清楚。因此，即使网站软件能根据相应的抽样方法来做，调查对象的代表性还是很难保证。

4．网络深层访谈

区别于上述几种定量的调查方法，网络深层访谈是一种定性研究形式，它主要是指调查者为详细地了解某一方面的问题，通过网络的特殊功能与受访者进行深入交流的调查方式。它类似于传统的深层访谈，主要是通过电子邮件进行访问，或利用实时软件比如 QQ 软件、MSN 软件、PP 点点通等网上聊天的方式或网站论坛进行访谈。如果采用电子邮件的方式，还可以同时访问几个人。对于被访者来说，这种访问可以由自己自由地掌握回答的时间，而且回答往往比较深入。

它的主要优点有：一是注重问题的深度。与传统的深层访谈相似，它更多地注重研究的问题而不是样本的代表性。为了解某方面的情况，常常要找到对某个方面有全面了解或深入研究的并且愿意接受采访的专家、学者或权威人士等，通过电话、电子邮件等方式事先进行联络，约定合适时间在网络中进行聊天、交流。相比调查问卷上的固定几个问题来说，与专家、学者或权威人士探讨的问题会有一定的深度。二是排他性强。网络深层访谈的对象是特定的，在聊天的实时软件中具有很强的隐蔽性和排他性，局外人不经过允许是没法进行参与的。三是费用比较低廉，能节省双方的包括时间在内的各种成本。传统的深层访谈，一般都是面对面地进行，时间、人力、物力和财力的开支比较大，而网络深层访谈的费用就微乎其微。

当然，网上深层访谈所需的计算机硬件、软件和相应的专业技能必定也会限制其在许多领域中的应用。即便被访者具备这些上网的条件，也会有一个做答时间长度上的限制；而且，如果被访者是在办公室、网吧等公共场所上网的话，虽然不出声，但是网上交流的个人信息还有可能被他人觉察到，这些都可能会影响某些潜在被访者的参与。

（方德运、孟金芝：《常见的几种网络受众调查手段浅析》，载《中华新闻报》2007 年 10 月 10 日）

第一节　定性与定量市场调查

市场调查按调查数据形式、分析处理方法及结果分为定量调查和定性调查。“定性”与“定量”这两个词从表面上看，意味着一个是基于性质，另一个是基于数量。

定性调查（qualitative survey）是根据研究者的认识和经验确定研究对象是否具有某种性质或某一现象变化的过程和变化的原因，是回答“为什么”或“是什么”的问题，通常用来对研究对象获得一个初步的了解，或用来定义问题或寻找处理问题的途径，如为什么某些消费者购买甲产品而不购买乙产品。

定量调查（quantitative survey）是指可以提供数量性信息的研究。其结果一般是以数据形式呈现的，主要在于回答“有多少”或是“多大”的问题。如有多少消费者使用甲产品，有多少消费者使用乙产品，平均收入多少。

一、定性调查与定量调查的联系

定量调查在企业决策过程中是不可缺少的，没有定量调查就不可能做到“心中有数”，就不可能有正确的市场目标的制订。定量调查的重要性是毋庸置疑的。在企业市场容量调查、市场占有率调查、销售量调查、经营效益调查等专项调查中，没有定量调查是难以想象的。

但是，这并不能因此而否定定性调查的重要性，定性调查同样是企业市场调查的有效工具。

定性调查在企业市场调查实践中，常被用来确定市场的发展态势与市场发展的性质，主要用于市场探索性调查。同时，定性调查还是市场调查和分析的前提与基础。没有正确的定性调查，就不可能为市场做出科学合理的描述，不能建立起正确的理论假设，定量调查也就因此失去了理论指导。没有理论指导的定量分析，就不可能得出科学而具有指导意义的调查结论。

尽管在目前市场调查实务中，企业界只要一谈起市场调查就会马上想到定量调查和分析；一提到调查的科学性和准确性，就立刻与定量调查联系在一起，似乎只有定量调查才是唯一的科学的调查方法，定性调查被人为地贬低，更有甚者，将定性调查视为一种主观臆断而加以排斥。定性调查没有得到应有的重视，而定量调查却被滥用，其结果是花费了大量的人力物力，也得到了大量的调查数据，但由于缺乏定性的分析，没有定性的理论指导，无法对数据进行科学的分析，当然也就谈不上得到科学而合理的调查结论。

定性调查可以指明事物发展的方向及其趋势，却不能表明事物发展的广度和深度；定性调查可以得到有关新事物的概念，却无法得到事物的规模、量的认识。定量调查恰好弥补了定性分析这一缺陷，它可以深入细致地研究事物内部的构成比例，研究事物规模大小以及水平的高低。

定性和定量调查与分析互为补充。在调查过程中应根据事物的性质及调查的目的分别选用定性或定量调查与分析，或是两者混合使用，绝不可偏废。

二、定性调查与定量调查的区别

定性调查结合了社会学、人类学、心理学等方法，只关注性质并且被访人数少，调查人员自己就能收集很多数据资料。定性调查的长处之一在于，可以使经验丰富、训练有素的专业人员深入主题，提升资料，将之转化为创造性的调查成果。但是定性调查也有缺点：一个被访人提到的某个单纯想法被某个定性调查人员采纳可以产生出什么，这在很大程度上依赖于专业人员的技能。

例如，只由一两个人与少数被访者交谈，就允许提比定量调查较多的开放问题，可是，要应付对“是什么令你高兴”这一问题的1000个开放的答复就很成问题了。定性调查人员可以应付20～30种回答，还可用诸如“请多告诉我些”之类的话应付过去，或用“那是为什么”之类的开放问题搪塞过去。

定性调查和定量调查之间没有样本大小的硬性、严格的区分标准。大多数调查人员同意，被访者不超过30个肯定为定性工作；另一些人争辩说任何比200个被访者少很多的样本就接近于定性，因为这样少的数目产生的结果有很大的误差范围（见表5－1所示）。

按Goodyear（1990）的观点，区分定性调查与定量调查有四种重要方法：①按每种调查可解决问题的类型；②按抽样方法；③按收集信息的方法与方式；④按分析的方法与技术。

表5－1　定量研究与定性研究的区别

	定性研究	定量研究
目的	对潜在的理由和动机求得一个定性的理解	将数据定量表示，并将结果从样本推广到所研究的总体
样本	由无代表性的个案组成的小样本	由有代表性的个案组成的大样本
调查形式	讨论提纲或指南	固定形成的问卷
数据收集	无结构的	有结构的
数据分析	非统计的方法	统计的方法
结果	获取一个初步的理解	建议最后的行动路线

市场调查一般有包括实验调查、观察调查、座谈会、深度访谈、街访、入户调查、

邮寄问卷法、电话访谈等在内的实地调查和文献调查两种方法。

定性与定量这两种调查类型均可使用实地调查法中的6种调查方法。但定量调查最宜使用的调查方法是观察调查法、问卷调查法和实验调查法；定性调查最宜使用的调查方法是深度访谈法、小组（焦点）访谈法和投射法。

探索性调查、描述性调查及因果性调查这三种调查类型均可使用实地调查法中的观察调查法、问卷调查法和实验调查法，但各自最适宜的调查方法分别是：探索性调查宜用观察调查法，描述性调查宜用问卷调查法，因果性调查宜用实验调查法。另外，探索性调查还可以使用实地调查法中的三种定性调查方法：深度访谈法、小组（焦点）访谈法、投射法（如表5-2所示）。

表5-2　探索性、描述性及因果性调查的实地调查方法选择

调查类型	调查方法	定性定量研究
探索性调查	深度访谈法	定性调查采用的方法
	小组（焦点）访谈法	
	投射法	
	观察调查法	定量调查采用的方法
描述性调查	问卷调查法	
因果性调查	实验调查法	

第二节　文献调查法

文献研究与其他研究方法的显著不同是资料来源不同，它不是直接从研究对象获取研究所需要的资料，而是去收集和分析现存的某种文献资料，即文献研究是研究第二手资料。文献研究是传媒市场调查的基本方法之一。

一、文献的来源及特点

文献，指的是现存的与我们的研究对象相关的任何形式的信息。根据文献来源的不同，可以把文献资料分为个人文献、官方文献和大众传播媒介三大类。个人文献主要指个人的日记、自传、回忆录及信件等；官方文献主要指政府机构和有关组织的记录、报告、统计、计划等；大众传播媒介主要指书籍、报刊、电影、电视等。

（一）文献的主要来源

在传媒调查领域内，常用的文献主要来自于现存的出版物，或可以通过计算机进行检索的电子数据，或是由专业的调查机构提供的有用信息。

1. 公开出版物。传媒调查常用到的公开出版物有报纸、杂志、书籍、影视光盘、磁带等。这些资料可以通过购买获得，或者从图书馆获得。

例如，北京广播学院调查统计研究所曾对中国内地、香港地区、台湾地区报纸关于1999年台湾“9·21大地震”的报道进行的比较研究，就是基于文献的研究，该研究所需的报纸均来源于北京广播学院图书馆和国家图书馆的馆藏资料。

公开出版物中有一个重要的类别，就是各级政府部门发布的普查数据或统计数据，例如《中国统计年鉴》、《中国城市年鉴》、电话号码簿以及人口普查资料，这些年鉴或资料在抽样设计时往往是不可缺少的，它们可以帮助研究者明确研究总体的特征，从而制订科学的抽样方案。

2. 计算机数据。目前，很多方面的资料都可以通过计算机检索获得。例如国家统计局、北京市统计局等都可以提供相应的服务。另外，很多图书馆也提供全文检索系统。计算机检索分为联网检索和不联网检索两大类。联网的系统有一个中心数据库，各台终端通过网络进行信息传递，只要支付一定的费用，就可以方便地使用联网的检索服务。不联网的检索主要是通过CD光盘来存储信息，用户可以通过购买获得数据。与印刷出版的数据相比，计算机数据具有信息量大、更新及时、检索过程简单快捷等多种优点。

例如，北京广播学院调查统计研究所2001届某研究生曾通过对《读者》20年来人物专栏的分析，来研究《读者》的价值取向，分析的文献来源就是一张包含《读者》20年来全部文章的光盘。

3. 由专业调查机构提供的数据。目前国内有多家提供共用数据库的商业调查或信息咨询机构，它们提供的数据不是为了专门的调查问题收集的，而是包含方方面面的信息，用户如果需要，可以从中找出对自己有用的信息。例如，央视－索福瑞公司通过自己的收视率调查网络获得的全国电视节目的收视率数据就是一个典型的例子。收视率是电视栏目决策者重要的参考数据，但他们往往不是自己通过调查获得的，而是使用现成的数据。另一个例子是，北京广播学院IMI市场信息研究所从1995年起开始出版的《IMI生活与消费形态年鉴》，调查的内容非常广泛，使用者可以通过购买获得，并从中发现备用的资料。

（二）文献法的特点

文献法主要有二手资料分析和内容分析法两种研究方法。文献法的特点如下。

1．文献法的优越性。

（1）文献法具有无接触性的优点。由于各种形式的文献研究都不需要直接同人打交道，而只是研究已经存在的文字数据资料以及其他形式的信息材料，所以，在整个研究过程中，研究对象不会受研究者的影响而发生变化。虽然在收集资料过程中有可能受到研究者主观偏见的影响，但收集资料方法本身不会使正在收集的资料发生变化。

（2）文献法的费用较低。文献资料是第二手资料，与第一手资料相比，它的收集过程较为迅速。尽管不同的文献分析费用根据研究的难度有所不同，但是，一般来说，它比其他的研究方式所需的时间和费用要少得多。有些二手资料，如人口普查资料是研究者自己不可能按第一手资料直接收集的。

（3）文献法可以研究那些无法接触的研究对象。例如，要研究某一历史时期中的人物或事件，要采用其他的方法，比如调查、实验、观察等都已不可能。文献法则可以达到这一研究目的，只要研究者能够找到足够的与这些人物或事件有关的文献材料就可以了。

（4）文献法适于作纵贯分析。由于调查、实验、观察等方法所研究的都是当时的情景，往往难以用来进行纵贯研究或趋势研究。文献法在这方面有特别的优势，它可以通过记录下来的文献研究各个不同历史时期的社会现象和社会生活。

2．文献法的局限性。尽管文献研究可以对研究者关注的问题提供较大的帮助，但使用文献资料时必须谨慎，因为它具有一定的局限性。

（1）许多文献的质量往往难以保证。这主要表现在现有的文献资料都是为了其他目的而收集的，对当前所需调查的问题针对性不强。以各种形式存在的资料，都避免不了由于个人的偏见、作者的主观意图以及形成文献过程中客观条件限制所形成的各种偏差，从而影响到文献资料的准确性、全面性和客观性，即影响到文献资料的质量。另外，还要注意文献是否来自于可靠的出处。

（2）有的文献资料是不易获得的。虽然许多公开的文献都是可以随意获得的，但是文献法有时也需要一些未公开的资料，这些资料有的涉及个人隐私而不会公布于众，有的属于某些机构或组织的内部机密，研究人员通常不易得到。

（3）许多文献资料由于缺乏标准化的形式，因而难以进行分析。这主要表现在内容分析中，研究对象的内容千差万别，表达形式各不相同，这给研究人员编制编码等工作带来了很大的困难，即使可以找出一些共同的特征去编码研究，这种研究也常缺乏深度。

二、二手资料分析

二手资料分析指的是对那些为其他目的而收集的资料所进行的新的分析。二手资料分析所用的资料常常是其他研究者或研究机构通过调查所得到的原始数据，以及各种统计部门所编制的统计资料。从20世纪60年代开始，这种研究方法开始逐步发展起来，这主要是由于计算机的普及和应用，使得人们利用已有的大量数据资料成为可能。

（一）二手资料分析的目的

二手资料分析主要有两种不同的研究目的：一种是针对自己现有的研究问题，利用别人为其他问题所收集的资料，通过分析资料找到现有问题的答案。另一种情况则是针对与资料收集者相同的研究问题，用新的方法和技术去分析当时的资料，以对别人的研究结果进行检验，即用不同的分析方法处理同一种资料，看是否能得出同样的结论。在实际应用中，为第一种目的而展开二手资料分析的比较多。

（二）二手资料分析的步骤

从理论上说，任何研究都应该在取得资料之前就明确要研究什么问题，然后寻找合适的资料并对其进行评价，最后通过分析获得结论。

1. 选择研究的主题。在媒介研究领域中，适用于二手资料分析的主题是很多的，例如研究电视事业的发展速度。一旦明确了研究主题，就必须仔细地考虑操作化的问题，例如电视事业的发展速度可以通过考察电视台的数量和规模、受众人数和覆盖率等指标随时间的变化而获得。应当注意的是，二手资料分析的研究设计要留有一定的余地，如果最终不能找到预想的资料，就可以稍微修改研究设计，以保持与可用资料的一致性。

在二手资料分析中，虽然从理论上讲应该首先明确研究问题，再选择与之相对应的数据资料。但实际上，也有研究主题去适应所获得的资料的，即研究者首先发现一组认为特别有用的数据，然后再构造一个能利用这些数据资料进行研究的主题。这主要是因为数据资料是既定的，它无法根据不同的研究目的而变动，研究者只能根据数据的特点，在资料的处理和分析方法、技术上产生创造性思维，从而充分地利用二手资料。

2. 寻找合适的资料。从理论上讲，这是二手资料分析中根据研究主题明确所要寻求资料之后的第二步工作。资料的来源非常丰富，如何去寻找呢？有经验的研究者往往会通过查阅过去一段时期某一领域的期刊而查找相关研究的论文。一般大规模的调查结果往往都会以相应的论文发表，或者被其他研究者引用在论文中。在论文中，研究者们会对所使用的资料进行详细注释，包括收集时间、收集者、收集方法等。通过对这些论文的仔细阅读，研究者往往能够发现目标数据资料的线索。有的研究结果会以著作的形式发布，这种书中一般都有介绍资料收集方法和过程的专门章节；在书后的附录中，往往还可以找到如问卷、计算方法等详细的内容。

当研究者认为所发现的这些线索对研究确实有用时，便可与原始资料的收集者联系，向他们索取原始问卷、原始数据，并了解收集资料的具体细节。

3. 对二手资料的评价。获得二手资料之后，有经验的研究者往往先对数据抱怀疑的态度，因为它毕竟不是为了现有的研究目的而收集的。在对二手资料的可用性作出判断之前，研究者应当先针对这个资料回答下面的问题。

(1) 资料是谁收集的。首先要问数据是谁收集的，特别是对收集数据的机构信誉要有所了解，它有可能会影响数据的质量。另外，还要考虑资料收集者与使用者的关系，这也可能是影响数据质量的原因。例如，某个媒介组织为了竞争广告而自行组织的受众调查数据，广告商往往会谨慎地看待，因为媒介很容易不自觉地选择那些有利于自身利益的方法和问题，而不太可能把那些不利于自己的结果公布于众。即二手资料的收集者除了了解原始资料收集者信誉外，还要了解另外一些相关的问题，如数据收集者花费多大的成本去完成这样的数据收集工作，是否有故意将数据过高或过低报告的动机，等等。

(2) 怎样收集的。如果不了解收集数据所用的全部方法，是不可能评价二手资料质量的。因此，如果没有对收集数据所采用的方法进行描述，使用者马上就会对数据的来源表示怀疑。使用者要考虑的关键问题是这些方法中有无可能导致非抽样误差的因素。

(3) 内容适用性如何。即使通过上述讨论，二手资料的质量是可以让人接受的，但这些资料也可能在内容上不适应研究的需要。例如，原调查内容的侧重点与现有的侧重点不吻合，即使是调查同样的内容，概念的操作化定义、测量的单位、分类方法可能会与当前的问题不符。常见的问题主要是二手资料的原有分类太宽，而当前应用时需要更细的分类；或者二手资料的测量尺度太低，而当前的研究需要较高的测量尺度；等等。

(4) 什么时候收集的。数据的时效性是决定数据价值的另一个重要方面。在任何情况下，研究者都应当知道原始数据是什么时候收集的。一般情况下，调查结果发表的时间与数据收集的真正时间往往相隔很长，所以多数情况下，研究者发现二手资料时，已经距收集数据有较长的一段时间了。在使用二手数据时，研究者应该首先了解资料收集至今的时间间隔有多长，当然是越接近收集时间的数据越可靠；同时也要看是哪方面的数据，它决定着数据是否真正过时了，即研究者要权衡在这个时间差内实际情况发生变化的可能性是多大。如果数据已经不能反映最新的情况，它的利用价值就会受到较大的影响。

(5) 与其他同类资料的一致性如何。即使经过上述种种评价，二手数据资料还可能存在不少难以发现的问题，要完全识别这些问题是很不容易的，最好的办法是再找一个另一来源的同类研究数据，并对两者进行比较。一般情况下，针对相同的研究总体对同一问题进行调查，即使所使用的方法不完全相同，只要抽样方法都是科学的，两种来源的数据最后得到的应该是相似的结果。用这种方法评价的是二手数据与其他同类研究数据的一致性状况。如果两者相差不大，使用者就会对资料更有信心；如果两者相差甚远，就要评估哪一组资料更接近真实情况。如有可能，也可收集多组资料同时进行比较。但是，在实际使用时往往不容易找到针对同一总体、同一研究问题的两组或多组数据资料。

4. 分析二手资料。经过评价，发现所得到的二手数据资料确实是有价值的，就可以对其重新分析。但在分析之前往往要对原有资料进行一些加工才能更好地为自己的研究服务。首先，重新定义变量或根据多个变量生成当前研究需要的新变量；其次，剔除一部分数据资料，例如现有资料是关于所有收入阶层的人，而当前的研究只关心高收入者，就可以过滤掉其他收入阶层的样本数据。在变量加工过程中，一定要注意其现实依据，即保证其是合理的和有意义的，切忌盲目、机械。

通过对二手数据资料的加工和整理，获得了可以用于新研究目的的数据，就可以采用各种统计分析方法去分析它了。具体的资料分析方法和技术将在本书第六章中进行介绍。

（三）二手资料分析的优缺点

通过了解二手资料分析的方法和步骤，可以更清楚地认识这种方法的实质。研究者不是根据自己的研究目的去收集第一手资料，而是根据自己的研究目的在别人已收集的、现成的大量原始资料中寻找合适的资料并进行分析。

1. 二手资料分析的优点。二手资料分析具有省时、省钱、省力的优点。它把研究人员从复杂的原始资料收集过程以及从单调、枯燥的数据录入工作中解脱出来，从而使他们能集中更多的时间和精力来分析资料。

二手资料分析的另一个突出优点是适合于比较研究和趋势研究。例如，可以通过对不同的研究者在不同的地区分别收集的资料进行二手资料分析，来对比不同地区的情况；或者把不同的研究者对不同的群体进行调查所取得的资料进行二手分析，来对比不同群体的情况；还可以把其他研究者在不同时期对于同一问题所作的若干次研究的资料聚集在一起进行二手资料分析，以便研究事物发展的趋势。

2. 二手资料分析的缺点。二手资料分析的主要缺点在于其资料的准确性或适用性的不确定。某个研究者为其一特殊的目的所收集的数据资料不一定与另一研究者的研究目的相符，有时研究者所需要的资料有可能完全找不到。最常见的情形是，二手资料分析研究者发现某原始研究中的某个问题基本上是在测量他所感兴趣的某个变量，但却不是以他想用的方式测量的，所以他只能凑合着用这样的数据了。从这个角度来说，二手资料分析的效度是较低的，即原始问题所测量的并非正是二手资料分析的研究者所希望测量的变量。

二手资料分析的另一个缺点是不能控制数据的质量，如果原始数据的收集过程具有导致误差的极大隐患，二手资料分析者即使有再好的解决办法，也无用武之地。除此之外，现有数据的时效性也会影响二手资料分析的价值。

第三节　观察调查法

观察法是调查的最基本的方法之一。所谓观察调查法，就是观察者根据研究课题，借助眼睛、耳朵等感觉器官和其他仪器与手段，有目的地对研究对象进行考察，以取得研究所需资料的一种方法。

一、科学观察的特点

作为科学研究方法之一的观察法与人们日常生活中的观察是不同的，科学的观察具有如下的特点：

1. 观察者必须根据研究目的或假设去收集资料。也就是说，科学的观察是在研究目的和假设的指导下进行的观察，而不是盲目的。

2. 科学的观察一般都要求有系统、有组织地进行。它要求在观察之前，对观察对象、观察环境和观察方法制订详细的计划，进行系统的设计。观察员也要经过系统的训练，掌握对观察对象进行系统观察的科学方法。

3. 科学的观察除了利用人的感觉器官如眼睛、耳朵以外，还经常借用科学工具如仪表、仪器等将观察结果详细地记录下来。

4. 观察的结果必须是客观的、能被检验的。也就是说，观察的结果可以通过对研究对象反复观察进行验证，也可以采用其他收集资料的方法对观察结果加以检验。

科学的观察根据观察的环境可分为实验室观察和实地观察（或称自然观察）。实验室观察是在实验室中对研究对象、观察情景与条件作严格控制后进行观察，即在一种人造的环境中进行观察。而实地观察是对研究对象在自然状态下的行为进行观察。这两种类型的观察中，实地观察是用得最多的，也是操作起来最为复杂的。可以看出，实地观察所观察到的现象能更准确地反映真实的情况，但观察的实施常常需要等待时机，而且测量观察现象的难度很高。基于这种讨论，以下的内容只针对实地观察进行讲述，实验室观察可参考相应的内容进行。

二、实地观察的分类

为了取得合适的资料，研究者可以根据不同的情况，采取不同类型的观察方法。观察方法可以根据不同的标准划分为不同的类型。

1. 隐蔽的观察和公开的观察。这是根据观察时观察者的身份是否公开而划分的。在隐蔽的观察中，被调查者并不知道他们正受到观察，这使得被调查者能够自然地表现自己，而人们如果知道了他们在被观察之中，就会有不自然的举止行为。隐蔽观察可能通过用单向镜、隐蔽照相机、摄像机以及其他难以觉察到的设施来实现，或者是观察者隐蔽在被观察者中直接用感官观察。

在公开的观察中，被观察者知道他们正在受到观察。公开的观察可能会使被观察者的表现或多或少地不真实，但这种影响究竟有多大，研究者们仍没有达成一致的意见。有的研究者认为这种影响很小而且短暂，另外一些研究者则认为公开的观察会使研究的结果发生严重的偏差。

在这两种观察方式中，隐蔽的观察收集的资料更具有真实性，但是常容易引起欺骗等道德上的问题。所以，究竟采用哪种方式，需要考虑研究主题的具体内容、被观察者的可能合作程度和道德的因素。

2. 非参与观察和参与观察。这是根据观察者是否参加到被观察群体中、是否参与被观察者的活动而划分的。所谓非参与观察，是指观察者以旁观者的身份置身于观察对象的活动之外的观察。而参与观察是指观察者不仅仅承担观察的任务，而且以内部成员的角色参与被观察者的各种活动，并在活动过程中进行观察。

非参与观察获得的资料比较客观，观察时间较短，但是它只能观察到表面的现象，不能了解到被观察者的内心世界，不能深入到现象的背后。所以，它常被用来作为探索性研究的方法，即通过对一般现象的观察，为后续更深入的研究收集感性的资料。

参与观察常可以通过观察收集到较深度的资料，但它花费的时间很长，难度也较大，所以它一般只用于有深度的专题调查中。

3. 结构式观察和无结构式观察。结构式观察是事先制订好观察计划并严格按照规定的内容和程序实施的观察。这种观察方法的最大特点是观察过程标准化，它对观察对象的范围、观察的内容和程序、结果的记录格式等都有严格的规定，因而能够得到比较系统的观察资料。不过，要制订一个既实用又科学的观察计划很不容易，这本身就需要先进行多方面的探索性研究。结构式的观察适用于已明确规定所需信息的研究问题。

无结构式观察是指对观察的内容、程序事先不作严格规定，依现场实际情况而定的观察方式。无结构式观察的优点是比较灵活，调查者在观察过程中可以在事先拟订初步提纲的基础上充分发挥调查者的主观性和创造性，认为什么重要就观察什么；其缺点是得到的观察资料不系统、不规范，受观察者主观影响较大。无结构式观察的结果只能当做假设，而不能当做结论。从这个意义上说，无结构式观察是最适用于探索性研究的，即它适用于调查问题仍未明确定义的情况，观察的目的之一就是帮助确定研究问题和制订研究假设。

4. 人员观察和机器观察。这是根据观察者的“身份”来分类的。在人员观察中，由人来观察实际发生的行为，人为地记录所看到、听到的现象。例如在超市内观察人们购物的决策过程。

在机器观察中，是机器设备而不是人在记录观察到的现象，它们可以连续地记录发生的行为，但需要研究者在事后进行分析。

通过机器设备进行观察，最有名的例子就是测量收视率的人员测量仪。它安装在通过随机抽样抽取到的居民家的电视机上，用于连续地记录该居民家中收看电视的情况，它不仅可以记录正在观看的频道，也可以记录是谁在观看。通过对所有记录资料的分析，可以方便快捷地得出最新的收视率数据。

其他的研究用得较多的机器设备是照相机或摄像机。例如，用它们记录某电影放映前后以及放映中进入或离开电影院的人数，在街道上记录通过某一地点车辆的数目，等等。

此外，在广告研究中，发达国家常借助以下现代化的测量仪器：

（1）视向测定器。又称眼睛照相机，这种仪器可以在1秒钟内拍摄十几个视线的动作，测出视线停留的位置和时间，用以探测被调查者对广告的反应，由此来分析构成广告的各要素被注意的程度。

（2）瞬间显露器。此机器可向被调查者作瞬间性的广告提示（提示的时间可以从千分之五秒至千分之十秒间作适度调整），然后询问被调查者对广告的记忆程度，逐步对提示时间进行增减调整，由此决定构成广告的各要素所需的记忆时间。

（3）心理反应记录器。人的感情变化的强度与脉搏跳动的速度、血压的高低、呼吸的快慢以及出汗的多少息息相关。利用这种机器，可以根据被调查者的感情变化，测定出他们受到某种信号刺激后心理反应的状况，以此来发现广告的优缺点。

（4）记忆鼓。用于测定被调查者在一定时间内对广告的记忆程度。

5. 直接观察和间接观察。以上介绍的各种观察方式都属于直接观察，它们都是直接对作为观察对象的“人”进行观察的。而间接观察（也叫踪迹分析）是指观察者对自然物品、社会环境、行为痕迹等事物进行观察，并通过它们间接了解人的状况和特征。

踪迹分析中较有特色的两种类型是“损蚀物观察”与“累积物观察”。以下是国内外所做过的“损蚀物观察”的例子：

（1）通过观察博物馆内展品周围地面瓷砖的磨损和腐蚀程度及裂缝的大小来估计博物馆中不同作品受人喜爱的相对程度。

（2）根据图书馆中书籍的封面、书页的磨损情况（如书中记号的多少）或通过检查其流通记录来判断各类书籍受欢迎的程度，由此来反映读者的兴趣和爱好。

（3）记录送到维修厂的汽车的收音机调台位置，可以用来估计各个广播电台听众的比例。

损蚀物观察是一种对物品磨损程度的观测，累积物观察则与此相反，它是观察某些堆积物或积聚物，正如考古学家通过观察岩石层来推测地理现象一样。例如，美国亚利桑那大学有一项著名的科研项目，研究者通过观察居民的垃圾，来了解人们消费的商品、品牌和消费数量。

类似的例子还有很多。例如通过观察旅游点和公共厕所的墙壁上、教室课桌上等地方人们随便涂写的内容来分析人们的某些思想和行为倾向等。

从以上例子看出，踪迹分析也是调查中收集资料的一种重要手段。但它的缺点是，由“物”的迹象来推论人的行为或思想倾向是不可靠的，而且也很难进行客观检验。它常作为其他调查方法的补充或辅助手段。

三、实地观察的实施过程

典型的实地观察研究至少有七个步骤：选择研究地点、进入观察环境、选择观察样本、确定观察内容和观察计划、收集资料、离开观察环境、分析资料和撰写观察结论。

1．选择研究地点。研究地点的选择取决于研究课题的性质。一旦确定了研究领域，就要选择所研究的行为或现象具有一定发生频率的观察环境。这种环境要能容纳观察者计划使用的记录方式和设备，并可以保持相对的持久和稳定，使研究者足以观察一段时间。有的研究者建议同时选取几个可能的观察地点，然后分别加以评估，找出不同观察地点的优越和不足的地方。

2．进入观察环境。观察地点一旦确定，观察者就要按计划进入观察环境，并根据需要与被观察者建立适当的关系。进入观察环境的困难程度由观察环境的公开性和研究对象接受观察的意愿决定。最容易进入的观察环境是向公众开放的地点，而且人们对自己的行为没有保密的必要，例如在机场、车站的大厅看电视；最难进入的观察环境是限制进入的地点，而且被观察者有保密自己行动的理由。

如果观察的地点是有关单位或组织内部，一般要得到相关管理部门或领导者的允许。在必要时可以解释研究的目的和意义，但没有必要全面解释研究的设计和假设，除非涉及某些敏感的问题。

到了观察现场后，如果是参与观察，就要逐步融入观察的群体中，培养与研究对象相同的习惯，与观察对象共同参与各种活动。无论是参与观察还是非参与观察，都不要打扰观察对象的正常生活和活动。

3. 选择观察样本。与其他研究方法相比，实地观察中样本的代表性不是十分明显。首先，在确定接受观察的个人或团体数量方面没有标准的答案。其次，进入观察环境之后，观察者不可能无所不在、无所不能地观察一切活动和行为，所观察到的行为只是观察对象全部行为中的一个样本。究竟观察哪些行为是最有意义的呢？在许多情况下，研究者没有抽样原则可以遵循。虽然这两个方面的原因使得抽样不是完全随机，但研究者心中对样本的代表性应该有一个整体的构想。

实地观察选取样本时较多地采用主观抽样。研究者会根据研究的目的和主题，并利用对于观察对象已有的认识进行主观判断和选择。

4. 确定观察内容和观察计划。观察内容应根据调查的目的来确定，一般可包括四个方面：

（1）情境条件。即被观察者活动的舞台及其背景，包括自然条件和社会环境两个方面。

（2）人物活动。实地观察最主要的内容是人的活动，包括被观察者的饮食起居、服饰打扮、禁忌喜好、礼仪应酬、言谈举止等。

（3）人际关系。这是实地观察较为重要的观察内容。研究者应该观察各类人之间的关系。例如，有没有形成非正式群体，群体中谁是核心、谁最活跃、谁较孤立，决策的过程是怎样的，等等。

（4）目的动机。要了解人的活动目的及动机相对来说比较困难，但只要深入观察，还是可以有所收获的。在这方面，通过实地观察可以了解被观察者的某种行为是否有明确的目的或深层动机，各观察对象的目的和动机是否一致，等等。

根据已制订的观察内容，研究者需要事先有一个较为完善的构思，即事先明确这些内容应该在什么情况下进行观察，观察的细节是什么，等等。例如，要观察一个节目制作机构选题策划的过程，那么就不要漏掉他们在工作会议上的讨论以及在办公室、餐桌边的闲聊。

5. 收集资料。有了比较明确的观察内容和观察计划后，就可以进入实际观察收集资料的阶段了。在实施观察时，如果采用传统的笔记本和笔来记录，最主要的问题就是考虑如何做好观察记录。这里涉及两个方面的问题：一是观察者应在什么时候、什么场合进行记录；二是记录应该如何累积和保存。观察记录如果能在当时当地记录最为理想，这样可以避免记忆的错误。但是在不少场合，不宜当场或公开做观察记录。例如，对于一连串急剧发生的事件或当时有许多活动同时进行，要一面观察一面做记录就很不容易，而且记录会妨碍观察的进行。另外，对于隐蔽的观察，如果不断地在笔记本上记录，肯定会引起注意和怀疑，并且可能暴露研究者的真实目的和身份；观察对象如果意识到正在被观察，会使他们不安或有受侵犯感。要解决这一问题，比较好的办法是在现场用简短的文字和一些特殊符号迅速记下所观察到的结果，事后再立即把观察到的东西详细整理出来，或者事先在心中默记，一有机会就把它们写下来。

不过，现在很多的观察已经由全新的仪器所取代，这是近年来电子技术发展的结果。观察可以用到的仪器我们在前面已提到，它们可以克服传统记录方式的不足，但是也带来了新的问题。例如，在测量收视率时，要考虑抽取的家庭是否愿意安装人员测量仪，以及他们在收看电视时是否会按照要求操作；利用照相机或摄像机进行拍摄时，拍摄所要求的光线不一定能够得到保证，机器的视角不如人的视角广阔；等等。机器观察的资料最终都需要额外的人工处理，例如编制目录、建立索引、编辑等，使得研究的时间比较长。

在实地观察中，研究的主要内容就是观察的记录。从最终分析的角度来说，记录的内容多总是比记录得少好。为此，观察者不仅需要记录发生的事件和人们的语言、行为，也要记下人们的表情，甚至是观察者自己当时的感受以及对观察到的现象的说明。所以，事先制订完整的观察计划是一个较好的办法。

6. 离开观察环境。观察结束后，观察者要离开观察环境。如何离开，应该事先有一个计划。当然，如果观察者的身份是公开的，观察结束后直接离开一般没有什么问题。但是，如果调查是隐蔽的，退出时就会有些困难，尤其是参与观察的情况下，这时观察者已经融入某个组织中，而且除了领导之外别人不知道他的目的。如果他突然离开，可能会对组织产生消极的影响；如果组织的成员事后突然知道自己被观察，某些人会感到不愉快或焦虑。从职业道德上来说，研究者有责任尽最大努力防止造成研究对象在心理上、感情上或物质上的伤害。所以，离开观察环境时要比较机智地处理。

7. 分析资料和撰写观察结论。在实地观察中，对资料分析的目的是为了对研究对象进行全面了解，解决最初提出的问题并发现新的研究问题。结构式观察的资料分析工作比较简单，即直接按照事先设计好的观察表格把资料录入到电脑中，并借助软件进行汇总和统计就可以了。而对于事先没有严格计划的观察，资料分析主要包括归类和内容分析，即需要根据记录下来的内容建立归类系统，把原始资料组织成有序的信息。有时，对观察的记录直接采用文本分析，找出主要的关键点就可以了。

根据资料分析的结果，应该及时把观察到的主要结果形成文字即观察结论，这是实地观察的主要成果形式。

四、实地观察的优点和缺点

把实地观察与其他各种传媒调查方法进行比较，可以发现它有许多显著的优点，但也有其不可避免的局限性。

1. 实地观察的优点。

（1）实地观察的最大优点在于可以实地观察现象或行为的发生。观察者到现场观察现象或行为的实际过程，不但可以了解事情的来龙去脉，而且可以注意当时当地的特殊环境和气氛。这些宝贵的资料都不是在事件发生过后用访谈法或其他方法所能得到的。正是因为如此，许多关于媒介的问题不能用其他方法进行研究，因为媒介现象是很复杂的，会受到很多因素的影响，其他方法很难发现这些因素。例如，收看电视时转换频道的现象是受到多种外在因素影响的，实地观察可以通过参与观察获得详细观察的机会，从而可以发现一些新的未知因素。所以，研究者在定义一项大规模研究的主题、构建研究假设以及明确所需资料时，实地观察是最好的先驱性的研究方法。

（2）实地观察可以对一些特殊的群体进行研究。例如，对缺乏语言能力的儿童和哑巴（在问卷调查法中，他们常常是被排除在调查总体之外的），通过实地观察就可以获得相应的资料。又如，对于特殊工作性质的群体，他们不愿意接受访谈或没有空闲时间进行访谈，也可以通过实地观察获得资料。

（3）实地观察简便易行，可随时随地进行，灵活性较大，观察人员可多可少，观察时间可长可短。如果不需要特殊的设备，所需的费用通常比较低，在多数情况下，一些文具或一部小型录音机就足够了。

（4）因为实地观察是在自然的情境中进行的，可以了解到被观察者在自然状况下的真实行为，而且由于所收集到的是第一手资料，资料的准确度比较高。

2. 实地观察的缺点。

（1）实地观察最难以克服的是观察对象的代表性以及抽样的问题，观察结果也不易被量化处理，不易被重复验证。所以，实地观察的结论常常不能推论总体，这也是把实地观察作为定性研究方法的主要原因。

（2）实地观察依赖研究者的感觉和主观判断，不可避免地会影响研究结果。例如，大家很熟悉的一个心理学实验：在一次心理学会议上，突然从外面闯进两个人，后面的人拿着手枪追赶前面的人，他们在会议厅中央混战时响了一枪，然后两个人又一起冲了出去，从进来到出去一共约 20 秒。等他们走后，会议主席立刻要求与会者每个人都写下目击的经过。当然，这件事是事先安排的，当时的情景已经被全部录下来，只不过与会者事先并不知道。结果，在与会者写的 40 篇报告中，只有 1 篇在主要事实上的错误少于 20%，有 14 篇有 20%～40% 的错误，其余 25 篇有 40% 以上的错误；半数以上的报告有10%甚至更多的情节完全是臆造的。这次试验的观察者都是受过良好训练的心理学家，他们的观察竟有这么大的误差，可以想象观察过程中的主观错误会有多大。

(3) 虽然观察者本意不想干预被观察者的活动，但在通常情况下，观察者的参与在某种程度上往往会影响被观察者的正常活动。在这方面，其他的研究方法也存在同样的问题，不过实地观察却更为明显。美国的一位研究者在1985年利用对家庭电视收看行为的观察研究，同时研究了观察者对被观察者的影响情况，结果他发现，大约有20%的父母和25%的儿童指出，他们所有的活动受到了研究者在场的影响。大多数人认为，研究人员在场时，他们会表现得较好、较有礼貌和拘谨。

(4) 一些特殊的现象往往是可遇不可求的，而且很多现象的发生是偶然的、没有预见性。例如，观察车祸、失窃、大火等现场人们的行为，使用实地观察是不现实的，研究者只能在事件发生后迅速赶到现场进行询问。

(5) 在某些情况下，使用观察法可能会涉及道德问题。即在未经观察对象同意的情况下，对其行为进行记录或借助摄像机、照相机拍摄，常常会引起道德上的麻烦，有时甚至会产生法律上的责任。

3. 提高实地观察信度和效度的途径。尽管实地观察的研究方法不是十全十美的，但研究者常常采用多种途径和方法来提高实地观察的信度和效度。其中主要的方法如下：

(1) 要提高观察者本身的观察能力。观察能力包括良好的感知能力、敏锐的注意能力、优良的记忆能力、快速的记录能力、正确的识别能力等。所以，在观察前要严格挑选观察员，并对他们实施专门的训练，使他们在观察过程中不加入个人的情感。同时，在条件允许的情况下，应尽量采用结构式的观察，事先制订周密的观察计划，确定具体的观察指标，减少观察中的主观性和随意性。

(2) 可以通过改善实地观察的组织方式来提高观察的信度和效度。例如，可以安排两个以上的人同时观察某一事物，使他们的观察结果互相补充；也可以对同一事物反复观察，然后对观察结果作对比分析，从中发现问题。

(3) 在允许的情况下，应该利用现代化的观察工具来提高观察的效度和信度。照相机、录音机、录像机等现代化的观察工具可以弥补观察者的主观性判断，也会大大提高观察结果的准确性，还可以同时运用人员观察和机器观察两种方式互为补充。

(4) 可以根据条件，同时通过其他研究方法（例如问卷调查）收集资料并与观察到的资料互为补充。运用多种收集资料的方法可以获得较精确的结果，但是会带来工作量和费用的成倍增长。

第四节　小组访谈法

小组访谈法（Focus Group）也叫集体访问法或小组座谈会法，常常用来测量受众的态度、意向等方面的信息。一般是 8 ～12 人作为一个小组，在特定的场合下，由主持人引导他们针对某个主题进行自由讨论，即它是一种受控的集体讨论。小组访谈一般用来收集有关研究计划的初步资料，或找出某种特殊现象背后的原因。

一、小组访谈的特点

1. 被访者的人数一般是 8 ～12 人。人太少了，讨论不容易开展起来，人太多了，则不易形成集中的讨论。

2. 小组的成员具有同质性。这里的同质性是指小组访谈的被访者在人口状况和社会特征方面的相似性。这样就可以控制被访者对同一问题的不同态度不是来源于社会背景的不同，而且也避免讨论者在其他问题上发生争执，甚至是矛盾和冲突。

3. 访谈的环境是非正式的、放松的。这种气氛有利于被访者自由地、不受约束地发表评论。为此，可以为被访者准备少量的点心和饮料，从而达到放松的目的。

4. 小组访谈的时间长度一般在 1 ～3 小时之间。当然，访问的时间根据研究主题的复杂性而不同，最合理的时间长度是 1.5 ～2 小时之间。访谈的初期，需要留出一定的时间用来建立主持人和被访者之间以及被访者相互间的和睦关系；访谈中，需要对被访者深层的思维，如信念、感情、观点、态度、动机等进行挖掘，这都需要花费较长的时间。但是如果时间过长，则容易引起被访者的疲劳和精神不集中。因此，主持人要有效控制访谈时间，如果讨论太偏离主题，就要用新的话题去打断它。

5. 小组访谈需要结合多种记录方式。对访谈内容的记录不是要求重点记录，而是全过程的记录，包括记录谁在说话以及被访者的面部表情和身体动作等。完全笔录常常是不能胜任的，需要结合录音和录像进行。

6. 访谈随着主持人的引导进行。小组访谈不是依照事先设计的问卷或提纲机械地一问一答，而是不停地根据讨论的话题提出新的问题进一步讨论。因此，主持人对小组访谈的成功起着关键的作用。主持人应当与被访者建立友好的关系，并具有探索被访者内心的能力。

二、小组访谈的实施过程

小组访谈一般都有八个基本的步骤。

1. 界定研究问题。这一步骤与各种类型的科学研究相似，即建构一个界定明确的研究问题。例如，广告设计者希望了解某广告设计得是否成功，就可以通过小组访谈的方法了解目标消费者对该广告的评价。

2. 确定召开小组访谈的组数。小组访谈的研究范围一般较小，为了改善样本代表性的问题或为了了解不同特征的人的看法，研究者一般会组织两组以上的座谈会。例如，对关于老年保健品的广告，就需要招募一些老年人（目标消费者）和一些中年人（主要购买阶层），这就需要至少召开两组座谈会。同时，对同一类的研究对象，由于抽样的问题，只召开一组座谈会往往比较缺乏代表性，有时也需要召开不同的几组座谈会。基于这样的原因，研究者运用小组访谈的方法研究某一问题，常常需要事先根据研究问题的复杂性和经费等客观条件的限制，确定一个合理的组数以及每组被访者应具有的共同的特征。

3. 抽样。小组访谈的规模比较小，每组的被访者都应具有研究问题所关注的共同特征，所以抽样一般采用主观抽样，即研究者判断由谁来参加。例如，关于奢侈消费品的广告一般会招募一些高收入的人、关于洗涤用品的广告一般会招募一些家庭妇女等。

4. 准备小组访谈的材料。和其他方法类似，小组访谈的每个细节都应该有详细的计划，其中最重要的计划是主持人的提问提纲，以及准备各种辅助材料。例如，在访问时需要展示实物、图片或影音资料的，要事先按照展示顺序准备好；在访问时需要对被访者通过问卷进行测试的，应事先准备所需的问卷。

严格来说，主持人的提问提纲是一种无结构的问卷，它规定了小组访谈要讨论问题的范围。在小组访谈的实施中，主持人可以提出其他更多的问题，小组访谈最重要的目的就是对调查对象的评论作进一步探究。有经验的主持人经常会在访谈开始前提出一些热身问题，以及在被访者讨论时就他们的讨论提出一些新问题，从这些问题中往往能够获得极其重要的信息。相反，当讨论的问题一步步脱离访谈提纲内容、而主持人判断后继的讨论无益于研究主题时，就要把讨论引到调查提纲中的问题上来。

5. 选择合适的访谈场地。小组访谈是在比较轻松的环境氛围中进行的，这一点类似于普通的座谈会；但它又不是松散的座谈会，而是在主持人的引导下按照研究提纲进行的，主持人需要知道每位被访者的姓名以及看到他们的表情，主持人还要能和整个小组融为一体。从这一方面考虑，小组访谈最好是在一张椭圆形的会议桌边进行，主持人坐在一端，被访者分列两边以及坐在主持人的对面。如果在访问时需要幻灯投影，投影屏幕最好设在主持人身后，这时需要有助手在某个角落帮助放置欲展示的物品或幻灯片。

小组访谈的全过程随时都可能提供对研究者有益的信息，因此需要有完整的记录。要求不仅仅记录下被访者的语言，还要记录下他们的语气、表情、动作等各种细节，这在分析访谈结果时是非常有帮助的。在这种要求下，小组访谈的记录方式常常是同时采用笔录、录音、录像三种方式。笔录需要有专门的记录员。记录员的座位需设在访谈现场不引起被访者特别注意的地方，同时也要让记录员能看到被访者的表情。

对访谈过程进行录音、录像一般事先不告诉被访者，主要是为了避免他们刻意地表现和不自然的状态，这就需要另一个专门摆放设备的房间。录音话筒、摄像头一般都巧妙地安装在会议现场，如，常把录音话筒藏在会议桌中心的花丛中或桌子下面，常把摄像头隐藏在屋顶。话筒和摄像头是通过连接线和另一个房间的设备相连的。访谈结束时，主持人应当向被访者告知做了录音和录像，并征得他们的理解和同意。

除了通过即时的录音、录像了解现场外，有的研究者想要实地观察访谈的进行，但他最好不要出现在现场，而是坐在放有设备的房间通过单向镜观察并通过耳机听到声音。所以，这就要求录音、录像的房间和访谈的房间中间有一定面积的单向镜。观察室可以和记录设备设在一起，也可以单独设两个房间，但它们和访谈室之间不留可以通过的门，而是各自有单独进出的门。

以上讨论的是小组访谈对场地的要求，但并非绝对要求，可根据具体情况而选择较合适的场地。专门从事调查的机构一般会具有专业的小组访谈房间，一些会议中心也会有类似的房间。

6. 聘请主持人、招募访谈对象。这两项工作可以在准备访谈材料开始时就同步进行。小组访谈对主持人的要求很高，常常要求有经验的专业研究人员来充当。当然，聘请有经验的主持人需要更优厚的报酬。小组访谈的主持人应该具备下面的特征①：

（1）中立。主持人应具有训练有素的态度（不偏不倚），在交谈中能理解对方并投入感情。

（2）容许。主持人可以容许小组讨论的焦点稍微偏离研究主题，但必须保持警觉性，使得偏离不会太远。

（3）介入。在谈论中，主持人自身要融入氛围，而不是给人一种高高在上的、格格不入的或别人的讨论与己无关的感觉。

（4）不完全理解。主持人必须通过摆出自己对问题不完全理解的态度来鼓励被访者更具体地阐述自己的看法。

（5）鼓励。主持人要积极鼓励其他人的发言，尤其是能促使性格内向的、不爱发言的被访者积极表达自己的观点。

（6）灵活。在小组访谈的过程出现混乱时，主持人必须能够随机应变地解决突如其来的问题。

---

① 参见柯惠新、刘红鹰编著《民意调研实务》，中国经济出版社 1996 年版，第 115 页。

（7）敏感。主持人应该足够敏感，能够发现谈话中的关键点，以便能够引导小组进行更有价值的讨论。

招募访谈对象主要是根据特定的要求选择参加小组访谈的人，即抽样的过程、抽样的方法主要是非概率抽样。一般常采用的方法是主观判断某个人是否具备研究所要求的特征并进行核实，如果满足则邀请其参加。这样的对象常常是通过亲戚、朋友介绍的，也可以采用滚雪球抽样的方法让小组访谈的被访者帮忙找另一些合适的人，但相互认识的人不要出现在同一组内。

在招募访谈对象时，一般要明确访谈的时间、地点以及计划的报酬。在研究初期，研究者就应该确定给予被访者报酬的数额。报酬的数额与研究的主题有关，也与对被访者的要求有关，一般来说，有社会地位的人或不易找到的人报酬会高一些。

7．小组访谈的实施。在做好了各项准备工作之后，小组访谈就可以按规定的时间就约定的被访者进行。在访谈过程中，为了应付可能出现的各种情况，需要有场外的助手随时帮忙。例如，在访谈的前一天打电话提醒约定的被访者，以及在访谈开始前确认他们正在前往的路上；在访谈当天得知某位被访者因故不能到，需要立即重新招募一位被访者；等等。

8．分析资料并撰写报告。小组访谈最终需要书面的总结报告，它建立在对访谈资料的主观分析基础之上。根据调查目的以及经费限制，研究者可以就讨论的内容写一份简短的内容提要，描述不同被访者对某一问题的回答，以及所有被访者集中的意见和态度。而更详尽的报告需要对访谈的内容进行分析，即建立一套合适的分类系统，并把每项内容归纳到适当的分类中，然后再根据数字、语气等内容对研究结果进行描述。

三、小组访谈法的技巧

小组访谈在收集初步资料方面可能是有用的工具，但在小组访谈执行的整个过程中，都存在着不利于研究的因素，如果研究者不注意，将会得出错误的结果。为了便于实施和避免误差，在利用小组访谈法进行研究时，需要注意一系列的问题，并通过各种技巧来解决。这些问题听起来会有些琐碎，但对于成功的小组访谈是至关重要的。

1．实施小组访谈的日期。

首先，小组访谈应该避免在重大的节假日进行。对于较长的假期，如“五一”劳动节、“十一”国庆节和春节等，很多人会外出，招募被访者常常会面临困难，即使可以召集到人，也可以想象它是一个有偏差的样本，会带来有偏差的结论。

其次，小组访谈也应避免在重大的日期进行，这是为了避免讨论的内容错误地集中于和日期相关的内容上。例如，在进行世界杯足球赛的日子，被访者讨论的焦点会不自觉地转到足球上，这就不能了解被访者在正常状态下的想法。

2. 实施小组访谈的时间。在付给被访者适当报酬的基础上，小组访谈应该在周末的白天和工作日的晚上进行，这是为了协调被访者的时间，否则很多有工作的人因为时间的不凑巧而不能参加，就会带来研究结果的偏差。但是最好避开星期五的晚上，在一周疲劳的工作之后，许多人更希望能够放松一下神经，如果在这个时间组织座谈会，被访者可能会心不在焉或急躁，从而达不到预定的效果。不过这也不是绝对的，如果是对家庭主妇的访谈，则最好是在工作日的上午晚些时候和下午早些时候。

如果是连续组织两场小组访谈，中间要留出足够的时间（一般是半小时）清理桌面、整理访谈材料、重新设置录音和录像设备。主持人也要有一定的休息时间，从刚刚讨论的话题中解脱出来，以避免把前一组访谈中形成的印象带入下一组的访谈中。

为了确定最佳的访谈日期和时间，研究者最好能够把自己置身于访谈对象的地位，设身处地地衡量一下何时为最方便的时间。

3. 访谈场地的选择。选择访谈场地最主要是看设施情况是否能满足访谈的各项要求。例如，座位分布是否合理，座位之间的空隙是否可以让小组成员之间能够轻松地讨论；记录设备、展示设备是否完好可用，录音话筒是否灵敏到能够录到房间中所有人的谈话；观察室是否能给观察者提供舒适的座位；等等。此外，访谈的场地应是干净整洁的，如果在破旧的房间里进行访谈，被访者的态度就会受到影响。在选择场地时，不仅仅是在电话里了解相关情况，更需要研究者亲自去观察并试用设备，才能保证万无一失。

还要注意访谈场地的交通位置和易找寻性。如果所招募的被访对象位于全城的各个方位，则应找一个位于市中心的地点进行访谈，以免有的被访者需几经周折才能到达。另外，还要注意访谈场地周围的标志性建筑物，因为很多被访者是第一次到访谈场地，如果他们不清楚具体位置，就会在路上浪费很多的时间。在访谈场地的附近最好悬挂路标指示，方便被访者进入场地。

4. 招募访谈对象。在招募访谈对象时，先列出所有要求的条件，并事先对不同特征（如年龄、性别、职业、地理位置等）进行组合，根据这些组合列出招募对象一览表。这个过程类似于配额抽样中的交叉配额，是招募小组访谈对象时常用的方法。这样一份表格可以明确该访谈会允许谁参加（他的情况与列表的一项相符，并且具有该项特征的人仍有招募名额）、不允许谁参加（他的情况在列表中不存在，或分配给这种特征的名额已经用完）。有了事先的配额，就可避免出现在招募的初期信手拈来而到最后却找不到满足条件的人的问题。

在具体的招募过程中，可以采用如下的方法：

（1）通过朋友发现满足列表中条件的人，然后打电话确认，核实后邀请其参加访谈。

（2）超额招募。因为招募是在事先进行的，常常会出现已经答应参加的人临时失约的情况。为了避免临时找不到人，最好事先多招募几个名额。但对于备用名额不必明确访谈的时间，直到发现需要他们来替换时，再尽快通知他们访谈时间和地点即可。但如果整个访谈都没有用到这些额外的名额，需要事后向其致歉。

（3）可以通过被访者介绍他们的朋友作为访谈对象，但不要让他们在同一小组中出现的，避免他们在参加讨论时有所保留。

5. 小组访谈正式开始之前的确认事项。在准备阶段，研究者必须以书面形式明确列出在小组访谈开始之前应当再次确认的项目列表，而不要过于相信记忆。以下这些项目也即访谈开始之前要确认的。

（1）准备主持人的提纲。主持人使用提纲以确保所有相关的问题都能问到。在访谈中，主持人虽然可以根据讨论进展而提出新的问题，但主持人也应该考虑提纲的要求而不致漏掉重要的问题。同时，主持人也不必受提纲的局限，如果判断后面的问题已经讨论过了，则可以直接跳过去问其他的问题。

（2）再次检查录音、录像设备。在保证提前试用正常的情况下，再检查一下是否已经打开电源开关、连线是否都到位、是否放入了空白磁带，随时准备工作。

（3）检查小组访谈过程中要用到的所有电器和机械装置，如投影仪、展示台等。

（4）尽管事先已经多次提醒被访者小组访谈的时间，而且在前一天也刚刚提醒过，但在访谈开始前一两个小时内最好再挨个确认这些被访者已经出发或马上就出发。如果这时发现有人不能参加，应马上用备用名额进行替换。另外，即使被访者都能来，也总会有一两个人迟到。如果迟到的时间很短，访谈可能因他们而耽误几分钟才开始，影响不太大；如果经电话联系确认他们已经在路上，但仍需要一定时间才能赶到，访谈往往就会不等他们而开始进行。在他们迟到的时间里，如果已经开始展示供讨论的资料，迟到者的参与就没有意义了。在这样的情况下，最好付给迟到者一定的合作费用并允许其离开，或者是在不影响同质性的情况下安排其参加下一场的访谈。

（5）为了避免被访者疑惑，监控记录设备的人员以及观察人员应该提前进入各自的房间。对于他们来说，最重要的原则就是不要大声喧闹。观察室和访谈室之间是一面薄镜子，如果从屏障后面发出谈笑的声音，对主持人和被访者都会产生干扰。另外，亮光有可能被镜子外面的被访者发现，所以观察者也应克制自己不抽烟。

6. 小组访谈实施中。小组访谈开始进行时，主持人往往会先简单介绍研究是如何进行的。如果在讨论中出现一些概念，这些概念也需要事先进行解释。然后，大多数的小组访谈都会以每个被访者进行简短自我介绍开始。进入正式的讨论时，主持人应该有如下的表现：

（1）告诉被访者对所有问题的回答没有对错之分，不论评论是积极的还是消极的，被访者都可以自由地表达自己的观点。

（2）提醒被访者可以把这次讨论当做一次非正式的聚会，在回答时没有必要犹豫，最好是能够积极主动地回答。

（3）仔细倾听被访者的回答，并从中发现有价值的线索，组织更深入的讨论。

根据访谈的主题不同，有的访谈在开始不久主持人就提醒被访者正在录音、录像和受到观察，这种提及的影响与主持人的解释方式有关。如果处理得非常巧妙，大多数被访者会逐渐淡化它们的存在。但有的研究者认为没有必要一开始就告诉被访者真相，而是在正式的访谈内容结束时才告诉他们，这样得到的资料才会更真实，不过这样有时候会面临道德甚至法律方面的压力。

7. 对被访者的协调。参加小组访谈的人，一般可以分为六类：

（1）有兴趣对主持人的问题提供答案的积极被访者。

（2）因某种原因讲话窘迫或感觉不习惯的腼腆人。

（3）懂得太多或对每一问题都抢着回答的人，这样的人试图领导整个小组。

（4）侃侃而谈并且每一次回答都长篇大论的人。

（5）有恶意目的的人。他们并不真正希望参加访谈，而只是为了获得报酬，因此在访谈中发表与研究主题不相关的言论或批评研究方法的言论。

（6）不了解所谈论主题的人。这类人本应该在招募时就排除在外，偶尔也可能由于招募时疏忽而出现在小组中。

在一个小组访谈中，前两类人是比较容易协调的。如果主持人进行巧妙的鼓励，即使是一个腼腆的人也可以提供有价值的信息。但是后面的四类人对小组访谈是不利的，他们太容易影响其他被访者。在这种影响发生之前，主持人必须有足够的魄力制止这种影响。例如，提出一个问题之后马上指明让别人回答就避开了总抢着回答的人；当长篇大论的人发表观点时，打断他并提醒他“概括地说”；对于有恶意目的的人和不了解所谈论主题的人，则最好将他们从小组中排除出去，但排除的方法应该比较巧妙，不应该影响其他被访者的情绪和整个访谈的气氛。

四、小组访谈的优缺点

以上我们详细讨论了小组访谈的实施过程和应注意的问题，从中也可以看出，小组访谈具有一定的优点和缺点。

1. 小组访谈的优点。

（1）小组访谈的优点之一是可以探讨现象后面的原因，而且主持人可以提出广泛的、细微的问题，这就可以为研究主题提供相关的有价值的初步资料。

（2）将同一组被访者放在一起讨论，则可以使访问产生滚雪球效应。即一个人的论述会启发其他被访者的灵感，从而可以产生一连串的讨论。

（3）当一个人发言时，主持人可以通过其他人的面部表情和其他非语言行为，观察和判断出表达能力不强的被访者的意见和态度。

（4）被访者置身于地位类似的一个团体中，在表达观点时具有一种安全感，而且回答不要求固定的模式，因此他们可以准确表达自己的看法。随着小组讨论的进行，被访者的兴奋水平不断被激发，也更增强了他们表达自己想法的愿望。所以对于调查来说，他们是较合作的。

（5）科学地监视和记录。小组访谈允许对实施的过程进行密切的监视，研究者对资料的真实性比较放心，而且可以通过设备将讨论的过程完整记录下来，后期可以深入分析。

（6）实施的时间很短。小组访谈在同一时间内同时访问了多个被访者，数据的收集和分析过程都是相对比较短的。当然，组织小组访谈也有一定的时间周期，大部分的时间用于招募被访者，但招募工作可以和其他准备工作同时展开，所以一项小组访谈一般能在 10 天左右完成。

（7）费用相对较低。对于常规的研究主题，如果招募的被访者没有特殊的要求，同其他的调查方法相比较，小组访谈的费用与所获资料的价值相比是比较低的。

2. 小组访谈的缺点。

（1）小组访谈的结果容易产生偏差。正如在讨论小组访谈的技巧中提到的一样，如果不注意细节问题，就会导致错误的结果。

首先，小组访谈过于依赖主持人的技巧。虽然事先准备了提问提纲，但访谈并未严格按照提纲进行，主持人主观控制什么时候该深入进行探讨、什么时候该阻止一个话题的继续。这种能力和主持人的专业知识、经验和智慧密切相关，所以，访谈的结果受主持人的影响很大。

导致结果产生偏差的另一个原因为小组的团体动力，即一些成员的观点受到其他人的影响，或者有些成员认为自己处于少数的地位而不发表意见。主持人有效地控制局面是消除因团体动力引起误差的常见方法。

大多数专业的小组访谈运用一种“持续小组访谈”（extended focus group）的程序，即在访谈开始前，先让每个调查对象完成一份调查问卷。这份问卷基本包括了访谈过程所要讨论的内容，这样就“迫使”调查对象在不受别人干扰的情况下明确自己的观点或立场，消除了由主持人或团体动力引起的潜在问题。

（2）小组访谈收集的是定性的资料，它主要是回答“为什么”的问题，而不能回答数量上的多少，即使对访谈内容进行内容分析可以得到一些数字，这些数字也不能误用。因为调查的是小样本，而且是采用非概率抽样招募被访者的。如果一项研究很需要量化的资料作依据，则需要用其他研究方法（如调查法）补充小组访谈的不足。

（3）小组访谈对场地的要求很高，不是随时都可以进行的。此外，记录仪器和观察者的存在会使被访者感到拘束。但如果不事先告知，又可能会引起道德或法律方面的麻烦。

第五节　深层访谈法

深层访谈法（In-depth Interview）是依据开放的访谈提纲进行一对一访问的形式。与小组访谈一样，它主要是用于获取对研究主题的理解和深层的了解。由于深层访谈是一对一的，它可以更详细地探究每个被访对象的想法，也可以克服被访者在小组访谈中随着群体的反应而态度摇摆不定的现象。同时，深层访谈可以针对一些保密的、敏感的话题进行讨论，这些话题无法通过小组访谈进行讨论。例如，了解一组竞争对手的态度，就只能一对一地进行。

一、深层访谈的特点及实施过程

1. 深层访谈的特点。

（1）访问样本的数量较少。

（2）对每一个被访者，都力图深入地探究其意见、观点、价值观、动机、信念、态度、感情等抽象的方面，在访谈时，可以借助被访者非语言反应进行理解。

（3）访问时间通常很长。一个样本的深层访问常常持续几小时，即使非常有经验的深层访问员，一天也做不了几个访问。

（4）访问是无结构的，这点同小组访谈相同。虽然事先准备了访谈提纲，而且每个被访者都使用同一个提纲，但实际访问的问题因人而异。深层访问允许访问员根据被访者的回答提出新的问题，以及改变提问的方式或提问的顺序。

2. 深层访谈的实施过程。深层访谈的主要步骤由确定调查问题、招募被访者、实施访问及分析资料几个阶段组成。深层访谈的本质在于：

（1）深层访谈属于无结构式访问，对访问员的要求比较高，他们决定着访问是否成功。对访问员的要求和对小组访谈中主持人的某些要求是类似的，例如中立、灵活、敏感等。

（2）访问的时间很长，针对研究主题不断深入进行访问。在访问过程中，访问员和被访者都可能产生疲劳，有时访问需要分阶段进行。

（3）由于时间上的限制，安排深层访谈比较困难，特别是当目标访谈对象是专家和具有一定社会地位的人时，预约访问常常以没有时间而被拒绝。

（4）深层访谈的记录方式除了用笔进行记录以外，还常常需要进行录音。访问员在访谈过程中必须专心访问而不能做记录，所以深层访谈一般需要两个访问员同时在场，另一位访问员主要是做访谈的记录，同时帮助照顾录音设备。

（5）访问员和被访者的报酬都较高。

（6）资料的量很大，而且由于是无结构的资料，其分析难度很大，常常要花几周到几个月的时间来分析资料。

（7）访问的样本量小，不能做出概括性的结论。

二、深层访谈的技巧及优缺点

1. 深层访谈的技巧。深层访谈是一对一的无结构式访问，即虽然根据访谈提纲的线索进行提问，但在访问的进行过程中，访问员需要根据被访者的回答和非语言反应不断引出新的问题，以便对被访者的态度和观点进行深入的探索，因此，在访问中适当采用一些技巧是必要的。下面就举出一些常用的技巧。

（1）当被访者的回答比较笼统、希望他更深一步具体阐述时，可以用如下的方法：①同样的措词重复提问引出他更深入的回答。②重复被访者的回答，刺激他进一步进行评论。③不急于发言，适当地沉默或停顿，这表示期待他进一步发表看法。④结合被访者前面的回答，适当地归纳和总结主要意思，并用欲进一步确认的语气问出。例如："您是说……？"⑤利用中性的探索语进行追问。例如："您可以再多谈一些吗？""您指的是什么？""还有其他的吗？"

（2）当被访者谈论的话题偏离了研究的范围，访问员要用合适的言语把话题重新引入研究主题，但又必须注意礼貌。这时，可以用一些话语巧妙完成，例如："那么，关于……，您的看法又是如何呢？""回到刚刚提到的……主题上，您的观点是……"。

（3）在录音的同时，深层访谈也要做书面记录，记录要求与访问同时进行，不能事后补记，且需记录与问题有关的全部内容，包括提出的问题和回答。记录常用的技巧如下：①借助速记符号快速记录；②记录被访者的原话，不要归纳总结。

2. 深层访谈的优缺点。

（1）深层访谈最大的优点是提供了丰富的详尽资料。与传统的调查方法相比，深层访谈能够提供被访者对敏感性问题的精确回答，访问员通过与被访者建立融洽的关系，可以介入其他研究方法中受到限制的话题。此外，一些研究只能运用深层访谈方法。例如，了解某位成功的经营管理者的管理理念，虽然接触的一开始会有些难度，不过通过一定的技巧，他还是可能接受访问的，但是用其他的研究方法就无能为力了。

（2）深层访谈的缺点。首先，深层访谈是典型的非随机抽样的小样本调查，调查结论不能用做推论总体。其次，深层访谈没有统一的标准，虽然采用同一个访谈提纲，但每个被访者回答的问题都有细微的差别，甚至所有的被访者回答的是完全不同的问题。此外，深层访谈容易受到访问员个人偏见的影响。在长时间的访问中，访问员可能在无意中通过选择问题、非语言的暗示或语音语调的轻重高低将自己的态度传达给被访者，从而使被访者的回答受到影响。同时，深层访谈的完成情况在很大程度上依赖于访问员和被访者建立的关系是否融洽。

第六节　问卷调查法

传媒调查另一类重要的研究方法是定量研究方法，具体来说，主要是指问卷调查法和实验法。和定性研究方法相比，定量研究方法具有显著的不同，这种不同可以概括为以下几点：

第一，定量研究的研究者力求研究结果的客观，因而在研究过程中采用各种措施避免引入个人主观偏见的成分。

第二，在定量研究中，详尽的研究计划必须在正式的研究开始之前确定，在研究执行过程中，一般不允许再随意改动。

第三，测量工具的标准化程度高。在定量研究中，测量工具（如调查问卷）独立于研究者之外，不一定是研究者本人去收集资料，而可以让其他人用标准化的测量工具去收集资料，收集到的结果是一致的。

第四，定量研究可以最终得出支持或反对假设的结论，而定性研究的结论只能作为假设。

问卷调查法是传媒调查最常用的定量研究方法。1982 年，由北京新闻学会发起的一次大规模受众调查就是采用问卷调查法，这次调查被公认为我国内地受众研究的起点。

定量研究方法是最能严格遵循科学研究程序的方法。从操作的层面上讲，问卷调查法主要有如下几个步骤：

第一步：根据研究目的，设计调查方案。

第二步：设计调查问卷。

第三步：实施问卷访问。

第四步：把调查资料录入电脑。

第五步：对数据进行统计分析，对假设进行统计检验。

第六步：撰写调查的报告。

问卷调查实施的方法有多种。事实上，在设计问卷的前期，就应该明确将采用哪种方法来实施访问，因为针对不同的调查实施方法，问卷设计的要求有所不同。

目前，国内最常用的调查方法有访问式的面访访问（包括入户面访和街头访问）、电话访问（包括电脑辅助电话访问）等，还有自填式的邮寄调查和网上调查等，我们将通过介绍这些方法来介绍问卷调查实施的程序和技巧。

一、入户面访

顾名思义，面访就是访问员与被访者面对面地进行访问，也叫做一对一的访问。入户面访是指访问员到被访者的家中（或单位），直接与被访者接触，利用结构式问卷逐个问题地询问，并记录下对方回答的一种调查访问方式。这是一种运用结构式问卷进行的结构式访问方式。

1. 结构式访问的特点。结构式访问又称标准化访问，它是一种高度控制的访问，即按照事先设计的、有一定结构的问卷进行的访问。访问时，访问员必须严格按照问卷上问题的顺序去提问，并严格地、丝毫不差地按照问卷中的措词来提问。在结构式访问的实施中，选择被访者的标准和方法、访问中所提出的问题、提问的方式和顺序以及对被访者回答的记录方式都是统一的，即使当被访者不理解问题时，访问员也只能重复问题或按统一的口径做出解释，不能随意按自己的理解对问题进行解释。通常，结构式访问都有针对访问员的访问指导，对问卷中有可能引起理解偏差的题目逐一进行说明，并规定访问员在访问时应该如何做。

结构式访问的最大优点是能够对访问过程加以控制，从而提高调查结果的可靠程度和一致性，调查结果便于量化并可以进行统计分析。但是结构式访问非常依赖于访问员，它的成败与访问员的水平密切相关。在需要大量访问员共同参与调查的情况下，结构式访问常常产生一些人为的误差，从而使调查的信度和效度受到影响。

2. 入户面访的实施过程。入户面访的实施主要包括以下过程，为了保证调查质量，每一个过程都有质量控制的具体要求：

（1）挑选访问员。访问员是否能严格按要求实施访问，是决定一项调查成功与否的重要因素，而访问员的挑选和培训是一切访问工作的基础。

访问员一般可分为专职访问员和兼职访问员。专职访问员是指专门以实施访问为职业的人，一般在一些调查实施项目繁多的公司有专职访问员。对于其他的实施项目不是很多的公司，一般都是针对某个具体的项目招募临时的访问员，即兼职访问员。

调查访问是一项完全和人进行沟通交流的工作，沟通技巧和心理缓释能力是一个成功的访问员所必备的，尤其是在面临大量拒访（即目标被访者拒绝合作接受访问）的情况下，因此，不是每个人都可以去做访问员。不管是专职访问员还是兼职访问员，在挑选聘用时都要经过认真地评价和挑选。

虽然不同调查项目对访问员的具体要求可能有所不同，例如对访问员性别、年龄、教育程度、民族、地区等的特殊要求，但对访问员的基本要求一般是一致的。访问员必须具备以下的条件和素质：

第一，诚实且认真。这是访问员必须具备的最基本的品质。调查结果的准确性与访问员的工作态度息息相关，访问员要充分认识到自己工作的重要性，要有高度的责任心，客观公正，不存偏见。大部分样本是由访问员独立去完成的，如果访问员不按照要求执行访问或在访问中作弊，将大大影响调查结果，甚至导致错误结论的得出。同时，访问员也要忠于访问的实际情况，不敷衍了事；对访问结果的记录必须十分详细和准确，不能按自己的推测给被访者强加答案。

第二，对调查工作有兴趣，且具备调查访问所需的知识和能力。对于访问员来说，做访问工作应该不仅仅是为了赚钱，而应该具有对调查访问工作必要的兴趣，这种兴趣可能来自对自我的挑战、对接触和了解社会的兴趣等。一般经过几次访问后，访问工作会变得机械、枯燥起来，如果对访问工作没有兴趣，访问员就不可能认真地把工作做好，其能力也不会充分发挥出来，那么就会影响访问的结果。

除对调查访问本身有兴趣之外，访问员还必须具备一定的知识和能力，这首先是指必要的文化素养。研究表明，教育水平高的访问员在访问时造成的误差最小，且善于应用必要的访问技巧，能较为敏锐地理解被访者的反应。因此，挑选访问员时应适当提高对学历的要求。国内很多的调查公司常常聘用大学生作为兼职访问员，除了考虑文化素养之外，还兼顾了给被访者的可信任感。另外，访问员还需要对抽样调查知识有基本的了解，对访问工作有一定的经验，有经验的访问员能真正理解访问指导的细节要求，不大会犯被访者甄别、记录等方面的错误，在访问时善于打开场面以及对被访者进行启发。此外，访问工作的过程就是和合适的人进行交流，访问员需具备较高的观察能力、辨别能力、表达能力及交往能力。

第三，勤奋且不怕困难。访问工作除了往来奔波、体力消耗之外，有时还有精神上的痛苦，例如受到被访者的冷遇、拒绝等。若不能吃苦耐劳，就可能会知难而退，完不成访问任务。

第四，性格开朗，善于和人沟通交流。访问员接触的被访者一般都是陌生人，访问员要具备在很短的时间内与陌生人建立友善关系的性格和能力。在和人交流时，吐字清楚，有条理性，讲礼貌，有一定的谈话技巧，善于倾听，抱着虚心求教、尊重对方的态度进行访问。在访问时要有耐心，能耐心讲解问题，甚至是反复讲解。

第五，有令人愉悦的外表和形象。访问员的身体外表形象要带给人一种愉悦、可信任、平易近人的感觉，着装打扮要符合身份，不要过于张扬，也不要毫不讲究。否则，接触被访者时容易受到拒绝，即使能成功地接触到被访者，收集到的数据也可能是有偏差的。

根据上述诸项条件以及不同项目的特殊条件要求，就可以招募、面试和挑选合适的访问员了。

（2）培训访问员。不管是对有经验的专职访问员，还是对临时招募的兼职访问员，针对具体访问项目进行的培训是必需的一个环节，有时培训工作还可能会持续一段较长的时间。一项调查常常需要几十个甚至更多的访问员共同完成，培训是访问标准化的一项关键工作。

培训一般是把访问员集中到同一个地点、在同一时段内进行的，当然，如果是多个实施地区并在当地招募访问员时，可在各实施地区分别组织培训。培训一开始，要给每个访问员分发一份访问必需的问卷、卡片，访问中需出示的材料等物品。培训一般包括常规培训和项目培训两个阶段。

1）常规培训。可以帮助访问员理解访问的任务和完成方法，尤其是对于初次做访问工作的访问员，需要通过培训讲解以增加他们对访问的感性和理性认识。常规培训的内容主要包括以下几个方面：①本调查项目的总体方案介绍，包括调查的目的、对象、方法、时间进度安排、访问实施在整个研究中的地位和重要性，介绍负责调查的主要联络人员等。②对访问员的职业道德要求，要求他们保持诚实、客观、认真、负责的态度，不弄虚作假；为被访者和调查结果的最终使用者保密；在访问中不要和被访者闲聊；保持中立的态度，不要对被访者进行暗示或误导。③如何保证访问样本的代表性，包括讲解本项目中如何实施具体的抽样、怎样确定合适的被访者门牌号等。④怎样和被访者进行接触，包括怎样敲开被访者家的门、怎样问候、怎样进行开场白、怎样找出合适的被访者。⑤如何避免拒访，面对拒访时应如何对应。⑥目标被访者不在家中，应如何处理；拒访发生时，如何对样本进行随机替换；等等。⑦怎样引导进入访问、怎样询问和追问、怎样记录，以及访问中其他应该注意的问题。⑧怎样结束访问，怎样离开访问地点。

2）项目培训。在常规培训的基础上，项目负责人要针对问卷中的每一个问题逐个讲解访问指导，即项目培训。项目培训以每个问题的指导语为核心，让访问员理解跳答、顺序轮换、记录等要求是如何具体操作的；还要针对每个问题访问时可能出现的情况分别给出处理的方法，例如，如果被访者做出某种回答应归入哪一类等。项目负责人把每个问题的访问要求和注意事项全部讲解完毕后，接着应该主持现场的模拟，以加深访问员对这些要求的理解。可以以现场的任何一个人为访问对象，让某个访问员进行模拟访问，并对问卷进行试填写。其他的访问员在观看了模拟访问过程后，逐题评价其访问方式是否正确；如果错误，则用正确的方式再访问。如此进行几次，确保所有的访问员都真正理解每个题应该怎样访问，并熟悉所有的细节。

访问的一些技巧。在培训中，培训人员可以根据自身经验介绍一些在访问中有用的技巧。对于访问的技巧，各个调查公司在操作时会有自己具体的要求。下面列举出几种行之有效的方法，仅供参考。①确定访问的时间。访问一般在周末和晚上进行，可以保证访问的成功率；避开可能打扰被访者的时间段，例如早上太早、晚上太晚，或被访者午休、吃饭的时间。②按照问卷上的封面信进行开场白。③提问。访问员要对问卷十分熟悉；提问时语速要慢而口齿清楚；被访者不理解时可以重新提问一遍；如果需要出示卡片，一般在问答题陈述完以后再出示。④被访者答案不具体时或面对开放题时的追问技巧。常用的追问技巧有重复提问、重复被访者的回答、沉默或停顿以鼓励被访者进一步阐述意见、从被访者的言语中引出新的问题等。⑤记录答案。在访问期间随时记录回答，可以边记录边重复所记录的回答。⑥结束访问。在确认所有应问的问题都已经问到、其他辅助信息也记录完毕时，方可结束访问。需要记录被访者的地址、电话时，要解释记录这些信息是为了复查访问员的工作，并承诺为被访者保密。然后赠送访问礼品，并对被访者表示感谢。离开访问现场之前一定要再次检查，以确认有关的所有材料（包括问卷、卡片、展示物品等）没有遗忘在被访者家中。

（3）访问的实施和监督管理。对访问员培训之后，一般留出一定的时间让他们练习和充分熟悉问卷及访问流程，然后组织统一领取访问所需的问卷、材料、给被访者的礼品、访问佩戴的胸卡、证件等物品。访问实施周期不能太长，这是为了尽量减小因时间变化导致情况发生变化，从而才能保证收集到资料的同期可比性。访问的具体实施一般集中在一个周末完成，因为周末入户访问的成功率能够得到保证。

在访问实施的全过程，都要有一定的监督管理措施，目的是保证访问员严格按照培训要求的方法实施访问，具体负责监督管理的人常常被称为督导员。一般情况下，一项调查项目的主管是几位高级研究人员，他们负责项目的整体设计和宏观管理。对于访问的实施，由一定数量的督导员协作完成。访问实施中一般由督导员直接对访问员进行管理，并直接对项目主管负责。督导员对访问的监督和管理主要体现在以下几个方面：

第一，对访问实施质量的全面管理，具体来说包括以下的工作：①为了保证访问员确实是按培训要求进行访问，有的督导员要对自己所负责的访问员每人都至少陪访一次。所谓陪访，就是督导员和访问员一起去访问，这样督导员就能对访问的过程进行全面了解。②每天回收当天完成的问卷，对所有回收问卷逐题进行检查和校订，有缺项、漏项或填写错误的找出错误原因并让访问员重新入户补填。③每天都和所有的访问员联系一次，随时了解问卷调查执行过程中发生的各种情况，以及样本是否符合条件。④为了对抽样进行控制，即保证访问员严格按照抽样方案去抽取样本，而不是根据方便或容易执行去挑选样本，督导员应要求所有访问员随时记录接触人数和接触时间、拒访人数及拒访原因、不在家人数及处理情况、完成人数。督导员需要对这些数据进行分析和汇总。⑤对所有回收的问卷进行一定比例的复核，即从问卷中抽取一定的问题重新询问被访者，通过核对答案来检查访问员是否有作弊行为。可以按照问卷上所留被访者的电话进行电话复核，或者按照问卷上的地址进行再次入户面访。

第二，随时解决访问员遇到的各种问题，包括问卷中的问题和问卷以外的问题。

第三，保持对访问进程的最新准确记录，每天都向项目主管报告访问的进展情况。

第四，负责回收所有的问卷，包括有用问卷、作废问卷以及空白问卷。

访问的质量除了靠督导员监督控制以外，有的调查公司直接通过在问卷中加入控制性问题来反映调查的可靠性，或者是在被访者之中安插隐蔽的监督人员直接了解访问员实施访问的全过程。

（4）验收复查问卷。一般的调查实施都要求访问员每天都上交完成的问卷，因此问卷的验收复查工作实际上是和访问实施同步进行的。对于已经完成的问卷，督导员一般要求访问员先自查，自查可以从以下角度进行：①完整性。主要看该填写的项目是否都填写了，有没有做到不缺不漏，是不是严格按照访问指导语进行的访问，有跳答控制的地方跳答得是否正确。②准确性。主要看是否按要求进行了记录，记录得是否清楚准确，有没有需要辨认的地方。③一致性。即被访者的回答中有无逻辑错误。例如，被访者年龄处填写的是55岁，职业是学生，就可能是填错了。

访问员在自查中如果发现有上述问题，需要找出原因进行补救。例如，发现有填写不清楚或笔误的地方，可以根据当天的回忆进行改正。如果不能准确进行回忆，则需要打电话给被访者进行核实，必要时再次入户访问。

如果访问员自查无误后，方可将问卷上交给督导员，督导员需对问卷一一进行检查。检查除从上述三个角度进行之外，还要考察访问员有没有认真进行访问、有无作弊行为等。督导员要认真审核被访者的回答，并根据实践经验和常识进行辨别，一旦发现有疑问，就要找到访问员进行核实以及向被访者复核该份问卷。有的调查为了质量控制的需要，在问卷设计时就放入了控制性问题，问卷核查时就可以通过检查控制性问题来判断访问的可靠性。例如，问卷中可以有这样的问题："您看过××电视节目吗?"但所列的名称是虚设的，实际并不存在，如果答案选择"看过"，那么该份问卷的所有回答都是不可靠的，访问员可能根本没有认真进行访问，这样的问卷就应该作废，同时对该访问员所做的其他问卷加大检查和复核的力度。

督导员在复查验受问卷时，有下列情况的问卷不予接收：①问卷明显是不完整的，如缺页或破损。②问卷的回答是不完全的，有相当多的部分没有填写。③回答的模式说明访问员或被访者并没有理解或遵循要求去访问或回答，如没有按要求跳答、没有按要求记录等。④访问员没有按要求筛选被访者，问卷是由不合要求的被访者回答的。⑤问卷中有明显的错误或前后矛盾的地方。⑥问卷完成得非常不认真、不严肃，字迹潦草难辨，问卷被涂画得非常乱。⑦答案几乎没有什么变化。例如，在用5级量表测量时，不管正向的或反向的说法都选同一个答案。诸如此类等等。⑧问卷是在事先规定的截止日期以后上交的。

对出现以上情况不能接收的问卷，通常有三种处理的办法：①没有按培训要求实施访问，或有明显的作弊嫌疑，经过证实后，该份问卷作废。如果时间和其他条件允许，可以更换访问员重新进行抽样和访问。②如果某份问卷仅仅是填写不合格，就应该将这份问卷退回实施现场，让访问员再次接触被访者，把不完整的部分补齐。③如果问卷只有很小的一部分填写不合格或者缺项，没有太大必要或没有条件将问卷退回实施现场补充时，要求访问员认真回忆或给被访者打电话进行补充。

对于已经接收的问卷，督导员需要按一定的比例随机抽取一部分问卷，亲自复查或组织复查人员进行电话或入户复查。复查的比例一般在10%～50%之间。如果复查时发现有不合格的问卷，就要根据情况，认定作废重做或者采取一定的补救措施，并加大复查比例和力度。

复查结束后，应将合格的问卷分类摆放整齐并清点数量，等待进行编码和数据录入工作，访问实施的过程就算结束了。

3. 入户面访的优缺点。入户面访是一对一地进行交流，它是获取被访者资料最灵活的方式，也是访问实施最常用的方式。

（1）入户面访的优点。各种类型的调查广泛地采用入户面访，主要在于它的突出的优点。这些优点是：①入户面访要求访问员按事先设计好的系统的方式提问，可以获得准确的资料，答案的记录也是统一的，资料的标准化程度比较高。②采用严格的抽样方法，样本的代表性强。③入户面访的问卷回收率是所有访问方式中最高的。④可以出示卡片和其他展示材料，对于形象化或复杂的概念测试比较理想。⑤访问时间相对来说可以较长，问卷也可以相对复杂，获得的信息量比较大。⑥调查对象的适用范围广。由于访问主要依赖于口头语言，因此，它适用的调查对象范围十分广泛，既可以用于文化水平较高的调查对象，也可以用于文化水平较低的调查对象。⑦在访问过程中，可以控制被访者的身份，保证问卷是由被访者独立完成的，而不允许家庭的其他成员参与意见。⑧可以通过观察来判断被访者的背景以及被访者所给答案的真实性。⑨可由访问员控制跳答题或开放式问题的追问。⑩访问一旦开始，被访者一般不会轻易提出中途结束访问。

（2）入户面访的缺点。入户面访也有一定的局限性，不是任何调查都可以轻易采用的，这主要表现在：①费用、时间和人力的花费较高。在费用方面，访问员的培训费、交通费、工资以及问卷和调查提纲的制作成本等是一笔相当高的费用；在时间上，入户面访需要的时间周期比较长，要经过充分的准备工作才可以实施；在人力上，访问花费的人力资源较多，而且招募、培训一大批访问员并对访问进行监督的管理工作相当复杂。②入户访问对抽样技术和抽样所需的基础资料要求比较高。入户面访常常需要采用多阶段抽样。例如，在某一个城市，抽样常常是先在全市随机抽取若干街道，在抽中的街道随机抽取若干居委会，在抽中的居委会随机抽取若干住户，在抽中的住户中随机抽取一个被访者。③对访问员的要求较高。可以说，调查结果的质量很大程度上取决于访问员的访问技巧和应变能力。④存在访问员相关误差，即使经过严格的培训，访问也不可能是完全的复制。虽然要求按统一的方式提问，但访问员的外貌特征、表情和肢体语言都容易影响被访者的回答，而且，如果访问员对某个操作方法理解错误，对访问的结果影响会很大。⑤因入户面访需要进入被访者家中，很多人因为戒备心理而拒绝访问，所以拒访率比较高，而且目前很多居民住宅小区都有较高级的安全防护措施，很难进入楼内，一些收入层次较高的居民难以接触到。⑥访问结果的匿名性较差。对于一些敏感性问题，往往难以用面访访问来收集资料。

就目前的情况而言，很多居民仍然不了解调查访问这种研究方法，往往认为是在搞推销，甚至有的城市还发生过不法分子借社会调查入室犯罪的事件，导致人们戒备心理大大加强，拒访现象比较严重。同时，由于城市居民小区管理逐步完善，通过入户访问接触被访者的难度逐年上升，而入户访问在时效性上也不够理想。由于上述的这些原因，电话访问的方式正在被越来越多地采用；而对于一些要求不是十分严格的随机抽样研究项目，有很多的调查公司都倾向于用街头访问的方式实施。

二、街头访问

街头访问是面访的一种，是指访问员在某个特定的场所寻找并拦截现场的目标人群进行访问的一种方法。拦截的地点一般是目标访问对象比较集中的地点，如街道、商场、医院、公园、车站、停车场、餐厅、咖啡馆等。街头访问又包括街头定点访问和街头拦截访问两种方式。

街头访问的实施过程与入户面访的过程类似，即招募和培训调查人员、实施访问、问卷验收，但具体操作上有不同的地方。

（一）街头定点访问

一般是选择在人流或者车流比较多的路口附近租下几十平方米的地方，邀请被访者到此固定地点进行访问。

1．场地划分和访问实施。典型定点访问场所一般划分为拦截区、二次甄别区、等候区、访问区、复核及礼品发放区，分别负责访问实施的不同工作。

（1）拦截区。拦截区是拦截员对过往对象进行拦截并初步甄别的地段。其长度应在50～100米之间，可以尽量宽一些，可以让拦截员均匀错落地实施拦截。拦截区离访问区不能太远，而且最好不要隔着马路，以免被访者中途改变主意。

（2）二次甄别区。此区域主要是负责二次甄别和记录配额，目的是不让不合格的被访者进入访问区接受访问，它是定点街访质量控制的一道防线。二次甄别主要通过问卷进行，二次甄别合格的被访者会被邀请到访问区进行访问。

（3）等候区。考虑到与被访者同行的人，他们不能随被访者一起进入访问区，以免影响被访者的回答，所以划分区域时往往会在访问区的最外围放置一些椅子和读物，供与被访者同行的亲友在此休息等候。

（4）访问区。此区域是对经二次甄别合格的被访者进行问卷访问的地点。访问区一般都是和其他区域有一定的屏蔽而相对独立的空间。如果有多个访问员同时在进行访问，桌子和椅子的摆放位置应该有一定距离的空隙，以免访问相互干扰，也要方便被访者进出。访问结束后，访问员应请被访者暂时留在座位上，自行检查问卷后，将问卷交给访问区的督导进行检查。督导员如果发现有不完整或前后矛盾的地方，让访问员立即补问。

（5）复核和礼品发放区。街头访问的样本一般都不可再现。在入户面访中，如果需要再次入户，可以按照记录的地址找到。街头访问虽然也可以要求被访者留下电话和地址，但如果相处和交流时间太短，还没有达到完全信任和形成融洽的关系，很多人会拒绝留电话或地址，或者随意编造，因此，对访问结果的事后复核往往是不容易的。为了更好地控制问卷访问的质量，要在访问刚一结束就进行多次复核。考虑到礼品发放工作需要一定的时间，如果有条件，可借这个机会对被访者的问卷进行再一次复核确认。因此，礼品发放区可设一个督导进行问卷的再复核。

访问员在完成访问并请访问区的督导初步复核后，邀请被访者进入礼品发放区，同时把问卷交给另一位督导审核。礼品发放员应尽量采用灵活的方式拖延时间，例如通过进行登记、让被访者挑选礼品、讲解礼品的功能和用途等，督导则利用这段时间审核问卷，在保证数据的完整性及准确性后方可让被访者离开。

2. 街头定点访问的质量控制措施。参与街头定点访问的工作人员主要有四类：拦截员、二次甄别员、访问员和督导员。其中，除督导员之外，其余都有可能是兼职人员，而他们和调查的质量是息息相关的。对不同的岗位，都要按照一定的条件进行选择，并按岗位分别进行培训，严格各自的操作规程。各兼职人员应在项目实施过程中始终担任一项工作，不要一人多职。在实施时，可以参考以下的方法：

第一，拦截区是街头定点访问最关键的区域，让不合格的人参加访问会直接影响调查的质量。但由于拦截的难度，拦截员倾向于给被拦截者讲解访问内容从而造成诱导，更严重的是拦截员和被访者串通，为了符合条件而让被访者编造虚假的个人信息。

为了有效防止这种现象的发生，拦截区要派督导进行巡视，现场严格监控拦截员的操作过程。因此，在划分拦截区时就要考虑到督导巡视的方便，一旦划定区域就要求拦截员必须在指定的区域内活动。此外，还会出现拦截员欠缺拦截技巧导致拦不到被访者的情况，面对类似的问题，巡视的督导都要积极去帮助解决。拦截员由专人担任，而且拦截员除了了解一次甄别的条件以外，对项目其他具体信息一无所知；如果有条件，对拦截的过程进行全程录音，拦截员就不太可能会作弊。

第二，甄别员要严肃认真、一丝不苟，有丰富的访问经验，有很强的洞察力和观察力，如果被访者编造虚假的个人信息，要敏感地发现并巧妙地进行识破。所以，如果人手充足，最好由督导员担任甄别员；甄别员与拦截员应当互不相识，以免他们相互串通作弊，达不到二次甄别的效果。

甄别过程采用二次甄别问卷，而且问卷与一次甄别的问卷完全不相同。例如，一次甄别时询问年龄，二次甄别时就要询问属性，如果被访者是和拦截员串通好的，回答时就会犹豫或者回答与一次甄别的结果不符，甄别员就可以发现问题，从而询问更多更深入的问题进行证实。当甄别员对被访者资格感到强烈怀疑但又无法证实时，出于质量方面的考虑，就可放弃这个被访者。

拦截员将被访者带到甄别区后应立即离去，不能站在旁边听到二次甄别。若被访者太多，来不及甄别时，拦截员应将他们先带到等候区等候甄别。

第三，由于街头定点访问是集中访问，为现场监督访问过程提供了便利。一般情况下，访问区至少要设一个督导员，实时监控访问员整个访问过程，并及时解决访问遇到的问题。

在访问前，督导员应给每个访问员分配一个固定的座位，一是方便访问员一进来就可以马上带领被访者入座，提高访问效率；二是当督导想仔细监听某个访问员的访问时可提前坐到那个位置的附近，这样既不会引起该访问员的警觉，又不会给他们造成压力。督导重点监听的有以下几个方面：访问员是否按要求进行提问；开放题有没有追问；有无漏问或故意跳问；有无对被访者造成诱导；等等。

第四，每天访问结束后，督导员都必须检查整理一遍所有的问卷。有时访问的配额要求比较复杂，现场操作时间紧，有可能会出错，复查就显得非常重要。如果及时发现有出错的地方，还可以在第二天补做或调整，如果等到所有访问都结束时再统一检查问卷配额，就为时已晚了。

（二）街头拦截访问

街头拦截访问是指没有固定的访问场地、访问员在街头随机拦截被访者进行访问的一种形式。实施时，访问员分散在街头某个区域附近，手里拿着问卷，只要甄别到合格的被访者，当场就可以进行问卷访问，不必带到某一个固定地点。

1. 街头拦截访问的特点。街头拦截访问的优势在于它的灵活性，它可以不规定固定的区域做访问。但它的最大缺点是难以进行管理与质量控制。街头拦截访问的主要特点是：①没有固定的访问场地，没有“拦截区”、“甄别区”、“等候区”、“访问区”、“复核及礼品发放区”等严格的场地划分，拦截、甄别和访问在同一个地点完成，而且访问的地点常常是流动的；访问场地也并非是唯一的，可以同时在多个商场进行拦截访问。②访问员一身兼三职，集“拦截员”、“甄别员”、“访问员”的工作于一身。③访问完成后，想要留住被访者待问卷复核后才让真离开不太容易，因此其质量控制的要求更高。

2. 街头拦截访问的质量控制。由于街头拦截访问的上述特点，很难像定点访问那样从流程上进行全过程的质量控制，其质量控制的重点在于拦截访问的过程管理。

首先，街头拦截访问一定要有足够的督导员，对访问员进行分组并按组进行控制管理。访问员最好是采用分组的办法，每组4～5个访问员，集中在一个地点进行拦截访问，由一个督导员负责监控访问的质量。分组时要注意几点：①新老访问员的比例合理，尽量让老访问员起到示范作用，提高拦截的成功率；②每组都有一定的男女比例，以便更好地针对不同性别的被访者进行拦截；③同一组内的访问员应互不熟识，避免联合作弊。

其次，督导员要有很强的控制访问员的能力。包括：①严格限定访问员的活动范围，不能离开督导员的视线范围内；未经督导员同意访问员不得随意更改访问场地。②遇到特殊情况一定要得到督导员的指示才可进行访问，不得擅作主张。③可以用辅助性工具（如采访机）来保证访问质量，要求访问员在拦截被访者的那一刻起就开始录音，保证全过程都有录音凭证，以此来杜绝作弊的发生。④要求访问员及时整理已经完成的问卷、录音资料，及时交督导员复核。

（三）街头定点访问和街头拦截访问的比较

街头定点访问和街头拦截访问各自有优势和不足的地方。

1. 相对而言，街头定点访问的优势主要如下：

（1）保证了被访者的合格身份。在定点访问中，经过二次甄别后合格的被访者才可以进入访问区，接受正式访问。通过这一系列的操作过程，最大限度地保证了被访者的合格率；而在拦截访问中没有二次甄别这个过程。

（2）访问的环境好。在定点访问中，被访者会在专门设置的访问区单独接受访问，被访者的注意力会更加集中，答案也会更加详细；而拦截访问没有固定的访问地点，不可避免地会有一些不可控的因素对访问过程产生干扰，例如过往行人和车辆、噪音等。

(3) 更容易进行质量控制。在定点访问中，有专门的访问区，访问员一般都有固定座位，便于督导员现场监控访问的实施情况；而在拦截访问中，访问员比较分散，流动性大，不容易进行控制。

在定点访问中，被访者接受完访问后，可以先坐下等待一会，由访问员将问卷先自审一遍，再交给现场督导员复核问卷，如发现问题可以及时补问；而在拦截访问中，被访者接受完访问后，由于受环境的影响，大多没有耐性等待，所以访问员自审和督导员的复核几乎没有时间进行，如果问卷有漏问的问题，则无法进行补问。

(4) 更容易控制样本配额。街头定点访问的样本虽不是随机抽取的，但如果按照自然人口比率控制配额，并在数据分析时进行加权，研究结论也是有一定可信性的。

在采用配额抽样的方式时，在定点访问中，更容易控制和及时调整配额。因为每个被访者的情况都会被甄别员和督导员及时记录和控制；而在拦截访问中，尤其是有多个访问点的拦截访问，只能等访问告一段落后才能进行配额的汇总统计，配额的调配工作就会滞后。

(5) 访问时间可以稍长。街头定点访问因有固定的访问地点，可以对较长的问卷进行访问，也可以要求访问员向被访者出示卡片等物品，还可以出现需要复杂记录的开放问题。因此，它是入户面访的一个较好的替代方案。

街头定点访问虽具有上述优势，但它也具有明显的局限性。首先，要选择一个可以划分几个区域的合适的访问场地不十分容易，有时也需要花费一定的费用；其次，访问花费的人力成倍增长，调查工作人员的挑选和培训工作也需要按岗位分别进行，管理工作也比较复杂。

2. 相对于定点访问来说，拦截访问也有其独特的地方，主要的方面如下：

(1) 拦截访问简单方便，易于操作。拦截访问不需要太多的人员和固定的场地，在培训方面可以节约时间，在寻找和租场地、布置场地等方面可以免去许多工序。但拦截访问一般也需要和拦截地点所属部门事先打好招呼，服从安排，有时也需要付一定的费用。

(2) 访问时效性强，周期短。与定点访问相比，拦截访问的准备工作可以节省一定的时间；在访问过程中，拦截访问的被访者在经过拦截甄别后，可立即开始访问，不需要再经过更多的环节，使访问时间大大缩短，被访者因而更容易接受访问，访问实施的整个周期也相应缩短，访问的时效性较好。

(3) 访问实施成本低。拦截访问省去了拦截员、甄别员等许多人力，节省了一部分劳务费，而且在租场地及布置场地方面也节约了一大部分费用。

（四）街头访问的局限性

综合街头定点访问和街头拦截访问两种方式，和入户面访相比较，街头访问的不足之处如下：

1．抽样的方法显著不同。入户面访常常是在访问前事先已经按照随机原则抽取好样本或者前几级抽样单元。拦截访问不是随机抽样，而常常是从方便的角度选择被访者，最好的样本也只是配额样本。在拦截访问对象时，虽然很多公司都设定了抽样间隔，即规定每隔几个人就拦截一个人进行访问，但这个间隔的确定往往没有科学的依据，而且访问员在选择拦截对象时往往有主观判断和挑选的倾向。因此，街头访问的样本代表性不足，无法计算抽样误差，即不能通过访问的结果去推断总体。

2．访问员的主动地位受到限制。例如，要在商场进行拦截，需要事先和商场的管理人员打招呼，具体的拦截地点还要服从商场的安排。

3．拒访率比较高。很多人对于被拦截感到不满，觉得受到打扰，有的人甚至看到拦截员就躲避或改变路线。

4．天气状况对街头访问的影响较大。寒冷的冬季和炎热的夏季都不适合进行露天的街头访问。

5．大多数的街头访问几乎不太可能做到事后回访复核，街头访问的质量控制是一个难题。

虽然街头访问有上述诸多的缺点，但由于其数据的采集工作非常集中，可以快捷地获得研究结果，而且所需的费用不高，近来得到了广泛的使用，特别是对于一些目标对象比较清楚的研究项目，其使用率更高。

三、电话访问

电话访问是以电话为中介与被访者进行交谈以获取信息的一种问卷访问方法。虽然访问员和被访者未见到面，它也是通过口头交流进行访问并由访问员记录答案的，因此它和入户面访有很多相似的地方，也是一种结构式访问，可以通过培训访问员实现标准化的访问。

根据信息产业部2003年第二季度公布的数字，北京、上海、天津的城市电话普及率分别为67.73（部/百人）、67.51（部/百人）、53.65（部/百人），已达到较高的普及水平。其他省份内各城市之间发展不平衡，一些经济发达的、开放的城市，都已经有较高的电话普及率，而且，以家庭为单位统计的大中城市电话普及率一般都在80（部/百户）以上，有的城市高达90（部/百户）以上。现在的数据远远高于这些，在这样的基础上，通过电话进行调查访问的条件已经比较成熟。事实上，从20世纪90年代开始，已经有很多调查公司开始尝试电话访问的方式，并逐步发展到电脑辅助的电话访问系统。目前，国内的电话访问技术以及质量控制的措施已经发展得相当完备。

目前，电话访问和入户面访是仅有的两种可以通过随机抽样使调查结果能够直接进行总体推论的调查方式。但入户面访存在相当高的拒访率，例如北京、上海、广州等城市的入户面访拒访率平均高达80%以上，在这种情况下样本的代表性就存在一定问题；而且入户访问对最后一级的抽样往往难以进行控制以保证它完全的随机。电话访问采用随机拨号技术，可以使样本对总体的代表性加强，而且电话访问具有操作简便、速度快、容易进行质量控制等许多优点，所以，目前针对城市居民开展的调查项目更倾向于采用电话访问的方式进行。

（一）传统的电话访问

传统的电话访问仅仅是通过电话实施访问的过程。一般是从电话号码簿中随机抽取一些电话号码进行拨打，或用简单随机抽样法抽取电话局号并用随机数字表产生电话号码进行拨打。访问所用的电话就是普通的电话，所用的问卷就是普通的印刷问卷。访问时，访问员一手执电话听筒或用免提功能进行访问，另一只手随时在问卷上记录答案。访问的地点可以是集中的场地，便于督导人员监控访问质量；也可以是分散的地点，只要有电话的地方就可以开展访问，甚至是在家中进行。

传统的电话访问仍然需要进行后续的问卷复核、数据录入等环节，访问过程不便于进行质量控制；访问时，访问员翻转问卷和记录都不方便。随着电脑在调查领域的应用和普及，很多调查公司都建立了借助电脑进行电话访问的CATI系统。

（二）电脑辅助电话访问（CATI）

电脑辅助电话访问系统（Computer Assisted Telephone Interviewing System）是一个硬件系统和软件系统的综合。

1. CATI系统的硬件要求。CATI系统首先要求有专门的机房，至少有一台总控服务器，有若干台和服务器相连的电脑终端或工作站，终端或工作站之间要用隔板隔开，形成一个个独立的访问空间。终端或工作站的数量决定着CATI同时进行访问的能力。

每一台电脑终端或工作站上，一般都应该连接以下的设备：①进行访问记录的鼠标和键盘；②拨出和访问用的若干条电话线；③耳机式或耳塞式电话机，以便使访问员的双手空出来；④用于对访问全过程进行录音的双向录音设备；⑤有的系统还要求有调制解调器才能拨号。

为了便于进行访问的质量控制，CATI系统应设一个专门的监视用电脑，可以随时查看任意一台终端或工作站的内容；还要配备一个可以监听任意访问员访问过程的耳机。督导员同时通过监看和监听来实现对访问质量的控制。

2. CATI 系统的软件要求。CATI 的软件系统一般都要求实现以下的功能：①问卷设计生成。软件系统应有专门的问卷设计模块，访问时每个问题按照顺序显示在屏幕上；该模块应当支持跳答判断和逻辑判断功能。②随机抽样。按照给定的原则，电脑自动进行电话号码的抽取；为了保证各终端或工作站抽取的号码不重复，由服务器随机产生电话号码并在终端之间随机进行分派。③自动拨号。每个终端和工作站一旦完成一个访问，就由服务器自动分派一个新的号码，并随即进行自动拨号，如果遇到占线或无人接听时定时自动重播。④线上访问。访问员直接面对电脑显示屏进行访问。屏幕可以按顺序显示所有的问题，也可以问完一个问题再显示另一个问题；对每一个问题，都应该对访问规则进行提示。访问时，随时用鼠标或键盘把答案记录到电脑中，电脑自动进行逻辑判断，如果答案中有逻辑错误，则自动提示；如果有跳答控制，则自动进行跳答。完成一份问卷后，问卷中的答案应直接进入数据库，不再用人工录入数据。⑤双向录音。系统要有支持对访问员和被访者交谈过程的全程双向录音功能，双向录音一方面对访问员施加压力，保证访问质量；另一方面，可以根据录音对访问结果进行复核。⑥即时监控。督导员可以随时对任意一个访问的访问过程进行监看和监听。⑦即时分析。软件系统应支持对完成的访问结果进行即时的简单统计分析，尤其是要求按配额进行访问时，可以及时了解配额的情况。此外，系统应能自动记录每个访问员完成访问人数、拒访情况、访问时间并进行分析。⑧其他功能。不同的软件系统还各自有一些其他的功能，例如约访迟到时提醒功能、通过监看电脑发出对某个访问员的文字警告信息等。

3. CATI 电话访问实施的过程。电话访问也是结构式访问的一种，要求实施标准化的访问。访问实施过程主要包括如下几个步骤：

第一步：确定访问对象和样本量。电话访问首先要求明确规定访问对象所在的地理区域，以及一个家庭中接受访问的人应具有什么特征；确定访问的样本量。

第二步：确定随机拨号原则。决定采用电话访问的方式时，应明确规定电脑随机拨号的范围以及用何种方法保证所拨的号码在调查要求的地理区域内。

第三步：问卷设计。问卷设计总的原则和前面所讲过的是一致的，但考虑到访问员和被访者将通过电话进行交流，问卷中的问题应尽量简洁明了，语言通顺且尽量口语化，避免使用听起来产生歧义的字词。由于访问中不能出示卡片，备选答案一定要简短、易于记忆。问卷的长度不宜太长，一般的访问时间规定在 25 分钟左右，最长不能超过 45 分钟。

第四步：问卷上传。在问卷经过设计、评估和试调查之后，把最终版的问卷放入计算机系统中，作为访问员电话访问的依据。同时，需要在电脑中设计跳答转换要求和逻辑判断要求，访问时才能按照这些要求进行跳答和逻辑判断。

问卷上传后，研究人员还需要规定问卷访问结果的回传数据格式，以便在访问后，数据能按照正确的格式存入服务器中。

第五步：对系统进行整体测试。在正式访问之前，项目主管要组织人员对整个 CATI 系统进行全面的测试。测试的重点主要是随机拨号功能正常、问卷中的问题能正确跳转和控制、访问的结果能正确传到服务器、访问的录音系统功能正常、监控系统工作正常。

第六步：挑选和培训访问员。测试整个 CATI 系统工作状态无误后，就要挑选访问员并组织访问员的培训。电话访问对访问员的要求主要是口齿清楚、语气亲切、语调平和。培训的内容和其他访问方式的培训类似，主要是关于访问操作规程的讲解。在逐题讲解完访问的要求后，组织访问员在 CATI 机房进行模拟访问。如果培训中发现问卷的问题有不明确、念起来不顺畅的地方，可以及时进行修改。

第七步：访问员实施访问。访问应该在规定的时间集中进行。一般来说，访问的时间应该是人们都在家而又不影响被访者休息的时间，如工作日的晚上、周末和节假日的上午、下午、晚上。上午的访问不要开始得太早，晚上不要结束得太晚，且要避开人们吃饭和午休的时间。

访问时，自动随机拨号系统会根据研究人员事先设计好的拨号方案，自动拨号并保存拨号记录。访问员坐在终端或工作站的屏幕前，头戴耳机式或耳塞式电话。如果拨号成功，对方有人应答，应根据培训的要求进行开场白，包括问候语、自我介绍、调查目的、合格被访者的条件。如果被访者同意接受访问，访问员就开始按照屏幕上显示的问题和访问指示进行访问，同时利用鼠标和键盘随时把答案记录到电脑中。访问的全过程都应有录音设备进行录音。

如果电话占线或无人接听，随机拨号系统会隔一定的时间自动重播。如果所拨号码是办公电话、空号或接传真机，系统会按照预定的替换原则生成新的号码。例如，将原随机号码加 1 或减 1 形成新的号码。

如果电话接通但符合条件的被访者当时不在家或不方便接受访问时，可以约好另一个时间再打电话访问，并将约好的时间记录到电脑中，CATI 系统会自动储存约访的电话号码和约访时间，并及时进行访问提醒。到了既定的时间，拨号系统会自动拨号。

在访问进行的全过程，访问机房都有督导员进行现场质量控制。

第八步：访问结果传到服务器。每完成一个访问，访问的结果就自动以数据库的格式回传到服务器中。为了防止意外的情况导致数据丢失，要求每天都对访问的数据进行备份，有的 CATI 系统本身有数据自动备份功能。

由于访问的结果直接就上传为可以分析的数据格式，研究人员可以对数据实施分析，及时了解访问的进程。

第九步：数据的复核。录音和现场的质量控制措施使电话访问的质量比较好。但从更严格的角度，应当随机抽取一定比例的访问记录对照录音进行复核。

如所有的访问进行完毕，并且复核的结果比较满意，整个访问实施工作就算结束了。电话访问接下来就可以直接进行数据的统计分析工作了。

4. CATI 电话访问的质量控制措施。如上面提到的那样，借助 CATI 系统进行的电话访问比较容易进行质量控制，其主要的复核技术就是通过对 CATI 系统的实时监听与访问后的抽听。

（1）访问现场的监看和监听。在访问进行期间，随时都有专门的督导员负责对现场进行监控。如果发现有可疑的现象（如某个访问员在谈笑风生），或想要详细了解某个访问员是否按要求进行访问，可以立即把监看电脑的屏幕切换到该访问员的终端屏幕上，同时通过耳机进行监听。如果督导员认为有必要对某个访问员进行提醒，无需打扰被访者，通过监看电脑发送提醒的文字到该访问员的屏幕上即可。

（2）借助访问录音进行复核。重新听一通录音需要花费和访问一样的时间，一般复核都是抽取一定的比例。复核的重点一是访问员的操作规范，二是问卷的独立性和完整性。

复核访问员的操作规范其实就是要听访问员有没有出现不问甄别题目、故意跳问或漏问，以及不把题目或答案念完整、诱导被访者作答等情况。甄别题目保证了访问的是合格的被访者，是复核中最重点的部分。一般的项目都是要求拨打家庭电话进行访问，所以一开始就要注意听访问员有没有问被访者所拨的电话是不是家庭电话，如果缺少这样的甄别，又从录音中听不出确实是家庭电话，有时就要再打电话进行确认。另一些甄别题目通常是问被访者的年龄、收入等客观的个人信息，可以根据录音核实访问员所记录的是否正确，同时还要注意听访问员有无故意诱导被访者作答的迹象。

复核的第二个重点是问卷的独立性与完整性。问卷的独立性是指问卷由被访者独立完成，访问中途没有更换被访者；如果被访者中途有事中断访问，访问员是否约访，再次访问时是否从断开处继续访问。问卷的完整性除了要保证问卷从开始到结束都问到之外，还要听访问员有没有故意诱导被访者回答可以跳问的选项以及有无漏问的情况。

听录音进行复核不一定要听完完整的录音，而是随机挑选几个题目进行复核。如果发现问题，则要求听完整的录音，并尽量复核该访问员所做的所有访问。

这两种质量控制方式是相互补充的。实时监听可以马上发现访问员的问题，及时督促访问员用正确的方式提问，而且由于事后不能把所有的录音都听一遍，所以现场控制是必不可少的。访问现场同时有多名访问员进行访问，监看和监听也不能做到面面俱到，所以事后有针对性地通过录音进行复核也是很有必要的，尤其对研究最为关注的问题可以重点复核。

（三）电话访问的抽样过程

电话访问的样本很难像入户面访那样事先抽取好前几级抽样单元，而是随着访问的进行同时实施抽样。基于这种特殊性，下面简单介绍一下电话访问常用的抽样过程。一般来说，电话访问只针对住宅电话进行，抽样过程可分为两个阶段：抽取住宅电话号码和抽取被访者。

1. 住宅电话号码的抽取。在美国等一些国家，有公开发行的住宅电话号码簿，电话访问时，可以利用其作为抽样框进行随机抽样，所拨打电话是空号或是办公电话的情况很少发生。在中国，住宅电话号码是受到保护的，基本上很难找到这样一份抽样框，调查公司在抽取电话号码时往往采用随机生成的方法进行。

我们知道，电话号码的排列有一定的规律性：区号（由3位或4位数组成）+电话局号（由3位或4位数组成）+4位数字。每个城市都有一个固定的公开区号，这个区号是划分各城市地理区域的依据。

每一个城市都有一定数量的电话局。例如，北京朝阳区的一个电话局的所有电话都是以6571，6572，…，6579开头的，这些号可叫做电话头，电话头后面的4位数字是随机分配的，但也不是把所有的号都分出去，而是有一定的预留，不过每个电话头下面电话号码的数量可以通过与电信部门联系获得。

电话号码的这种排列规律给随机拨号带来了方便。例如，要在北京地区进行随机拨号，可以先按与用户数量成比例的概率抽取电话头。对于抽中的电话头，按电话头下的用户数量分配将要抽取的电话号码的数量。确定了电话头和要抽取的电话号码数量之后，就可以让电脑按照规定的数量自动随机产生一组组4位数字，和电话头一起组成一个个电话号码。

很明显，用这种方法抽中的电话号码可能是空号，即使是存在的电话号码，也可能是办公电话。解决这个问题的方法是要求访问员在接通电话之后，甄别所拨打的电话是否是住宅电话；如果不是，则重新产生一个号码，或者是按一定的法则（例如号码+1）在原号码的基础上形成一个新号码。

2. 被访者的抽取。如果随机生成的电话号码确实是住宅电话，就可以在这个家庭中选择一位合适的人作为被访对象。确定谁做被访对象的最简单方法就是不加选择，即谁接电话就访问谁。这种方法最容易操作，但有可能导致样本偏差，因为许多家庭中谁接电话的机会并不是均等的。有研究发现，女性接电话的机会比男性多，年轻人接电话的机会也比年长的人多。

因此，用不加选择法得到的最终样本要和城市总人口的分布情况进行比较，如果比例差别较大，数据分析时就对样本进行相应的加权，否则难以代表总体的情况。

由于上述方法的局限性，很多的调查公司都要求按一定的原则去选择最合适的被访者。常用的方法有随机数字法和选择最早过生日者的方法。表 5－3 是采用当前访问序号的尾数和被访者家中符合访问条件的人数共同随机确定被访对象的一个示例。访问开始前首先要明确对家庭中成员进行编号的规则，如年龄最大的编号是 1，年龄次大的编号是 2，依次类推。假如某个访问员当前正在进行的是第 11 个访问，则当前访问序号的尾数是 1；被访者家中共有 3 个人，夫妇两人和一个 6 岁的孩子，访问要求对 18 岁以上的人进行，则孩子不算在内，符合条件的人数是 2 人。符合条件的人数和当前访问序号的尾数交叉之处的数字 2，就是应接受访问的人的编号。即，如果丈夫的年龄大，则丈夫的编号是 1，妻子的编号是 2，就应该对妻子进行访问。

表 5－3　确定被访对象时所用的随机数字表片段

		当前访问号的尾数			
		1	2	3	…
符合条件的人数	1	1	1	1	…
	2	2	1	2	…
	3	1	3	2	…
	4	2	2	4	…
	…	…	…	…	…

用随机数字法确定被访对象额外增加了访问的问题。例如，需要询问全部家庭成员的年龄情况，就延长了通电话的时间，也比较容易引起接电话者的反感而导致挂断电话。

选择最先过生日者（或最近过生日者、下次过生日者）是另一种常用的选择被访对象的方法。具体来说，就是向接电话的人询问符合访问条件的家庭成员中谁是一年中最先过生日的（或谁刚刚过完生日、谁将要最早过生日），并对符合要求的人进行访问。大量研究表明：这是一种行之有效的选择被访者的方法，能够保证样本的随机性，这种方法不仅在电话访问中常用，在入户面访中也是常用的。

（四）电话访问的优点和缺点

1. 电话访问的优点。与其他调查访问方式相比，电话访问具有明显的优点，主要表现在：

（1）实施周期短，能够迅速获得研究结果。利用 CATI 进行的电话访问省去了问卷印刷、路途奔波、数据录入和查错等环节，大大缩短了访问周期，可以迅速获得有代表性的数据。对于一些突发事件，想要迅速了解公众的反应，通过电话访问的方式往往在事件发生之后几个小时之内就可以得到准确的调查结果。例如，中央电视台现场直播的春节联欢晚会，央视市场研究公司可以在晚会开始的一个小时之内通过电话访问得到其在全国范围内的收视率。

（2）节省调查经费。不考虑建立 CATI 系统的一次性投入，电话访问的主要花费集中在访问员的劳务费和电话费上，一般没有问卷印刷等其他各项费用。尤其是在跨城市的访问中，电话访问显示出突出的优势。由于电话访问可以在一个地点对任何城市的访问对象进行访问，不需要研究人员和督导人员出差，因此不需要耗费大量差旅费，同时也节约了要和当地的调查公司合作的成本。一般来说，对于相同的项目，电话访问的费用一般比入户面访低。

（3）样本的代表性好。采取随机拨号的方式，可以保证每个电话号码被抽中的机会均等，因而样本对总体的代表性较强，调查结果可以直接推论到总体。

（4）访问数据的质量较高。电话访问比较容易实现质量控制，所有访问员都在督导员的直接监督之下进行访问，督导员可随时监看监听访问的进程，同时又有全部的访问录音，访问员作弊的可能性极低，数据的质量得到保证。同时，电脑具有逻辑判断的能力，会对访问过程进行引导和提示，因而可以完全避免问卷中的逻辑错误和跳答位置错误，不会因跳答的错误导致数据丢失。

（5）电话访问的拒访率低。电话访问中，被访者的匿名性比较好，较容易接受访问，拒访率一般比较低，尤其是在多次拨打电话的情况下。

（6）可以对特殊的群体进行访问。对于比较不容易接触的群体，电话访问有较高的成功可能性。例如，对某些名人的访问，面访几乎是不可能的，而采用电话访问则有可能取得成功。

2. 电话访问的缺点。电话访问也有一定的局限性，主要表现在以下几个方面：

（1）电话调查的适用范围有一定的限制。并不是任何调查都可以通过电话访问进行，是否用电话访问要根据访问对象的特点决定。首先，要看对调查对象的总体要求，当目标群体是某个城市或地区的全体成员时，抽样的效果会较好；如果只局限于某一个特定的群体，抽样效果就较差。其次，是对电话普及率的要求。目前，任何一个城市都没有达到住宅电话 100% 的普及率，如果电话的普及率比较低，必然会造成样本的偏差，因为没有安装电话的家庭并不是随机分布的，一般是收入和社会地位偏低的人。目前，我国大中城市的家庭电话拥有率一般都可以达到 80% 以上，有些城市还更高，所以在这些城市中采用电话访问是可行的。但在一些比较小的县城或农村，电话访问就不适合使用。即使是在城市的调查，也应该了解清楚其确切的电话拥有率，以便进行误差估计。因为调查的总体中并没有包含没有电话的那部分人，所以电话访问的结果只能推论到有电话的家庭这一总体，并不能代表全体城市居民。

（2）无法向被访者出示材料。电话访问无法向被访者出示卡片等访问的辅助材料，因此，问题和选项都不能太复杂，只能进行简单的提问和回答。同时，有一些调查项目需要得到被调查者对一些图片、广告或设计等的反应，电话访问无法达到这些效果，除非提前把类似的资料寄给被调查者。

（3）访问的时间不能太长。如果被访者感到厌烦，只要一挂断电话就可以终止访问，而中途拒访后就很难再完成访问，因此电话访问的时间不能太长，这导致所收集信息量较少，调查的内容不易深入。

（4）较难判断被访者回答的准确性。电话访问仅仅通过电话根据被访者的回答进行记录，访问员不在现场，如果被访者所说的不是真实的情况，也很难判断出来，因此信息的准确性和有效性受到影响。例如，月收入只有 500 元的人却在电话里说收入有 5000 元。此类的问题在入户面访中可以较好地控制。

（5）被访者一旦拒访，较难进行劝说。如果被访者对访问不感兴趣，或戒备心理较强，一开始就挂断电话，访问员就很难做进一步的劝说工作，因为劝说也必须借助电话进行。

总的来说，电话访问的优势更为明显，尤其是对一些时效性要求高，主题明确、简单，目标被访者比较清楚的调查项目，电话访问比其他一切访问方式都更为合适。

四、邮寄调查

邮寄调查指将调查问卷及相关资料寄给被访者，由被访者根据要求填写问卷并寄回的一种调查方法。传统的邮寄调查是通过邮局发出和接收邮包的，最近几年也出现了通过电子邮件进行的邮寄调查。

（一）传统的邮寄调查

实施一项传统的邮寄调查一般要经过如下几个过程：

1. 收集调查对象的通信地址。邮寄调查的第一步工作是获得一份有效的邮寄名单和地址。要完成这一步工作必须首先确定调查的总体和样本是什么，通过什么渠道和方法可以获得关于样本的名单和通讯地址（最好有电话）。在国外，由于邮寄调查的方式十分常用，从电话簿或专门出售的邮寄名单中很容易获得所需的资料。在国内，要获得这些资料往往是十分困难的，如果研究者事先没有这方面的资料，一般不大采用邮寄的方式去进行调查。

邮寄调查常可借用一些现成的资料进行专项研究。例如，报纸、杂志的订户名单和地址，顾客购买商品时留下的送货地址和电话，学生档案中填写的家庭地址和家长姓名，等等。

如果调查的总体非常大，需要按照一定的原则从中抽取一定数量的样本。抽样工作可以在获得地址资料前进行，然后只针对样本去寻找资料，也可以在已有的全部地址资料总体中直接抽取。

2. 事先和被访者打招呼。研究表明，在正式的调查问卷寄出之前，如果预先通知一下被访者，可以提高问卷回答的质量和问卷的回收率。

事先和被访者打招呼可以通过打电话、寄明信片或寄一封简短的说明信来进行，说明大概什么时间会有一份邮寄的问卷请他们填写。这并不会花费太多的时间和精力，却能在一定程度上满足被访者的情感需求，激发其合作的热情，取得较好的效果。

3. 寄出邮寄包裹。一个典型的邮寄包裹应有以下几种物品：封面信、问卷、回邮信封和邮票、表示致谢的小礼品等。这些物品要事先分发好，统一到邮局发出。

封面信主要用来说明调查是谁进行的，调查的目的是什么，问卷应该如何填写，问卷最迟应在什么时间寄回，等等。为了增加可信度，一般都要加盖调查机构公章，并明确注明咨询电话。调查问卷是最核心的物品，邮寄的问卷应该适合于自填。给被访者寄出回邮信封和邮票，也是为了提高问卷回收率而采用的措施。回邮信封一般都是直接印刷出来的，印好了回寄地址和收信人，并贴好了邮票。这样，被访者在完成问卷之后，只需要装入信封封好、投入邮筒中即可。印刷的地址也保证了问卷回寄地址的准确性。

此外，为了感谢被访者的合作，也会寄上一份小礼品。有的公司不是直接寄出礼品，而是给被访者提供一个中奖的机会或者只是一张礼品券，许诺问卷寄回后兑现，这样做也是为了刺激被访者积极完成问卷。

4. 对被访者进行必要的跟踪催促。问卷寄出之后，接着应做一些事后性的工作。被访者在收到问卷之后两三天之内寄回的比例是最高的，随着时间的增长，寄回的人数逐渐减少。有的人没有及时寄回是因为遗忘，也有人以为再寄出已经迟了，干脆就不寄了。所以，在适当的时候对被访者进行跟踪是必要的。

一般在问卷寄出两周后应进行第一次的跟踪和催促，通过电话或简短的提示信进行，主要询问是否收到问卷、填写时有没有遇到什么问题、是否已经寄出等。如果问卷已经寄出，就表示感谢；否则就请求被访者早日寄回问卷。有研究表明，跟踪提醒一般可将问卷回收率提高大约20个百分点。

在后续的一段时间内，会陆续收到寄回的问卷。研究者要及时进行回收登记，包括回收数量、寄出日期、寄出地址等。在第一次催促的两周后，对于尚未寄回的问卷，应该进行第二次电话催促或寄另一份提示信催促，寄信的同时最好再次寄出问卷，并尽量打消被访者的各种顾虑。

如果第二次催促后回收率仍不够理想，也可以在适当的时间再次进行催促，强调此项研究的意义和被访者意见的重要性。

每次催促都应注意语气委婉，并多次表示感谢，避免引起被访者的反感。

如果研究的时间紧迫，经费也有限制，一项简单的邮寄调查可能只需要上述第一和第三步的工作即可，但调查的效果不会很好。

（二）电子邮件调查

随着互联网络的发展，电子邮件已逐渐进入人们的日常生活中。中国互联网近年来飞速发展，截至2011年3月底，中国已备案网站数量达到382万个，网民数量达到4.77亿，日均上网2.73小时。这些客观条件，使得通过电子邮件进行一些专项调查成为可能。但需要注意的是，目前上网网民年龄在30岁之前的占到70%，而且未婚者比例在一半以上，这样一个总体并不适合大多数的研究。

电子邮件调查的执行过程和传统的邮寄调查类似，先要收集目标调查对象的电子邮件地址，然后将电子版的说明信和问卷打包发送到这些地址，必要时可以多次追踪催促，也可以通过电话或电子邮件事先通知被访者。

和传统的邮寄调查相比，电子邮件调查的执行周期要短得多，费用也降低了不少。主要是省略了邮包在路上花费的时间，而且省去了问卷印刷费用和邮资费用。电子邮件调查的方式正逐渐被一些调查项目采用。

（三）邮寄调查的优缺点

邮寄调查是一种较早被使用的调查方法，它具有一定的优点，同时它也有致命的缺点，这些缺点使它的适用性受到了很大的限制。

1. 邮寄调查的优点。邮寄调查的突出优点主要表现在以下几个方面：

（1）调查的空间范围广。邮寄调查可以不受被调查者所在地域的限制。对于传统的邮寄调查，只要是通邮的地区都可以进行调查；对于电子邮件调查，只要求有条件上网就可以进行调查。邮寄调查甚至可以跨国进行。

（2）邮寄调查的费用低。在各种调查方式中，邮寄调查可以说是费用最低的一种。虽然不可避免地要支付一定的通讯费，但省去了一大笔访问员劳务费，电子邮件调查也省去了问卷印刷费。

（3）调查的内容可以比较全面、深入。邮寄调查给了被访者宽裕的回答时间，因此调查的内容可以比较宽泛，问题数量也可以适当增加，也允许有一定数量的开放题。另外，被访者也有时间进行思考，可以就一些相对比较深入的主题进行调查。

（4）避免了访问员误差。因为邮寄调查不需要访问员，被访者直接从问卷中产生理解，因而避免了由访问员在场引起的误差或受访问员诱导产生的误差，调查可以获得真实的信息。

（5）邮寄调查的保密性比较好，可以对一些敏感话题或人们不愿公开的话题进行调查。

2．邮寄调查的缺点。

（1）邮寄调查的最大缺点是样本的代表性问题。有的调查虽然明确界定了总体，但往往很难获得最适当的抽样框资料。尤其是电子邮件调查只能代表上网网民的意见。另外，问卷的回收率很低，更加影响了样本的代表性。1936年，美国《文学摘要》在总统选举预测中失败，除了样本框选择有问题之外，还与其采用邮寄调查的方式有着很大关系，因为积极寄回问卷的人和不寄回问卷的人本身存在着较大的不同。

（2）问卷的回收期长，时效性差。一项传统的邮寄调查，往往需要持续几个月的时间才能完成，对于一些时效性要求比较高的研究项目是不适用的。电子邮件调查因为避免了邮包在路上往返的时间浪费，基本上可以很快得到调查结果，但也不能完全消除由被访者产生的时间延误。

（3）对被访者的要求比较高。访问的方式是用语言和被访者进行交流，对被访者文字能力的要求不高。而邮寄调查属于自填式的，被访者需要在读懂问卷的基础上写出答案，因此对被访者的文化素质要求较高，所以，不是所有的人都可以作为邮寄调查的被访对象。

（4）邮寄调查难以控制是否由被访者作答。邮寄调查中问卷的填写过程是不受控制的，难以保证问卷是由被访者独立完成的，有时问卷甚至是完全由别人代填的。这样不仅影响了样本的代表性，数据的分类比较结果也在一定程度上失去了意义。

（5）邮寄调查虽然避免了由访问员在场引起的误差，但又产生了不可避免的其他误差。例如，被访者对问题理解错误或故意错答，这在访问式的调查中都可以得到控制。例如，训练有素的访问员可以帮助被访者理解问题，并确认他们的回答不存在逻辑错误；当被访者回答不充分时，还可以通过追问进行补充；等等。在自填式的调查中，为了使调查误差最小，对调查问卷的设计要求就很高。例如，问卷首先必须能引起被访者作答的兴趣，也必须容易理解和回答。

五、网上调查

网上调查是随着互联网络的广泛使用而兴起的一门调查技术，上面提到过的电子邮件调查实际也是一种网上调查。这里的网上调查专指将调查问卷链接到网站上供被访者点击作答的一种调查方式。

（一）网上调查的主要类型

网上调查的主要技术性工作是将问卷设计成网页的形式并发布到一定的服务器供被访者回答。具体来说，网上调查又可根据被访者的来源分为以下几种类型：

1. 自选的网上调查。自选的网上调查是指将调查问卷放在互联网页面上，然后在门户网站或者某网站的入口处发出调查的邀请，网民根据个人兴趣主动去访问该网页并填写问卷。这是目前运用网络进行调查时被广泛运用的方法。由于被访者是自愿填写，因此更能够体现网民的真实想法与意愿。

但是这种方法的缺点也是十分明显的，这就是无法进行随机抽样，是一种非概率的抽样方法，虽然有时参加调查的样本数量很大，但调查结果仍不具有对网民总体的代表性。同时，这种调查对被访者没有任何限制，对一人多次完成问卷也没有任何的控制。虽然现在有的调查已经用身份证号或 IP 地址对被访者多次填写问卷的情况进行控制，但仍存在难以控制的因素。例如，闹了不小风波的第 21 届金鹰节“最佳主持人”网上投票，虽然是根据身份证号进行控制，但最后仍被迫根据投票时间和 IP 地址去剔除无效的选票。

2. 网民的自愿者盘努。盘努（panel）是调查中的一个术语，是指一个可供在不同时间多次调查的固定样本。网民的自愿者盘努一般是通过在访问流量较高的网站和门户网站中召集一些自愿者组成的。自愿参加调查的人，需要注册自己的个人资料。在每次网上调查前，通常以电子邮件和密码来确认被访者的身份。这种方法虽然控制了被访者的身份，但仍要看到，在最开始选择盘努个体时，仍是以自愿者抽样为基础的，是由网民自愿参加盘努样本的。虽然当自愿者数量较多时可以以概率抽样的方式从中抽选一部分，但这并不能改变它不是随机抽样产生样本的本质。

3. 网上拦截调查。网上拦截调查是在网站中拦截浏览者。通常是采用系统等距抽样的方法，每隔 K 个浏览者邀请一位参与调查。该方法的抽样框严格限制为该网站的浏览者以避免覆盖范围误差。为避免同一人多次填答问卷，调查可以采用 Cookie 技术加以控制。在这两个前提下，可以认为网上拦截调查采用了概率抽样方法，但是较大的拒答比例仍可能会使样本的代表性存在问题。

4. 事先征募的网民盘努。该方法不同于刚刚提到的自愿者盘努调查，其根本的区别在于自愿者盘努是用非概率的方法建立盘努样本，而事先征募的网民盘努是使用概率抽样的方法。常见的做法是借助随机拨号的电话调查来征募盘努成员，即通过电话调查收集个体的基本信息，区分出上网群体，并邀请符合条件的个体进入盘努。通过这种方法，可以达到在网民中进行概率抽样的目的。在每次调查时，盘努的成员需要提供一些关键的信息或密码才能进入调查，目的是保证只有受到邀请的个体才可以填答问卷。

由于受到上网普及率的限制，前述几种类型的网上调查都仅仅能反映上网者的意见，并不能代表全部居民总体的情况，这可以说是网上调查最大的局限性。如果要使网上调查的结果能够代表全部目标总体，则需要采用下面的“全部总体概率抽样”的方法。

5. 全部总体概率抽样。这种方法是唯一有可能得到全部总体概率抽样样本的方法，而不仅仅只针对网民的总体。这种方法和事先征募网民盘努有些相似，也是从对目标总体的概率抽样开始，并使用非互联网的方法来寻求最初的参与者（如使用电话调查）。但事先征募网民盘努的做法是只对电话调查中回答使用了网络的人继续调查，而本方法则是为所有抽中的样本提供必要的上网工具与设备，以换取该样本个体在后面调查中的合作。这是唯一一种可以将调查结果推广到整体（而不仅是网民）的调查方法。由于这种做法的成本相当高，所以它通常是针对盘努调查才进行。例如，AC 尼尔森、Arbitron 等一些从事收视率调查的公司，在抽中的家庭中安装人员测量仪，以记录该家庭完整的收视信息，并以一周为时间单位向控制中心发送这些信息。

这种方法有效地解决了网上调查的两个主要问题：覆盖范围的问题和浏览器兼容的问题。覆盖范围问题的解决是通过提供上网条件来换取合作的，而兼容问题则是通过向每一个盘努成员提供统一的设备而解决的。

该方法的不足之处在于花费较高，它可能是最昂贵的网上调查方法。不过，以昂贵的代价换来的概率抽样仍不能保证调查结果就是高质量的，它一方面受征募被访者的方法的影响，例如通过电话调查征募被访者本身受到电话普及率的影响；另一方面，有相当一部分的人拒绝合作，也影响了样本的代表性。但无论如何，这种方法都是最有可能替代概率抽样的传统调查方法的网上调查方式。

（二）网上调查的优缺点

作为一种新生事物，网上调查有可观的发展潜力，但在短时期之内，它仍不能成为调查方式的主流，这取决于这种方式的优点和局限性。

1. 网上调查的优点。

（1）高效率。由于互联网上信息传输速度极快，一份调查问卷几乎可以在第一时间同时传送到任何被访者面前，这保证了调查者在非常短的时间内就能获得大量的调查结果。而且网络调查对问卷回收的监控也十分方便，一旦研究人员将调查问卷输入互联网，对问卷的网络管理工作便同时开始，研究者可以随时了解到资料的收集、处理和分析情况，这使网络调查比传统调查方法在时间上更为快捷。网络调查的这种高效率是传统调查方式所无法比拟的。

（2）成本低。除了全部总体概率抽样方法外，网上调查的成本一般都比传统调查低。如果不考虑样本的代表性问题，一般只需拥有一台计算机、一个调制解调器以及一部电话，研究人员就可以在互联网上发布电子问卷进行调查，这不仅十分便捷，而且成本极低。而且，普通的上网者也可以设计调查题目，通过免费的服务器询问成千上万的人。

同时，由于网络调查不受天气、距离、时间的限制，也不需要印刷问卷和录入数据，这些都大大降低了调查所需的人力与物力耗费。

（3）有利于对敏感问题的调查。由于网上调查被访者身份的隐蔽性，在对一些较为敏感或有争议问题的调查中，网上调查比传统调查更为有效，其结果也更为客观和可靠。在网上调查中，被访者一般都是由于对调查本身有兴趣才会完成问卷的，加上回答是在匿名状态下进行的，这在很大程度有利于保证调查结果的客观性和真实性。

（4）可利用视觉和听觉因素进行调查。由于电子媒体的特点，在网上发布调查问卷，不仅可以展示图片等静态的物品，还可以设计出多媒体的问卷。例如，在调查对一则电视广告的评价时，可以直接在网上向被访者播出这则广告。这显然是传统的调查方法难以做到的。

2. 网上调查的缺点。

（1）样本的代表性差。网上调查最大的问题是常常无法明确调查的样本究竟能代表什么样的群体。对于一项研究来说，它的目标总体中的每一个个体未必都在网上调查的抽样框中，而且无法得知上网的人与不上网的人有什么方面的不同。不过，随着网络使用者的迅速增加，这个问题将会得到改善。

（2）回答率低。网上调查的回答率一般都比较低。网上调查这种方法一经采用，网站上各种各样的调查就会铺天盖地而来。在各种类似的调查的狂轰滥炸下，人们可能干脆不予理睬，只有一小部分的人会根据调查的内容、主题、娱乐性或者其他原因而做出参与调查的决定。不过很显然，愿意接受调查的人和不愿意接受调查的人之间是存在着一定差异的，这影响到了调查结果的普遍性。

另外，虽然匿名的身份可能有利于人们毫无顾忌地表达观点，但同时很多人对网络的安全性有所担心，这又在一定程度上抵消了上述优势，可能导致他们对敏感性的问题有较高的拒答率或者做出不真实的回答。

（3）技术要求高。完成网上调查的技术难度可能会阻止一些人完成调查，这一点与邮寄调查中纸笔回答方式的障碍相似。上网的高费用、调制解调器的低速、浏览器的不兼容、过长的页面以及对互联网络操作的不熟练等因素都会降低人们在家中完成调查的可能性。虽然网上问卷可以有丰富的视听信息，但呈现这种视听信息的能力还受限于带宽。

（4）网络中的虚拟身份可能导致不真实的回答。网络被公认为虚拟现实的空间，每个上网的人都可以在网络世界中扮演不同的多个角色，这些角色可能并不包括上网者的真实社会身份，而更反映出他们的一种理想或渴望。

调查的最终目的就是为了揭露存在于客观背景和人们的态度之间关系的规律性。调查的方法之所以可行，是因为社会学的研究者总认为每个人只有一套人格，扮演固定的角色，所以会有固定不变的背景、事实资料，也有着统一的态度，因此发现二者之间的关系是可行的。

但是，当进行网上调查时，这种唯一的关系被打乱了，被访者在回答一份调查问卷的时候，他／她是以哪一个身份来作答的？他／她是以同一身份来作答的，还是在不同问题中采用了不同身份作答的？他／她的每个不同的身份都应该作回答，还是只选择其中一种身份来作答？如果他／她选择某一身份作答，是由哪些必然的因素和偶然的因素导致的？这些问题是网上调查所面临的特有的问题，它们的存在严重到足够使整个调查完全失去意义。

以上简单介绍了几种常用的调查访问方法，这些方法很难绝对地说哪种明显优于其他种，而是各种方式都有一定的优缺点。在具体使用时，必须根据具体的调查内容和课题要求选择一种或几种最为合适的方法。

第七节　实验法

大众传播媒介和受众之中存在着各种现象和复杂的关系，要深入研究这些现象和关系，单一用一种研究方法往往是不能达到目的的。实验法是传媒调查中应用较早的一种定量研究方法。

实验法主要是用来研究现象之间的因果关系，它是在受控的环境中，研究一个或几个变量的变化引起另一个或几个变量的变化情况。本节将讨论实验法的一些概念和具体执行过程以及各种实验设计方法。

根据实验的场地不同，实验法又可分为实验室实验、准实验和现场实验几种类型。实验室实验是指一些实验在特定场地进行，一般都具有专门的实验设备，它对实验的条件、控制的实施和实验设计都有严格的规定。而由于实验室场地的限制，很多实验很难进行。在现实的自然状况下有很多进行实验的便利条件，因此，有的实验离开实验室反而可以进行，这些实验叫做现场实验或准实验。有一些现场实验可以由研究者控制实验刺激，另一些现场实验则完全是借助自然状态下的机会完成的。

一、实验法的基本概念和实施过程

（一）实验法的基本概念

不管是实验室实验还是现场实验，都会涉及很多概念。所以，这里先对实验法中的概念进行简单介绍。

1. 因果关系。所谓因果关系，是指某个或某些起因引起了另一个或一些结果，这些起因和结果之间存在因果关系。但是，一组现象之间究竟是否存在因果关系是永远无法被证明的，而只能进行推断。实验法通常就是为了推断因果关系。

我们以两个变量为例来说明因果关系的实质。对于两个变量 X 和 Y，如果它们具有同时增加或减少的变化趋势，我们常说这两个变量之间存在统计上的相关。但实质上，这种情况下的上述两个变量可能呈现三种关系：相关关系、共变关系和因果关系。

（1）相关关系。在相关关系中，无法区分这两个变量究竟是谁影响了谁，二者互为原因和结果。例如“每天看电视的时间”和“对电视节目的喜爱程度”，无法说明是“看电视的时间越长，对电视节目越喜爱”还是“对电视节目越喜爱，看电视的时间越长”二者是相关关系。

（2）共变关系。共变关系实际上是一种假相关关系，二者呈现同时变化的趋势是受了第三种因素的影响。例如，近几年，高清晰度电视机的销售量和医生的工资在同时增加，但它们二者之间并不存在什么关系，而是都受到了经济发展水平的影响。实验法通过实验设计可以有力地消除其他因素的影响，因此在实验法中一般不存在共变关系。

（3）因果关系。在有相关关系的两个变量中，如果能明确说明一个变量的变化引起了另一个变量的变化，那么就可以说这两个变量存在因果关系。推断因果关系要根据三个条件：①两个变量 X 和 Y 有相关关系；②X 的变化在时间上先于 Y 的变化；③Y 的变化除了由 X 的变化引起外，没有其他的原因。

上述这三个条件实际上是因果关系的必要条件而非充分条件，即变量间即使满足了这些条件，仍不能说明二者之间肯定存在因果关系。为了更有把握地确定因果关系，还需要进一步找证据，如果找到了很多一致的证据充分地证明了因果关系，再做出结论才比较合理。有控制的实验就能够在这方面提供强有力的证据。

2. 自变量和因变量。在复杂的媒介现象中，因果关系很少存在于简单的两个变量之中，而常常存在于数个变量中，所以确定变量间的因果关系存在一定的难度。

在存在因果关系的一组变量中，能够影响其他变量发生变化而又不受其他变量影响的变量称为自变量。自变量在实验中也称为处理变量，是实验中的刺激因素，是可以由实验者控制的。

相反，依赖于其他变量，而又不能影响其他变量的一些变量称为因变量。因变量在实验中可称为结果变量，因变量不能受到实验者的控制，而是要通过观察、访问等方法测量到。

在实验法中，还会存在一些外部变量（也叫无关变量），它们是除自变量外其他一切影响因变量的因素。外部变量是影响实验法效度的主要因素之一，因此要尽可能减少外部变量的影响。

3．前测和后测。任何实验的关注点总是在于实验刺激（即自变量）的效果，实验的目的也就是为了证明这种刺激的确产生了某种效果。正是为了证实实验刺激在产生效果中的地位的需要，前测和后测设计在实验中是非常重要的。实际上，实验者所寻求的并不是刺激后的结果，而是因变量从刺激前的某个时间点到刺激后的某个时间点的变化。在实施实验刺激以前对实验对象的测量称为前测，而在实施实验刺激后对实验对象的测量称为后测。

在对实验对象进行前测和后测的过程中，也可能产生一定的问题。实验对象可能会对测量的形式由不熟悉变得比较熟悉，对研究的目的由不了解变得比较了解，因而可能在后测中有意改变他们的回答，以迎合研究者的意图，从而影响到实验结果的客观性；同时，两次测量可能会使一部分实验对象感到厌烦，而缺乏积极合作的热情；此外，两次测量之间其他一些因素可能发生变化，也可能出现一些突发事件，因而导致两次测量的差别不能完全归于实验刺激。正是因为这些原因，在实验设计中又出现仅有后测的实验以作为对照。

4．实验组和控制组。在实验法研究中，常常把研究对象分为若干个组，其中两个典型的组是实验组和控制组。实验组是接受自变量刺激的一组对象，也叫处理组；不接受自变量刺激的一组对象叫做控制组，也叫对照组。

设置控制组的主要目的，是为了将研究本身（例如测量的过程）对实验对象的影响与实验刺激（即自变量）的影响区分开来。为了达到这种目的，就要求在实验开始前，实验组与控制组成员应基本上不存在大的差别。这就需要采用随机化技术分配实验组和控制组。

5．随机化分组。对于每个研究对象来说，是分配到实验组还是分配到控制组，应该采用随机化技术，即让每个研究对象到实验组的机会和到控制组的机会是相等的。

随机化的一个简单实施办法就是抽签，将写有研究对象名字的纸团放入容器中充分搅拌后，随机抽取一半作为实验组，另一半作为控制组。

对于一些特殊的实验，如果能够找到特征完全一样的两组研究对象（例如找到若干对双胞胎），形成配对样本，就可以大大减少和研究对象相关的外部变量影响。分配配对样本时也应该采用随机化技术，即一对特征相同的研究对象，谁去实验组、谁去控制组都是随机的。

随机化分组基本能够保证实验组和控制组的成员在各方面的条件和状况都相差无几，目的是消除由于分组的偏差带来的对实验结果的影响。

6. 双盲实验。在一些实验中，为了避免刺激的实施者由于知道哪个是实验组哪个是控制组而带来刺激上的差异，就设计了双盲实验。双盲实验是指在实验中，实验处理对实验对象和刺激者来说都是未知的。实验对象不知道自己在哪一组，直接与研究对象接触的人也不知道这一点。

（二）实验的实施过程

实验法的核心工作是对自变量进行操纵并观察因变量。最简单的实验就是由研究者操纵自变量，然后观察实验对象的反应。虽然每一种实验的执行都不尽相同，但一般来说都可以分为以下几个步骤：

1. 根据研究假设确定一个实验设计。研究假设是实验的核心指导，实验的一切工作都是为了能最终检验研究假设。研究者首先要对研究假设进行操作化定义，明确实验的自变量和因变量是什么，如何进行实验设计才能获得检验研究假设所必需的数据。

2. 确定实验的具体细节。在实验设计的基础上，研究者需要设计实验的细节性问题。包括选择什么样的实验室和实验情境，如何引进自变量或者创造什么样的条件才能引进自变量，如何测量因变量才能保证有效性和可信性，如何对实验结果进行统计，等等。

3. 确定研究对象。根据研究假设，确定研究对象的类型，并解决如何选择和接触研究对象的问题。然后，根据实验设计把研究对象分成所需的组。

4. 进行小规模预先研究。在完成上述基本的设计和计划工作之后，应当对少数实验对象进行小范围的探索性尝试实验，可暴露出设计中的各种问题。例如，自变量所给的刺激是否能够达到预期的效果，预先设计的测量方法是否奏效，等等。如果在预先研究中发现了实验设计中的问题，就可以根据情况进行修改，以确保实验的设计是可操作的和适用的。

5. 对因变量进行前测。根据实验设计不同，对有的组需要进行前测，以便在实验结束后进行比较来确定自变量的效果。

6. 进入实验场地执行实验。在排除各种障碍后，便可正式开始进行实验。研究者按要求只对实验组实施自变量的刺激，并对所有的实验对象实施后测。实验的执行过程也就是实验数据的收集过程。

7. 向实验者讲述研究目的。为了减少偏差，在实验执行之前往往没有告诉研究对象这是一项实验，也不会告诉他们研究目的，甚至有时不得不就这方面欺骗研究对象。

但是在实验结束之后，应当及时向研究对象告知真正的目的和实验原因，如果涉及欺骗，还必须如实解释原因，以求得谅解。

8. 分析和阐述实验结果。实验中得到的数据是实验的主要成果，要对其进行统计分析，并根据分析来检验研究假设是否得到证实。此外，还应该总结实验中一些新的发现，以便下一步进行深入研究。

二、实验设计

实验设计可以说是整个实验的计划或研究构架，有很多不同的方式。实验设计的表示方式很简单，常用的方式有符号、表格等。下面是实验设计中的一些常用符号：

R 表示实验设实验组和控制组，需要对研究对象随机化分组。

X 表示实验处理的过程，即对实验组进行自变量刺激的过程。

O 表示对因变量进行观察或测量。通常用数字脚注表示是第几次测量，如 O_2 表示第二次测量。

例如，有的实验设计用 RO_1XO_2 表示，就表示首先对研究对象进行随机划分组（R），然后对所有的研究对象进行前测（O_1，第一次测量），只对实验组进行自变量的刺激（X），然后对所有的研究对象进行后测（O_2，第二次测量）。这个设计可用表5－4的形式表示。

表5－4　表格式实验设计

随机化分组 R	前测	实验处理	后测
实验组	O_1	X	O_2
控制组	O_1		O_2

对于实验室实验，一般都具有专门的设备、条件和实施控制的手段，因此可以用于一些严格的、复杂的实验设计。而对于现场实验，很难随机化分配实验组和控制组以及严格控制实验刺激的方法，实验设计相对来说不是很严格，很大程度上是就便利的条件进行。

下面就一些常用的实验设计进行介绍。

（一）简单实验设计

简单实验设计是为了考察一个自变量和一个因变量之间的因果关系，它最多只分为一个实验组和一个控制组，或者只有一个实验组，引入的自变量只能有一个取值。

1. 单组前后测实验设计。单组前后测实验设计可以表示为 O_1XO_2，或表示为表5－5。

表 5-5 单组前后测实验设计

无随机化分组	前测	实验处理	后测
实验组	O_1	X	O_2

这种实验设计是假定自变量的影响可以通过比较后测（O_2）与前测（O_1）的差（D）来考察。例如，在一项实验中，先让大学生填写去西部工作的意愿（用 10 级量表），然后让他们看一部关于西部大开发的纪录片，之后再让他们重新填写上述量表，比较前后态度的变化，就可以看出电视宣传对大学生支援西部建设意愿的影响程度。

这种设计非常简单，但它的重大缺点是忽略了外部变量对因变量的影响，后测和前测的差异 D 不仅仅只是由于自变量引起的，而且自变量的影响究竟有多大是不知道的。例如，该例中，当第一次测量之后，在很短的时间内，受试的大学生很难把第一次测量的记忆忘掉，这就会对第二次的测量产生影响；同时，在第一次测量之后，他们也许反复在大脑中盘算到西部工作的事情，或者受试者之间私下对这个新的话题进行交谈，可能不看宣传片，有的人态度本身已经发生了变化。

所以，一般研究人员要能够完全确定外部因素不会对实验产生影响时，才采用这种实验设计。

2. 经典的实验设计。经典的实验设计如表 5-6 中所示，是最基本、最标准的实验设计。经典的实验设计包括了一项实验中的全部要素：随机分配的实验组和控制组、前测和后测、自变量（实验处理）和因变量。

用 D_1 表示实验组后测和前测的差，用 D_2 表示控制组后测和前测的差。在实验完成后，可以通过比较 D_1 和 D_2 的差异，来确定自变量的影响有多大。这样不仅排除了外部变量的影响，还可以排除前测造成的某些影响。

例如，对于上述研究媒介宣传对大学生去西部工作意愿的影响时，可以进行经典的实验。首先，随机抽取一些大学生作为受试者，用量表测量他们去西部工作的意愿，然后，对他们进行随机分组，只让实验组观看关于西部大开发的纪录片，最后，再次测量两组去西部工作的意愿。前测和后测的结果分别按组计算平均分。表 5-6 是一个模拟的实验结果：

表 5-6 模拟的经典实验设计

随机化分组 R	前测	实验处理	后测
实验组	3.6	X	6.5
控制组	3.4		5.1

实验组后测、前测的差 $D_1 = 6.5 - 3.6 = 2.7$

控制组后测、前测的差 $D_2 = 5.1 - 3.4 = 1.7$

观看电视纪录片对学生去西部工作意愿的影响是 D_2 与 D_1 的差异，即 $2.7 - 1.7 = 1$

经典的实验设计假定的是前测对两个组的影响是相同的，实际上由于前测和实验处理以及外部因素和实验处理之间交互作用的存在，这两组所受到的影响并不完全相同。例如，实验组的人可能会对自变量的引入非常敏感，填写态度量表之后再看纪录片，就能马上猜到研究者的意图，而导致第二次填写不真实的数字；或者，在第二次填写态度量表时，明明态度已经受到了影响，但对第一次的填写还有清楚的记忆，为了和第一次保持一致，而填写不真实的态度。

3. 两组无前测的实验设计。由于上述提到的前测影响，在前测会引起受试者敏感的情况下，可以考虑采用两组无前测的实验设计 RXO，如表 5－7 所示。

表 5－7　两组无前测的实验设计

随机化分组 R	前测	实验处理	后测
实验组	无	X	O
控制组	无		O

例如，上述例子中，先随机把大学生分为两个组，一组观看纪录片，另一组不观看，然后分别测量两个组去西部工作的意愿。由于两个组成员是随机分配的，可以假定其他条件都是相同的，唯一不同的就是实验组看过纪录片，而控制组没有看过，所以两组之间态度的差异只可能是由实验刺激产生的。由于不进行前测，就排除了前测和实验处理之间交互作用的影响，所以这种设计在理论上比前两种模式都具有更高的效度。

这种设计的缺点是，它必须是在实验组和控制组成员条件完全相同的情况下实验结果才会准确。实际上，随机化分组虽然是保证公平的理想方法，但在某一次分组中，随机化分组的效果也许会很不好，因为任何情况的分组都有可能出现，而前测则是消除由分组产生影响的一个好方法。

结合经典实验设计和两组无前测实验设计的优点，并避免二者的缺点，出现了所罗门四组实验设计，也即一种多组实验设计。

（二）多组实验设计

多组实验设计一般有 3 个以上的组，它可以用来考察多个自变量和因变量的关系。应用最广泛的是所罗门四组实验设计。

所罗门四组实验设计可用表 5－8 表示，它相当于典型实验设计和两组无前测实验设计同时进行。

表5-8　所罗门四组实验设计

随机化分组 R	前测	实验处理	后测
实验组1	O_1	X	O_2
控制组1			O_2
实验组2	O_1	X	O_2
控制组2			O_2

这种实验设计可以测量自变量、外部变量、前测各自对因变量的影响，还可以精确测量交互作用的效应。所谓交互作用，是指实验处理（自变量）、外部变量和前测三者之间相互作用所产生的影响。前面讲的3种实验设计都未考虑交互作用的影响。

表5-9是一个模拟的所罗门四组实验的结果，我们以此为例来介绍如何计算上述各种因素的影响。

表5-9　模拟的所罗门实验结果

随机化分组 R	前测	实验处理	后测
实验组1	4.4	X	8.4
控制组1	4.2		5.2
实验组2		X	5.8
控制组2			4.6

（1）实验总的影响。

实验组1的后测－实验组1的前测＝8.4－4.4＝4

（2）前测的影响。

控制组1的后测－控制组1的前测＝5.2－4.2＝1

实验组2和控制组2无前测数值，以实验组1和控制组1的平均值4.3估计。

（3）实验处理（自变量）的影响。

实验组2的后测－实验组2的前测＝5.8－4.3＝1.5

（4）外部变量的影响。

控制组2的后测－控制组2的前测＝4.6－4.3＝0.3

考虑外部变量的影响，应对实验处理、前测的影响进行修正。

（5）修正后实验处理的影响。

$$1.5-0.3=1.2$$

（6）修正后前测的影响。

$$1-0.3=0.7$$

（7）交互作用的影响。

实验总的影响－实验处理的影响－前测的影响－外部变量的影响＝4－1.2－0.7－0.3＝1.8

根据以上的计算，实验导致因变量总的变化（4分）可以分为如下几个部分：自变量本身（实验处理）的影响只有1.2分，前测的影响是0.7分，外部变量的影响是0.3分，而交互作用的影响高达1.8分。

从这个例子可以看出所罗门四组实验设计的显著优点：它可以排除其他一切因素的影响，分辨出由自变量引起因变量变化的真正大小。

三、实验法的优缺点

实验法和其他研究方法相比，在研究媒介现象方面具有显著的优点，同时也有一定的缺点。为了便于说明，我们对实验室实验和现场实验分别进行讨论。

（一）实验室实验的优点

1．能够确立因果关系。实验法的最显著优点是能够构建因果关系，这是其他任何调查方法所不能达到的。虽然它不能够证明因果关系的存在，但它提供了确立因果关系的最佳证据。在实验中，研究者可以控制其他外部变量，使自变量的作用独立出来；同时，实验采用前测—实验处理—后测的次序，控制了自变量和因变量出现的时间顺序；由于这些措施，可以比较有把握把因变量的改变归因于实验刺激，即自变量的影响。

2．控制能力强。可以说，控制是实验室实验的基本特征。研究者可以设计出独立、不受常规活动影响的实验情境，控制实验环境和实验对象的分组，控制自变量和因变量的数量和类型以及施加实验刺激的方法。这些措施对于资料分析和假设检验具有重要的意义，可以有效地提高实验的内在效度，发现变量之间的真正关系。

3．费用较低。同其他调查方法相比，实验法的费用常常较低。这主要是因为一项实验的规模比较小，实验的时间比较集中。较少的对象、较小的规模、较短的时间决定了实验的费用不会太多。但实验的规模小不代表不能够达到较好的效果。例如，对广告效果的研究，小规模的实验显然比调查法更有效，但费用要节省得多。

4．易于重复。重复一项研究对于获得可靠的结论来说有着十分重要的意义。把一项实验的过程详细地记录下来，以方便其他人重复验证实验的结论。许多经典的实验经常被重复进行。有时重复实验改变了实验的情境，以确认研究结论并不只局限在特定的环境中，而是具有一定的普遍性。

（二）实验室实验的缺点

1. 实验场景的人为性。实验室实验的最大问题是实验环境的人为性。实验室实验之所以能够确立自变量与因变量之间的因果关系，关键在于它通过各种设计，把其他因素的影响控制在最小限度以内，以突出实验刺激对因变量的影响，因此实验都是在受控的环境之中进行的。对实验环境的控制程度较高，同时也就意味着离现实越远，所得到的研究结果越难以推广到真实世界中。

复杂的媒介现象是不可能脱离真正的现实而存在的，研究者关注的主要目标是外部效度。从这个角度出发，许多研究者较多地通过进行现场实验来克服实验环境人为性的缺点，只不过现场实验又出现了难以控制的缺点。

2. 样本的缺陷。除了实验场景的人为性之外，影响实验外部效度的还有实验样本的代表性不足问题。参加实验的人与现实世界中的人们往往有较大不同；由于方法的限制，样本的规模常常又是很小的。因此，实验室实验往往只用来了解人们在受到某种刺激之后的心理变化。

3. 实验本身的影响。由于置身于实验的环境之中，实验对象的表现往往不自然；同时，实验人员的言行无意间也会给实验对象一种压力或暗示，导致某些实验对象有意迎合实验者的期望。这些因素降低了实验的内部效度。

4. 伦理道德方面的限制。由于很多实验的对象都是人，如果实验处理会对他们本身产生长期的负面影响，这种实验就不能进行。例如，不能为了研究电视中的暴力情节对儿童的影响而选取一定的样本，让他们长期观看有暴力情节的电视。另外，很多实验在选择和接触研究对象时，往往需要隐瞒真实的研究目的而导致欺骗，这在道德上也存在较大的争议；而如果一开始就告诉他们真正的研究目的，又会使研究结果失去科学性。

（三）现场实验的优点

现场实验的最大优点是具有外部效度。由于研究的场景与自然环境十分类似，研究对象通常会表现出真实的行为，而不受实验状况的影响。例如，在实验室实验中让两组研究对象分别看电视广告片 A 和 B，并比较他们对广告商品的购买可能，决定哪一个广告更好。而实际上，一旦把广告真正播出，在众多广告的冲击下，观众很可能根本不去注意这则广告；而在实验室条件下，受试者则被动看广告。同时，在实验室中让受试者表达购买产品的可能性毕竟和真正的购买行为不同，一旦真的把该产品置于竞争的产品之中，受试者购买决策往往会发生变化。

实验室实验的这些缺点可以被现场实验克服。例如，对于同样的研究，可以把这两则广告分别在两个相似的城市播出，然后比较每个城市该产品销售量的不同，就可确定哪个广告的效果更好。这样的实验结果是在现实的条件下得出的，因此可以推广到更广泛的现实中去。

此外，很多现场实验可以在研究对象不知情的情况下进行，研究对象没有意识到正在实验，就会做出真实的表现。

同时，有的现场实验可以在很小的花费下完成，因为它不需要特殊的设备和工具。但大规模的研究或特殊课题的研究也会有较大的花费。

最后，现场实验在复杂的现实生活中展开，可以研究多种现象之间复杂的相互关系，也可以长时期持续同一个实验。有的研究只能通过现场实验完成。

（四）现场实验的缺点

1. 现场实验虽然具有较高的外部效度，但由于难以控制外部变量，内部效度较低。有时研究者很难把握研究的结论是否成立。

2. 伦理道德方面的问题在现场实验中也需要考虑。例如，要研究媒介接触对人的现代化程度的影响，就不可能设置一个控制组让他们为了研究而长期不接触媒介。

3. 在实验的执行过程中，现场实验经常常遇到许多的阻碍。例如，研究对象的不合作，或者在进行实地实验之前，要花费很多时间与研究对象接触和沟通，等等，使得一项实验往往需要较长的时间才能完成。

本章小结

1. 文献研究与其他研究方法的显著不同是资料来源不同。它不是直接从研究对象获取研究所需要的资料，而是去收集和分析现存的某种文献资料，即文献研究是研究第二手资料。

2. 观察调查法就是观察者根据研究课题，借助眼睛、耳朵等感觉器官和其他仪器与手段，有目的地对研究对象进行考察，以取得研究所需资料的一种方法。

3. 小组访谈法（Focus Group）也叫集体访问法或小组座谈会法，常常用来测量受众的态度、意向等方面的信息。

4. 深层访谈法（In-depth Interview）是依据开放的访谈提纲进行一对一访问的形式。

5. 问卷调查法主要有如下几个步骤：①根据研究目的，设计调查方案；②设计调查问卷；③实施问卷访问；④把调查资料录入电脑；⑤对数据进行统计分析，对假设进行统计检验；⑥撰写调查的报告。

6. 最常用的问卷调查方法：访问式的面访（包括入户面访和街头访问）、电话访问（包括电脑辅助电话访问）、邮寄调查和网上调查等。

7. 实验法主要是用来研究现象之间的因果关系，它是在受控的环境中，研究一个或几个变量的变化引起另一个或几个变量的变化情况。本节讨论了实验法的一些概念和具体执行过程以及各种实验设计方法。

思考与练习

1. 观察调查法的优缺点有哪些？
2. 问卷调查法的主要步骤有哪些？
3. 试确定本小组调查选题的调查方法。

第六章 调查问卷设计

◉ **知识要点**

1. 问卷设计的总原则
2. 调查问卷的功能及分类
3. 问卷的基本结构
4. 问卷设计的流程

导入案例 >>>

"'80'后看电影"调查问卷

背景：2008 年，我国国产影片产量增长趋缓，全年共生产故事片 406 部、动画片 16 部、科教片 39 部，电影频道生产数字电影 107 部。而 80 后是电影市场的主力受众，所以 80 后对电影的看法至关重要。

为此，某校大学生为了探究"80"后对看电影方面的态度，设计了《"'80'后看电影"调查问卷》，调查对象为网络中的"80 后"，问卷如下：

姓名（网络名）：＿＿＿＿＿＿ 性别：＿＿＿＿＿＿ 出生年：＿＿＿＿＿＿

（请在选项前的括弧中打√，如无特别说明请单选）

1. 你更喜欢的休闲娱乐方式是什么？（至多选择 3 项）

（ ）上网 （ ）看电视 （ ）看电影 （ ）玩电子游戏

（ ）看动漫 （ ）听音乐 （ ）旅游 （ ）看文艺演出

（ ）阅读 （ ）参加展览展会

2. 在你的文娱消费支出中占比重较大的是什么？（至多选择 3 项）

（ ）戏剧/戏曲类演出 （ ）音乐会/演唱会

（ ）影院观影 （ ）泡吧/蹦迪/K 歌

（ ）购买影音类 DVD/CD 光盘 （ ）购买文娱类书报刊

（ ）电子游戏类的各项支出 （ ）上网

3. 你心中的偶像有哪些（不限文体类名人，可包含古今中外、各行各业）？

____

4. 你是否经常看电影？

(　　) 偶尔看　(　　) 经常看　(　　) 几乎不看

(○请简述你不爱看电影的原因______________)

5. 你主要通过什么方式或途径看电影？（至多选择3项）

(　　) 电影院　(　　) 通过电视看 DVD 光盘

(　　) 通过电脑看 DVD 光盘　(　　) 通过电脑看电影视频

(　　) 通过 MP4、手机等移动设备看电影视频　(　　) 电视台播映

6. 是什么吸引你去电影院看电影？

(　　) 影片本身的号召力　(　　) 打折/赠票

(　　) 关注参演的明星　(　　) 常规的文化/社交消费

7. 你多久去一次电影院？

(　　) 每周　(　　) 一两个月　(　　) 差不多半年一年

(　　) 几乎不去影院

8. 你更喜欢哪一类的电影？

(　　) 好莱坞式的各国大制作商业片　(　　) 各国非主流文艺片

(　　) 香港娱乐片　(　　) 日本动画剧场版

(　　) 各国 B 级片、cult 片　(　　) 内地地下电影

9. 你最喜欢的中国内地电影类型是什么？

(　　) 近年的古装大片　(　　) 新中国成立前的老电影

(　　) 新中国成立后的早期电影　(　　) 小众文艺电影

(　　) 第五代探索时期的电影　(　　) 近年逐渐出现的中小规模商业电影

10. 你是否看过近两年的国产古装大片？

(　　) 没看过　(　　) 看过一两部　(　　) 看过大多数

11. 你最喜欢哪一部国产古装大片？

(　　)《英雄》　(　　)《十面埋伏》(　　)《无极》

(　　)《夜宴》(　　)《满城尽带黄金甲》

12. 你最不喜欢哪一部？

(　　)《英雄》　(　　)《十面埋伏》(　　)《无极》

(　　)《夜宴》　(　　)《满城尽带黄金甲》

13. 你最喜欢的中国内地电影有哪几部？（请列出5部）

____

14. 你最喜欢的中国内地导演有哪几位？（请列出5位）

____

15. 你最喜欢的中国内地影星有哪几位？（请列出 5 位）

____

16. 你最喜欢的外国电影有哪几部？（请列出 5 部）

____

17. 你最喜欢的外国影星有哪几位？（请列出 5 位）

____

18. 请向“80 前”推荐 10 部你认为可能是他们不知道或忽视的好电影（包含纪录片和动画片）。

____

[电影世界（www. Mtime. com），2007 年 7 月 6 日]

第一节　调查问卷的功能及分类

一、调查问卷的功能

在传媒调查中，调查问卷往往是必不可少的（定性研究中用到的调查问卷，常常被称作调查提纲）。一般来说，调查问卷具有以下的功能：

（1）调查问卷将调查主题规定的信息翻译成被访者可以回答且愿意回答的一系列具体的问答题。

（2）调查问卷以可以理解的语言与被调查者沟通，从而能够促进、激发和鼓励被访者参与、合作并完成整个调查。

（3）在利用问卷进行访问时，调查问卷可以使回答误差减至最小。

（4）调查问卷易于管理、方便记录，且有利于问卷检查、编码和录入。

（5）根据调查问卷，调查的结果就可以转换为能回答研究者问题的结论。

二、调查问卷的分类

对于不同的研究主题，传媒调查可以采用不同的具体方法，所需的问卷也必须与之相适应，因而调查问卷具有不同的分类。

1. 按照调查的方式，可分为“自填式问卷”和“访问式问卷”。自填式是指通过发放、邮寄或刊登到报纸及杂志上、发布到网站上等方式将问卷送到被访者手中，由被访者自行填写；访问式是指在面访或电话访问中由访问员把问卷逐题念给被访者听，并由访问员根据被访者的回答填写问卷。在问卷设计上，自填式问卷的形式要尽可能简单明了，填表说明要更详细。

2．按照问卷中问题的回答方式，可分为“开放式问题的问卷”和“封闭式问题的问卷”。开放式问题，指的是只提出问题而不规定答案的选择范围，被访者可以根据自己的情况自由回答，这样的答案大多只能作定性分析，所以开放式问题常用在定性研究的问卷中。封闭式问题是指不仅给出了调查问题，而且对该问题可供选择的答案作了精心的设计，被访者只能在规定的答案范围内进行选择。封闭式问题的问卷既便于被访者回答，也便于资料的统计分析。问卷调查法中用到的问卷一般都采用封闭式问题，但有时候可以在问卷的最后加上一个或几个开放式问题，用于收集一些封闭式问题中未能包含在内的资料。

3．按照问卷的结构，可分为“无结构的问卷”和“有结构的问卷”。无结构问卷，指的是对问卷中所提的问题没有在组织结构上进行严格的设计和安排，只是围绕着研究目的来提一些问题，这些问题一般都是开放式的。在访问时，无结构的问卷允许访问员打乱这些问题原有的排列顺序提问，也允许访问员根据被访者的回答提出新的问题，以便深入了解被访者的想法。有结构的问卷是根据研究目的和主题而精心设计的有具体结构的问卷。问卷中的问题一般都是封闭的，问题的排列次序有严格的规定。在访问时，访问员必须严格按照规定的顺序进行提问，也没有访问员自行提出新问题的余地。无结构的问卷一般在定性研究中使用，如深层访谈和小组访谈中的访问提纲就是典型的无结构问卷。在定量的问卷调查中，问卷一般都要求是有结构的。

综合以上分类可以看出，大规模的定量调查中常用的问卷一般是封闭式的、有结构的问卷，这也是问卷设计中最难设计的类型。一份设计得完美的问卷可以说是科学＋艺术、经验＋智慧的结晶。

第二节　调查问卷设计的总原则

调查问卷是测量研究者所需信息的工具，可以类比尺子和长度的关系，如果尺子有缺陷，测量长度就会不准确。不过和尺子相比，问卷的客观性和标准化程度要远远低于尺子，它常常会带有研究者主观局限的烙印。问卷设计是创造性思维劳动的结晶，研究主题千差万别，每个研究者都可以凭自己的知识和经验进行巧妙的构思，目的都是使测量的信息尽量接近真实世界的情况。因此，对问卷设计工作很难做出具体的理论指导，而只能在原则的层面上指出问卷设计应该努力的方向。

问卷设计总的原则如下：

1．保证测量的效度。效度是指问卷中测量的正是研究者想要的信息，而不是与之相关联的另一个信息。举一个简单的小例子可以很好地说明这个问题。

例：研究者想要了解山东电视台《晚间新闻报道》的知名度，下面给出两种问法。

第一种问法：

你知道山东电视台《晚间新闻报道》吗？

1. 知道

2. 不知道

第二种问法：

一提到晚间新闻报道，你首先会想到哪个频道？＿＿＿＿＿＿＿＿＿＿

还会想到哪些晚间新闻报道？＿＿＿＿＿＿＿＿＿＿

对第一种问法，研究者的分析思路是通过调查得到被访者回答“知道”的人数，最终计算出回答“知道”的比例就是山东电视台《晚间新闻报道》的知名度。

对第二种问法，研究者会统计被访者提到的各种频道被首想提及的比例，从而得出每个频道晚间新闻报道的首想知名度。当然，山东电视台《晚间新闻报道》也会有自己相应的比例。研究者也可以结合第二个空格中出现的频道，计算各个频道的综合知名度。可以想到，被访者提及的各频道之间的次序正反映了不同频道对于该被访者的知名度，因此，可以根据某被访者提及的次序对各频道进行加权。例如，基准分设为 1 分，首选的频道就是 20 分，其次出现的频道就是 19 分，依此类推，出现的次序越靠后，分值就越小，最终汇总各频道对于所有被访者的总得分。这个总分除了用于排序，也可以计算指数（即各得分对于某一基准品牌的倍数）。如果研究者担心加权的依据不足，分析时可以直接统计各频道被提及的综合比例。最终，研究者结合首想知名度和综合知名度两个指标共同衡量山东电视台《晚间新闻报道》的知名度。

比较这两种提问的方法，第一种方法显然便于编码和统计计算，但是带来了严重问题，它测量的信息已经不是山东电视台《晚间新闻报道》的知名度，而是被访者的记忆被唤起的程度。在提问的一瞬间，被访者就会在记忆库中寻找关于“山东电视台《晚间新闻报道》”的记忆，而大多时候这种记忆是会被唤起的，从而导致了被访者有很高的比例回答“知道”。

从这个例子看出，想要测量某个指标，往往是不能直接去询问的，因为直接询问的过程已经带来了严重的误差，甚至测量的信息对目标信息是无效的。

2. 提高测量的信度。信度是指测量是准确的和稳定的。提高测量信度的具体方法，就是在问卷设计时考虑周全，尽量避免由于问卷引起的各种来源的误差。为了避免误差，在问题的措词以及问卷的结构编排上，都有很多具体的要求和技巧，这些要求和技巧将在后面专门讲述。

3. 鼓励被访者的合作。问卷调查的完成依赖于被访者的合作，因此设计问卷时，应尽量站在被访者的立场上考虑，避免出现让被访者产生敌意的问题以及有可能对被访者造成心理影响的问题。具体来说，应该在问卷的开场白中诚实地向被访者征求合作；如果不是筛选对象的需要，尽量不要刚开始访问时就询问被访者的地址、电话、年龄、收入等基本资料，而是在访问快结束时再问；问卷访问的时间不能太长，一般以少于40分钟为宜；尊重被访者的隐私和表达意见的权利，被访者的回答是完全自愿而不是被逼迫的；如果涉及令被访者尴尬的敏感性问题，应以一定的技巧设计问卷和获得答案；等等。

4. 便于访问、记录和整理。为了避免访问中和访问后的资料整理工作引入误差，每个问题的访问指导和问卷的排版也是很重要的。一般除了问题之外，每个问答题都应在适当的位置以不同于正文的格式清楚地标明访问员指导语，即指导访问员如何对该题进行访问。这样就能够提高访问过程的标准化程度，即尽量使得每个访问员的访问方法是相同的，从而避免由于不同的访问员引入的误差。例如，在题干后面加括号注明是“只选一项”还是“可选多项”等。

在问卷的编排上，尽量采用从前向后访问的次序，避免访问员在访问时反复前后翻找，而且一个完整问题之间最好不要分页。

考虑到访问员记录的准确性，一定要在问卷中留出访问员准确记录的空间。例如，如果多个问题可以共用一套答案，则每题的答案都应记在专门的地方而不能在答案中圈画，否则就不知道哪个题选的是哪个答案了。如果某个问题的答案不是封闭式，要加“其他”选项，并留出访问员记录的空间。

考虑到资料整理的方便性和准确性，问卷中尽量给每个问题提供封闭式的选项。例如，对上面讨论过的“山东电视台《晚间新闻报道》”知名度测量的问题，虽然不是让被访者从答案中选择，而是让他们自发地回答，但问卷中最好也列出其他频道，并给每个频道一个编号，让访问员记录时只记录频道的编码即可，即采用事前编码的方法。这样做将会大大减少事后编码的工作量。

例：一提到晚间新闻报道，你首先会想到哪个频道？____________（请记录被访者提及的频道的编号；如列表中没有该频道，请直接写出）

还会想到哪些频道？____________（请按被访者提及的顺序，记录频道的请直接写出）

1. 山东卫视	2. 河北卫视	3. 天津卫视	4. 齐鲁卫视
5. 湖南卫视	6. 东方卫视	7. 东南卫视	8. 湖北卫视
9. 四川卫视	10. 河南卫视	11. 云南卫视	12. 新闻频道
13. 央视1套	14. 央视2套	15. 央视7套	16. 央视12套

第三节　调查问卷的基本结构

调查问卷的基本结构一般包括三个部分，即问卷封面、问卷正文和结束语。其中问卷正文是问卷的核心部分，是每一份问卷都必不可少的内容，而其他部分则可以根据研究者需要而取舍。

一、问卷封面

问卷封面按位置一般可以分作以下几部分内容：问卷编号、问卷标题、封面信、筛选问题和辅助信息。

1. 问卷编号。问卷编号是一个非常重要的信息，一般在访问实施之前就应当给每份问卷以统一的格式并打上编号，这个编号也应统一标志在醒目的位置上，例如问卷首页的右上角。这样做一方面便于对访问的管理；另一方面，问卷访问结束后需要进行数据录入工作，电脑数据和问卷一一对应的关键变量就是问卷编号。

2. 问卷标题。作为一份标准的问卷，一般都应当有一个正式的问卷标题，标明这是关于什么研究的问卷，以及在问卷标题下方注明研究进行的时间。

3. 封面信。封面信一般印刷在问卷上，供访问员在接触被访者时进行语言沟通使用。封面信的主要内容就是介绍将要进行的工作是什么性质，是关于什么主题的研究，以及被访者回答的方式。

对于一份标准化的问卷，封面信是必不可少的。为了减少各种人为的误差，问卷访问尽可能采用标准化的访问流程，即减少由于使用不同的访问员而引起的误差。如果每个访问员在介绍研究目的时口径不统一，尤其是没有经验的访问员一上来就说出了委托方，就可能会对调查的结果产生影响。例如，对于中央电视台的一个受众调查项目，访问员如果这样介绍：

例 1：您好，我们正在给中央电视台做一个受众调查项目，想要对您进行一个访问。

这样的介绍，一开始就给整个访问带来了诱导性误差。对于不了解这种研究方法的被访者来说，过早识别了“中央电视台”，可能会对他们产生心理上的压力（有的被访者会把“访问”当做电视“采访”来对待），或者在回答问题时产生方向偏离。

出于这样的考虑，一般的介绍都只用通俗的语言（尽量不要出现专业词语）告诉被访者调查的主要内容，而不作更深入的解释。

例 2：您好，我们正在进行一项研究，想就收看电视的行为问您几个问题，您平时是怎样想的就怎样回答好了，答案无所谓正确和错误，您的意见对我们是非常重要的。请相信我不是在推销，这确实只是一个研究项目。

如果研究者反复推敲认为这样介绍是最合适的，就把它印刷在问卷首页开头的位置，这就是封面信。封面信一方面可以保证访问员的口径一致，避免了误差；另一方面有助于打消被访者的顾虑而达成成功的访问。

4. 筛选问题。对于一些需要筛选访问对象的调查，需要把筛选问题放在封面上，而且是紧靠着封面信，这样访问员在介绍研究之后，马上就可以开始筛选。如果访问对象不合适，就可以终止访问。

筛选问题有时不止一个。例如，为了避免诱导误差，一般的访问都要求不对3个月内接受过类似访问的人进行；也不对在市场调查机构工作的人访问；而研究者考虑到研究的内容是关于电视的，也不能对在电视部门工作的人进行访问。考虑到家庭成员互相间的影响，对有这三类人的家庭都不访问，筛选的问题就可以是：

例：S1. 请问在最近3个月内，您家接受过有关收看电视情况的调查吗？

1. 接受过　　（终止访问）
2. 未接受过

S2. 请问您家有在这些单位工作的人吗？

1. 电视台　　（终止访问）
2. 广播、电视事业管理部门　　（终止访问）
3. 市场调查机构　　（终止访问）
4. 其他

5. 辅助信息。一般的问卷都需要记录一些辅助的信息，但记录哪些信息和具体的访问要求有关。例如，一项跨城市进行的入户访问，就需要记录以下信息：所在城市、访问员姓名或编号、被访者住址（包括区、街道、居委会）、访问的起止时间、被访者的姓名和电话、复查员姓名、复查日期、复查结果，等等。

辅助信息是研究者评判访问质量的重要依据。例如，按抽样设计的规定，每个居委会访问5户，研究者想要知道访问员是否按规范要求操作，就可以通过查阅被访者的住址而得知；一份问卷估计的最短访问时间是30分钟，可是某访问员只用了10分钟，这就值得怀疑；某访问员10点钟刚结束一场访问，而在同一天的9：50已开始了另一场访问，这一定是访问员在做假。所以，问卷上也一定要记录是谁做的这份访问记录，一方面是为了质量控制，另一方面便于比较不同访问员做的访问结果是否相差很大。

对于访问员已经知道的信息，可以在访问正式开始前就填写，同时需填写访问的开始时间。而另一些辅助信息如被访者的姓名、住址和电话，最好是在访问结束时填写（避免由于被访者的戒备心理而引起拒访），之所以把它们也放在问卷封面上，一方面是为了整齐，另一方面便于复查的进行。访问结束时同时需要填写的还有结束的时间以及访问的总时间。

二、问卷正文

问卷正文是调查问卷的主体，主要包括有固定排列顺序的各类问题、问题的答案及访问指导语，这也是问卷设计的主要任务。从形式上讲，封闭式问题是问卷中出现最多的，也是最难设计的。下面是一项针对电视从业者调查中的一个完整的封闭式问题的例子：

例：Q1.（出示卡片）在未来的10年，数字电视将逐渐在我国普及。在目前的转型中，您认为电视台面临的最重要的问题是什么？（读出，轮换顺序，只选一项）

1. 组织员工学习数字电视的知识和技能
2. 加强人事结构调整力度，完善激励机制
3. 加强以观众为核心的服务意识
4. 以电视为依托，拓展服务的种类
5. 提高电视节目的质量
6. 节约和降低成本
7. 集思广益，探索新的发展模式
8. 其他（请详述____________）
9. 不知道/无回答

该问题是一个封闭式问题。“出示卡片”，（“读出，轮换顺序，只选一项”），（“请详述____________”），这都是访问的指导语。其中包括了对回答方式的要求“只选一项”，也包括了对访问员的要求。

所谓“出示卡片”，是指在访问式的访问中，如果备选答案过于复杂，只凭访问员念出，被访者很难根据记忆来做出选择，为了访问的方便，可以把答案单独做在一张卡片上。访问时，访问员先向被访者提问，然后出示卡片给被访者看，并同时念出各个答案，最终让被访者在其中做出选择。

所谓“轮换顺序”，是指由于备选答案的出现次序可能影响被访者对各个答案重要性的理解，因此更倾向于选择先出现的答案。为了避免被访者产生同样的“先入为主”的理解，对不同的被访者提供的答案次序进行轮换。例如，对占样本总数约1/7（这个比例的大小是根据选项的数量决定的）的被访者按照问卷中1，2，3，4，5，6，7的次序出示和读出答案；对另1/7的被访者按照问卷中2，3，4，5，6，7，1的次序出示和读出答案；另1/7按照3，4，5，6，7，1，2的顺序，依此类推，这样就能够保证所有的选项出现在第一、第二、第三……第七位置的机会是一样的。一份问卷往往有多道题

都需要按不同的规律轮换顺序，所以分别印刷问卷往往是不现实的，因此，所有的访问用同一份问卷，但访问时要求访问员轮换顺序。至于如何轮换，事先可以对每个访问员进行培训或规定，而且他们所携带的卡片也是不同的。

对于封闭式选择题，答案必须具有完备性和互斥性，即分类是明确的和全面的，每个被访者都能在备选答案中找到适合自己的类别，而且是唯一一个合适的类别。实际应用中，备选答案的编制是工作量最大的环节，尽管这样，也不一定能够达到完备性的要求。所以，可以在备选答案中加一个选项“其他”，但有经验的研究者往往要求访问员记录“其他”所代表的具体内容。这样即使答案的设计有较大的缺陷，导致有相当比例的人回答“其他”，研究者也可以通过事后编码重新规定类别；如果没有“请详述”这个要求，则即使回答“其他”的比例非常大，也没办法分析这些“其他”究竟是什么，而分析结果中统计“其他”这一类别出现的比例是没有意义的。

考虑到也许会有少数的被访者因不了解或其他原因而不能回答或不愿回答，为了编码的完整性，最好每个选择题都设一个选项“不知道/无回答”，供访问员记录使用。但这个选项不能出现在卡片中，访问员也不能念出，只能在被访者确实无回答时才使用。

三、结束语

结束语一般放在问卷的最后面，用来简短地对被访者的合作表示感谢，并提醒访问员留下给被访者的礼品。

第四节　调查问卷设计的流程

在传媒调查中调查问卷是资料收集的工具，它决定了整个调查质量的高低。因此，调查问卷设计是调查中最有挑战性的一项工作。一般情况下，问卷设计应遵从以下的流程：根据研究构架以及概念的操作化定义，规定所需信息；确定调查的方法和问卷的类型；确定每个问题的内容；确定每个问题的结构；确定每个问题的措词；确定问题的备选答案；确定问题的排列顺序；问卷的格式和排版；对问卷进行评估；通过试调查对问卷进行测试；问卷的印刷和装订。

一、规定所需信息

规定所需信息是问卷设计的前提工作，研究者必须在问卷设计之前就明确这些信息。这可以通过研究构架和对概念的操作化定义来完成，所有为达到研究目的和验证研究假设需要的信息，问卷中都必须有与之相应的问题。在这一步中，还要对将来如何使用和分析这些信息做到心中有数，这样才能按分析方法所要求的形式来收集资料。如果不是用与统计分析方法相适应的形式收集的资料，就无法进行有效的分析和利用，研究目的就不一定能够达到。

二、确定调查的方法和问卷的类型

问卷调查的具体实施方法有面访、电话访问、电脑辅助电话访问、邮寄调查、报刊登问卷调查、网上调查以及分发问卷现场填写或留置等方式。其中前三类访问的问卷是访问式问卷，后几类是自填式问卷。

三、确定每个问题的内容

如果在第一步已经详细地规定了所需的信息，确定每个具体问题的内容似乎是一个比较简单的问题。不过，这里也需要注意以下细节：

（1）考虑个体的差异性问题，即确定问题的内容时，最好与被访者联系起来进行考虑。也许研究者认为容易的问题对被访者来说是困难的问题，熟悉的问题对被访者来说是生疏的问题。

（2）考虑调查的内容和调查对象是相适应的。例如，想要事先了解某个新开播少儿节目的“意向观众比例”这一信息，如果直接转化为问题“××节目开播后，你会看吗?”就会显得有些草率。首先要注意“意向观众比例”是基于哪个群体进行计算的，这个比例应该是目标观众群（即少儿）中意向收看人数的比例，而不是所有观众中意向收看的比例。所以，对该内容的调查，最好事先确定调查对象是家长还是儿童，如果被访者是儿童，似乎可以这么问；如果研究者考虑到儿童的理解能力而向家长进行调查的话，则可以询问：“××节目开播后，你的孩子有可能会看吗?”因此，在确定问题内容的时候，应该结合被调查群体的特征，而不是盲目地就问题论问题。

（3）在调查中，有的信息需要设多个问题。例如，上述对少儿节目收视意向的调查，确定了调查对象是家长。那么，如何判断被访者一定是家长呢？研究者可以先设一个问题询问接触的对象是不是家长；同时，如果研究者担心家长的回答不准确，可以再询问一些其他问题以便比较和验证，如“你的孩子看电视时，你是否常和他一起看?”“你的孩子平时喜欢看什么节目?”“你的孩子看什么节目要征求你的同意吗?”“××节目开播后，你会鼓励还是阻止孩子看?”从家长对这些问题的回答中，可以判断出家长认为孩子是否会看的可靠性。

再如，时尚节目的制片人想了解“目标观众感兴趣的时尚是什么”，这可以细分为两组信息：什么是时尚，什么时尚是目标观众感兴趣的。调查的对象是来自于该节目的目标观众群的一个样本。那么，要调查一些什么内容呢？研究者需要做前期探索性研究，以开放题的方式了解人们是如何理解时尚的。在确定封闭式问卷的内容时，可以从各种表达中选择一些说法，让被访者判断它们中哪些属于时尚，就可以对“什么是时尚”进行调查。同时，可以把对“什么时尚是目标观众感兴趣的”调查结合到同一问题中。例如，对某种说法，被访者认为它是时尚，可以就该说法询问其是否对之感兴趣；或者向被访者询问，列出的说法中哪些是他认为时尚的，哪些是他感兴趣的。如果用后一种方法，不仅可以了解“目标观众感兴趣的时尚是什么”，还可以获得“时尚”和“兴趣”是否相关的信息。

四、确定每个问题的结构

问题结构除了开放式问题、封闭式问题的结构，还可以分为如下几种：填空题、双项选择题、单项选择题、多项选择题、矩阵式列表题、测量量表题等。

（1）填空题。一般多用于定距尺度或定比尺度的测量。定距尺度，是对事物类别或次序之间间距的测度，该尺度通常使用自然或物理单位作为计量尺度。定比尺度，是对事物之间比值的一种测度，例如年龄、收入、家庭人口数等，就可以用填空的方式提问。

例：请问您的出生年份：________年

最近3个月，您全家的税后月收入（包括工资、奖金及其他的一切收入）大约是多少元？________元

您家一共有几口人？请只计算户口和您在同一个户口本上的人。________人

此外，如果定类尺度的可能类别不容易确定，或存在多种分类标准时，也可以采用填空式，把分类的工作留在访问后进行，这时就可以同时采用各种分类标准进行编码和分析。定类尺度是按照某种属性时客观事物进行平行分类或分组的一种测度。

（2）双项选择题。双项选择题一般只设两个供选择的答案，如“是”与“否”、“会”与“不会”、“有”与“没有”等。有时也可以加一个选项“不知道”，以供确实不了解情况的人选择。例如，对于上面提到的关于少儿节目收视意向的问题，最终可以形成如下的双项选择题：

例1：××节目开播后，你的孩子有可能会看吗？

1．会

2．不会

双项选择题的特点是简单明了，但是获得的信息量太小，两种极端的回答类型有时往往难以了解和分析调查对象群体中客观存在的不同态度层次，有时也难以让被访者作答。例如，家长往往会在判断孩子绝对“会看”和绝对“不会看”之间面临难题，这

种时候最好是变换为有多个备选答案的单项选择题。但是，如果让被访者对已经发生的行为进行判断，是可以来用双项选择的。

例 2：你看过电影《2012》吗？

1．看过

2．没看过

这时，被访者往往能够快速做出回答。

（3）单项选择题。单项选择题是指问题有多个供选择的答案，但被访者回答时，只能选择其中一项作为答案，这是问卷中最常见的形式。例如，想要确定时尚内容在节目中的展现方式，可以构造如下的问题：

例 1：你最希望时尚的内容在节目中以何种方式展现？（只选 1 项）

1．播报式的　　2．讲述式的　　3．聊天式的

4．游戏式的　　5．专题片式的　　6．纪录、纪实式的

有的双项选择题可以通过对答案进行适当的调整变为单项选择题。如，对例 1 的双项选择题，如果变为下面的形式，效果会更好。

例 2：××节目开播后，你的孩子有可能会看吗？

1．一定会看　　2．有可能会看　　3．不太可能看　　4．一定不会看

与上述双项选择题相比，这种定序尺度（如果当做评分，则可以看做定距尺度）的结构可以获得更加详细的信息，不仅仅可以了解“会看”（选择 1 或 2 的人）、“不会看”（选择 3 或 4 的人）的比例，而且还可以知道程度是怎样的，从而给研究者带来了更有用的信息。

（4）多项选择题。多项选择题是从供选择的答案中选择出多个答案。其中，又分为不限定选项数量的多选题和限定选项数量的多选题。

不限定选项数量的多选题一般要求选择所有合适的答案，这一般用于对被访者状态的描述。

例 1：您家是否拥有下列物品？请指出所有的物品。

1．电视机　　2．收音机（包括车载收音机）

3．VCD/DVD　　4．摄像机　　5．照相机

6．高级音响　　7．个人电脑　　8．手机

限定选项数量的多选题一般会在问答题后面的括号中给出选项的数量。

例 2：请问您收看电视的主要目的是什么？（限选 3 项）

1．了解时事　　2．了解政府的政策　　3．了解国家发展动态

4．了解商品信息　　5．学习各种知识　　6．增长见闻

7．娱乐消遣　　8．借鉴别人的成功经验　　9．追求艺术享受

10. 消磨时间　　11. 其他（注明）________

限定选项的目的是要通过被访者的回答找出最主要的原因。在例2中，因为人们看电视的目的本身不是唯一的，在不同的情况下有不同的目的。对于一个被访者而言，上面所有列出的选项都可能是他看电视的原因。如果不加选项限制的话，大部分被访者都可能会选择全部的选项，那么该题就失去了调查意义。

另一种限定选项数量的方法是要求按重要程度排序，而问题中暗含了限定的选项数量。

例3：您获知有关海地地震情况的最主要的媒体是什么？第二主要的媒体是什么？第三主要的媒体是什么？

1. 广播　　2. 电视　　3. 报纸　　4. 互联网

5. 同事/同学/朋友

选择题的优点是便于回答，便于编码和统计。但不管是多项选择题还是单项选择题，供选答案的排列次序均有可能引起偏差。首先，对于没有强烈偏好的被访者而言，选择第一个答案的可能性大大高于选择其他答案的可能性。而如果根据不同的排列次序制作多份调查问卷同时进行调查，会加大制作的成本。其次，如果被选答案是表现态度强烈程度的，没有明显态度的人往往选择中间的数字而不是偏向两端的数字。例如，对少儿节目收视意向的调查中，选择“1. 一定会看”和“4. 一定不会看”的就可能是少数人，大多数被访者倾向于表达模棱两可的态度。如要解决这个问题，就要改变提问的方式或答案的形式。例如，让被访者在100分制的刻度上打分。

(5) 矩阵式列表题。问卷中还常常可以借鉴测量量表的形式把一组类似的问题组织在一个矩阵中，使问卷看起来干净整齐。例如，研究者欲比较几部有关“康熙王朝”的历史题材电视剧，可以设计如下的问题：

例：就各种不同的说法，请您对以下几部电视剧进行评价。

	《康熙王朝》	《雍正王朝》	《孝庄秘史》
1. 剧情设计合理	□是	□是	□是
2. 人物感情刻画细腻	□是	□是	□是
3. 主要演员选择得当	□是	□是	□是
4. 故事情节精简不拖沓	□是	□是	□是
5. 演员动作自然、不做作	□是	□是	□是
6. 演员台词与身份相称	□是	□是	□是

这张表实际上包含了18个类似的问题，但显然视觉上比较整齐，也便于数据的整理和录入。

在实际的问卷设计中，因为调查欲获得的信息是多种多样的，几种结构的问题往往会同时存在。对于具体的问题而言，需要通过判断、比较才能选择一种与之最合适的结构。

五、确定每个问题的措词

问卷设计的最主要任务就是针对目标信息，用恰当、合理的问题提问。问题措词不当会对被访者的回答产生很大的影响，从而可能导致答案和真实情况不一致，这是调查非抽样误差的主要来源之一。因此，可以说问卷设计不仅仅是指构造一组问题和答案，更重要的是尽最大能力建立一种能避免误差的、标准化的测量工具。为了达到这个目标，问题的措词一般要遵照如下几个原则：

（1）不要提一般性和不具体的问题。一个问题要让人清楚地知道所问的是什么内容，而不用“也许”、“大概”等不确定性的语言来表述。

例：你一般看什么电视节目？

表面看来，这个问题似乎没有什么太大毛病。但可以试想一下被访者听到这样的问题后，首先，是否会对所问的内容产生一致的理解；其次，是否容易很快做出回答；最后，回答或答案是否是明确的、唯一的。

可以按照一个描述完整情形的5W（谁、什么、何时、何地、怎样）原则来评价该问题。

谁：这里好像是指被访者本人，但看电视可以是一家人一起在看，有的被访者会把问题理解为“我们家……”，这里没有明确不指“被访者全家”。

什么：这里的“电视节目”也没有明确指出是“哪一类”、“哪几类”、“哪一个”、“哪几个”节目还是“哪个频道”，被访者会产生不一致的理解。

何时：问题中没有提及时间因素是指最近一个月、最近一年，还是全部时间，是早上、中午、晚上，还是白天，周末还是平时，时间因素是影响看什么电视节目的重要因素，如果不加以明确，即使被访者做出了回答，对研究者也是没有分析价值的。

何地：这里暗指了“在家”，即很多被访者都能想到是“在家”，但也应该清楚地说出来，要考虑到一些特殊的被访者。

怎样：这里的“看”字对不同的被访者其含义也是不一致的，例如，是“看过”、“最喜欢看的”还是“最常看的”等。

这样一考察，就可以发现该问题相当不具体，很难让被访者产生明确的理解并做出统一的回答。这个问题可以用如下问法：

例：最近一个月，你本人在家中最常看的是哪个电视频道的哪个节目？（在横线上记录）＿＿＿＿＿＿＿＿频道＿＿＿＿＿节目

由于电视节目的分类方式有多种，如按节目内容、节目形式、节目播出时段、节目

长度等分类以及可以粗略分类和精细分类等。我们可以采用填空的形式访问，最后再根据分析需要进行分类。

（2）问题的陈述应尽量简洁。问卷是访问员和被访者沟通交流的工具，问题的设计应该简洁明了，且避免给被访者带来回答的压力。

例1：如果您家拥有一台或多台电脑，请从最新的那台开始，列出每一台的购买时间、尺寸大小、目前主要是谁在使用。

本问题中完全可以不出现“如果您家拥有一台或多台电脑”这样的话，如果被访者家中没有电脑（考虑到这是极少数的），则直接回答“没有”就可以了。另外，“请从最新的那台开始”这句话实际上是在要求被访者排序，这增加了被访者的回答压力。实际上没必要让被访者排序，因为回答中有“购买时间”，研究者可以事后排序。对该问题可以简化如下：

例2：请列出您家每一台电脑的购买时间、尺寸大小、目前主要是谁在使用。

可以看出，它虽然比较简单，但是可以获得与上一问法相同的信息，而且方便被访者的回答。

（3）不要提有双重或多重含义的问题。双重（或多重）含义指的是在一个问题中，同时询问了两件（或多件）事情，或者说，一句话中同时问了两个（或多个）问题。

例1：当您看到电视广告时或某节目不符合您的期望时您会换台吗？

1. 一定会换台　2. 常常会换台　3. 有时会换台　4. 从不换台

这个问题其实是两个问题：其一是问被访者“看到电视广告时”会不会换台，其二是问被访者当“某节目不符合期望”时会不会换台。而一题两问，就使得一些被访者无法进行回答，因为他们对两个问题的答案不一定是相同的。例如，有的人看到电视广告时“一定会换台”，而节目不符合期望时“有时会换台”。

解决这类问题的方法是把原问题拆分为两个问题分别进行询问；或者虽一起询问，但回答是分开的，在结构上可做成矩阵式列表的形式。

例2：当您看到电视广告时或某节目不符合您的期望时您会换台吗？

	1. 一定会换台	2. 常常会换台	3. 有时会换台	4. 从不换台
看到电视广告时	○	○	○	○
某节目不符合期望时	○	○	○	○

（4）避免提有倾向性的问题。问题应能保证中立的提问方式，以使被访者客观地进行回答。如果问题本身就有一种潜在的压力，让被访者感到这个问题是想得到他的某种特定的回答，或是在鼓励他、期待他做出某种回答，就得不到真正的答案。因此，构造问题时要使用中性的语言，要排除诱使被访者朝某个方向回答的各种因素。

首先，问题中不要出现结论性和断定性的词语和句子。

例 1：加入 WTO 之后，我国的媒介产品市场会逐步走向规范化，是吗？

这种提问方式带有明显的肯定倾向，它容易诱导回答者选择肯定的答案。如果改成：

加入 WTO 之后，我国的媒介产品市场会有什么变化？

这样就能消除这种倾向性，不过对备选答案的构造就产生了较高的要求。

其次，提问时不要举例子，否则就会使被访者产生思维定式。

例 2：你在电视上看到过哪些公益广告，例如关于保护环境的广告？

这样的提问在较短时间的交流中，容易把被访者对公益广告的理解固化在“保护环境”这一个方面。

再次，不要用反问形式提问，它不仅带有倾向性，而且从语气上加重了这种倾向性。

例 3：您不认为我国的电视节目质量需要大幅度提高吗？

我国的电视节目质量需要大幅度提高，不是吗？

“我国的电视节目质量需要大幅度提高”本身就是一种结论性的句子，这句话已经向被访者传达了提问者的看法，导致了被访者顺着提问者的思路思考问题，而反问的语气有可能导致被访者 100% 回答“我国的电视节目质量需要大幅度提高”。

最后，要注意避免问题的从众效应和权威效应，因此，问题中不要出现“很多人都认为……”或“专家说……”这样的词句。

例 4：很多人都说广告给生活带来了方便，你是怎么评价广告的？

（5）不要用否定的形式提问。在日常的交流中，除了某些特殊情况外，人们往往习惯于肯定陈述的提问，而不习惯于否定陈述的提问。

例 1：您是否赞成不进行频道专业化改革？

您是否不赞成进行频道专业化改革？

这两种问法都不符合人们的思维习惯，很多被访者在理解时常常漏掉“不”字，并在这种理解的基础上来进行回答，这样得到的答案恰恰和被访者的意愿相反。

因此，在问卷设计中不要用否定形式提问。应采用符合人们语言习惯的方式。

例 2：您是否赞成进行频道专业化改革？

（6）考虑被访者的回答能力。被访者的回答能力包括两方面的内容：一方面，指被访者对所问的问题一无所知；另一方面，被访者虽然经历过，但无法进行准确的回忆。

例 1：一项对现有周末娱乐电视节目的评价研究中，研究者列出了很多周末娱乐节目让被访者评价：

问题8：下列节目最吸引你的是什么地方？(备选答案略)

问题9：同时，你认为它们最需要改进的是什么地方。(备选答案略)

节　目	问题8：最吸引你的是什么地方	问题9：最需要改进的是什么地方
1.《非常6+1》		
2.《星光大道》		
3.《咏乐汇》		
4.《梦想剧场》		
5.《快乐大本营》		
……		

如果某位被访者都看过这些电视节目，对之逐一进行评价是没有问题的；但有的被访者只看过其中的一两个，或者一个都没有看过，那么，对于他没有看过的电视节目，他是没有办法评价的，这就是他没有能力回答的问题。

问卷设计的一个重要原则就是不要问被访者所不知道的问题。在设计问题时，常常会遇到类似于例2中的情况：有的问题只适合一部分被访者回答。对于这种情况，解决的方法是构造一组相倚问题，即在目标问题之前构造一个新的问题（筛选问题），某位被访者是否需要回答目标问题，依据他对于筛选问题的回答而定。

例2：问题8：你是否看过《非常6+1》？

1. 没看过

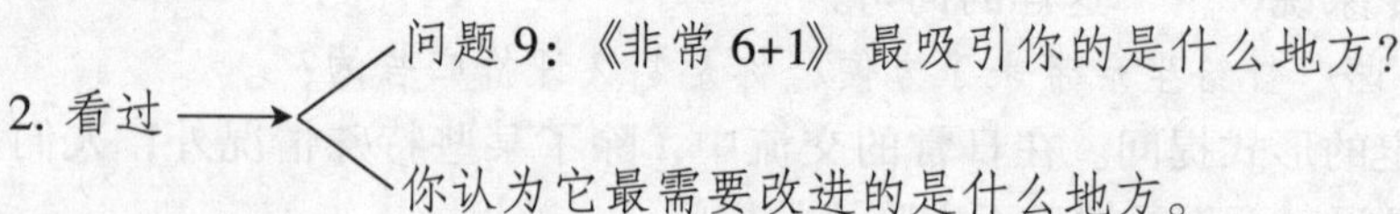

问题10：你是否看过《星光大道》？

1. 没看过

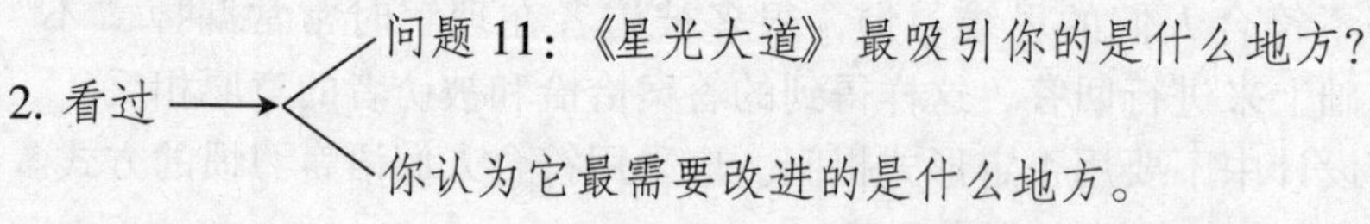

……

(7) 考虑被访者的回答意愿。对于一些敏感问题和带有挑衅性的问题，在问卷设计时往往不能直接询问，而需要朝社会准则倾斜或运用一定的技巧。

例1：你因为起床晚了而上班迟到时，会撒谎说是别的原因吗？

1. 会　□你撒谎主要是因为下列哪一个原因？(答案略)

2．不会

类似于这样的问题，如果直接询问，被访者往往会出于“面子”上的顾虑而倾向于回答“不会”，因此该问答并不能反映真实的情况。对于这种情况，需要运用一定的技巧加以解决，例如，采用第三人称的方式提问。

例2：假如你的同事因为起床晚了而上班迟到，你认为他会撒谎说是别的原因吗。

1．会　□你认为他撒谎主要是因为下列哪一个原因。(答案略)

2．不会

这样用第三人称的方式，被访者有置之度的感觉，回答就会真实得多；而被访者在回答的时候，其实仍是从自己的角度进行回答的。

除了这种形式外，也可以把被访者置于“建议者的”位置。

例3：在大街上你会随手扔垃圾吗？

你在大街上走，手中有一个废纸团，附近没有垃圾箱，你会怎么做？

1．先放进包中，有机会再扔进垃圾箱

2．没人看到时，随手扔在地上就行了

3．一直握着，直到看到垃圾箱再扔进去

这两种问法都涉及敏感问题，很难得出真实的回答，其中第一种问法非常不具体。如果设计一种情景，让被访者去建议，似乎被访者承担的社会责任就降低了，回答的真实性会提高，而且仍然可以反映被访者的真实想法。

例4：你和朋友在大街上走，他手中有一个废纸团，附近没有垃圾箱，你会建议他怎么做？

1．先放进包中，有机会再扔进垃圾箱

2．没人看到时，随手扔在地上就行了

3．一直紧握，直到看到垃圾箱再扔进去

敏感问题除了在设计问题时要考虑到，在设计答案时也需加以考虑。

例5：您的婚姻状况是：

1．已婚　　2．同居　　3．未婚单身　　4．丧偶

5．离婚　　6．分居

答案“2．同居”和答案“6．分居”都涉及敏感问题，前者和社会传统道德、法律相悖，后者涉及个人隐私，因此可以估计，即使被访者正在“同居”或“分居”，他们选这两个选项的可能性也很小。而这么细的分类对于研究问题来说也是没有必要的，因此答案中可以把“同居”和“已婚”归为一类，把“分居”和“离婚”归为一类。

例6：您的婚姻状况是：

1．已婚/同居　　2．未婚单身　　3．丧偶　　4．离婚/分居

六、确定问题的备选答案

对于封闭式问题，问答题和答案是一个不可分割的整体。事实上，设计问答题的同时就需要考虑设计问题的备选答案。由于大多数问卷往往由封闭式问题构成，而答案又是封闭式问题非常重要的一部分，因此答案设计的好坏就直接影响到调查的效果。

答案设计的基本要求是：要和问题所询问的信息相对应，答案具有穷尽性和互斥性，要足够把握被访者的选择不会集中在某一个选项上，等等。答案设计也是问卷设计的关键内容，往往需要经过大量的探索性工作才能设计出合理、完整的答案类别。

设计答案，第一应考虑的是答案的内容和形式与问题相对应。下面的例子中，问题和答案就不匹配。

例：你最喜欢看哪个周末娱乐节目？

	非常喜欢	有些喜欢	无所谓	有些不喜欢	非常不喜欢
1.《非常6+1》	□	□	□	□	□
2.《星光大道》	□	□	□	□	□
3.《咏乐汇》	□	□	□	□	□
4.《梦想剧场》	□	□	□	□	□
5.《快乐大本营》	□	□	□	□	□

这样的问题会让被访者产生困惑，难以针对问题进行回答。因为按照对问题的理解，备选答案中只能出现一些节目的名称。答案和问题不匹配会以很多种形式体现，可以通过自问、试测、专家审查等多种方式避免。

构造封闭式问题的答案最难的就是如何建立分类。分类的目标是使所有列出的类别具有穷尽性和互斥性，分类不能太粗也不要太细。

所谓穷尽性，指的是答案包括了所有可能的情况，如果目标调查对象范围内的某个被访者的情况不包括在所列出的答案中，那么这一问题的答案就一定不是穷尽的。解决这类问题的办法是，如果不确定所列的答案是否包含所有的情况，就在类别的最后加上一个“其他”类。不过，应该注意的是，如果调查中有相当数量的人选择“其他”一栏，就说明答案的分类是不恰当的；如果有些非常重要的类别没有列出，那么调查的有效性就会受到很大的限制。

所谓互斥性，是指答案相互之间不能重叠或包含，即类别之间的区别是清楚的。实现这个目标的重要原则是在一个统一的标准上分类。例如，对于电视节目的分类标准，根据调查需要而定，如果按内容分，就只按内容的性质划分类目；如果按形式分，就只按形式的性质来划分类目。切忌有的类别按内容分，有的类别按形式分，这样势必会产生交叉。

分类不能太粗，但也不要太细，这是一个相对的要求，要视具体的问题而定。如果分类太粗，很多实际不相同的情况都归到了同一个类别，这样达不到研究应有的目的；如果分类太细，有些类别之间的区别不很明显，被访者容易产生判断误差且不方便回答，对于研究者来说，过于分散的结果不利于突出重点。类别的划分最好和人们的普遍习惯相符。

对于较复杂的选项，在访问中如果仅读出一遍，被访者不能记忆并做出选择，最好同时制作出相应的卡片，即把这些备选答案单独放在一张卡片上，供访问时出示给被访者看。

七、确定问题的排列顺序

问卷中的问题应遵循一定的排列次序，问题的排列次序会影响被调查者的合作积极性和答案的准确性。所以，一份好的问卷应对问题的排列做出精心的设计。

（1）问题排列的一般顺序。在问卷的最开始，一般是一两个预备性的问题，目的是让被访者了解访问是如何进行的，并逐渐开始考虑调查的主题。预备性的问题应当简单且能提高被访者对访问的兴趣，然后再逐步过渡到正式的问题上。

对于正式的问题，其排列顺序是由简单到复杂、由一般性的问题到具体的问题。具体来说可按这样的原则操作：①把被访者熟悉的问题放在前面；②把简单易答的问题放在前面，把较难回答的问题放在后面；③把能引起被访者兴趣的问题放在前面，把容易引起他们紧张或产生顾虑的问题放在后面；④先问事实性的行为方面的问题，再问需要思考的态度、意见、看法方面的问题；⑤开放式的问题放在问卷的最后。

从问卷的结构来说，问卷的开头部分应安排上述原则中比较容易回答的问题。核心的问题应该妥善安排在问卷的中间，在被访者已进入访问状态且未疲劳或厌烦时询问。涉及敏感性的问题应该放在问卷的最后，一方面是因为通过前面的回答，被访者已显得比较友好，降低了敏感性；另一方面，即使被访者拒绝回答，其他的主要问题已经询问完毕了。

询问职业、年龄、收入等个人背景资料虽然也属事实性问题，也十分容易回答，但有些问题，如收入、年龄等同样属于敏感性问题，因此一般安排在问卷的最末尾部分。当然，在不涉及敏感性问题的情况下也可将背景资料安排在问卷的开头部分。

（2）考虑问题的逻辑顺序。调查问卷要在一般顺序的基础上按逻辑顺序排列，即考虑问题所询问内容的本质，按照人们的思维习惯去排列。类似主题的问题要合并在同一个部分，在开始另一个主题之前，所有与该主题相关的内容要询问完毕，即使是打破了上述一般规则。例如，一份关于媒体接触的问卷，应把关于电视的问题放在一起作为一个部分，把关于广播的问题作为另一个部分，可以在每个部分中注重由简单到复杂的排列顺序，而不是整个问卷中为了照顾一般规则而一会儿问电视方面的，一会儿问广播方面的，一会儿又问电视方面的问题。不同问题段落之间的转换要清楚且符合逻辑，变换主题时，应采用一些简短的语句帮助被访者调整思路。

(3) 考虑对后继问题的影响。对于一组问题，如果某个问题会对其他问题的答案产生影响（称为污染），这个问题就要放在所有问题的后面；相反地，如果一个问题很容易受到其他问题的影响而自己本身不会对其他问题产生影响，这个问题就要放在最前面。

例 1：

问题 1：你对《我爱记歌词》的收看情况是怎样的？是常常收看、偶尔收看还是从未收看过？

问题 2：一提到娱乐节目，你最先想到的是哪个节目？

显然，问题 1 如果放在问题 2 的前面，就会造成污染，导致问题 2 中出现《我爱记歌词》的比例偏高，因此，问题 2 应该放在前面。

确定问题的排列顺序要求从一般性问题到具体问题，其实也是为了防止具体问题对一般问题造成的影响。例如下面的两个问题：

例 2：

问题 1：大多数情况下，你决定收看某个电视节目是出于下列哪个原因？

1. 按计划收看

2. 没有收看计划，碰到哪个节目，有吸引人的地方就看下去

问题 2：你决定收看某个电视剧通常是出于下列哪个原因？

1. 形成收看习惯，按计划收看

2. 没有收看计划和收看习惯，碰到哪个电视剧，有吸引人的地方就看下去

问题 1 是在一般的层面上询问被访者选择电视节目的原因，属一般性问题；问题 2 具体到选择电视剧上，是具体问题。如果问卷中同时出现这两个问题，问题 1 应放在问题 2 的前面。如果顺序反了，被访者在回答问题 1 的时候，因思维定式，很容易把一般的电视节目局限于电视剧。

综上所述，确定问题的排列顺序实际上是一个灵活机动的过程，要根据具体情况具体对待。

八、问卷的格式和排版

问卷的格式设计也是很重要的因素。问卷的条理性差很容易造成访问员工作误差，形式难看、制作粗糙的问卷也很难营造和谐的访问气氛。例如，一页有 40 多个问题、

字体小而拥挤的问卷，会使被访者感到疲劳和厌倦。

还有的问题，例如单项选择题和量表式应答的问题，可以直接在选项上做标记。例如，在单项选择题的选项上画圈“○”，在量表的对应选项上画“√”或“×”。

问卷排版应注意的是，对于提示性的访问员指导语，应该用不同于一般正文的特殊格式标明，例如同时加括号、用斜体和粗体表示等。

九、对问卷进行评估

问卷初步设计完成后，在自评的基础上，最好邀请一些专家参与问卷的评估。问卷评估主要从以下方面入手：

（1）问卷是否包括了调查目的所需要的全部信息，即问卷对于该项调查来说是否是完整的。

（2）问题是否有必要，即考察问题是否和调查目的所需的信息有关。

（3）评价问题的表面效度，即问题所能测量的是否正是要测量的指标。

（4）问卷逻辑上的一致性，即问卷各部分的划分以及排列次序是否合理。

（5）评价问题选项的封闭性以及答案分类的合理性。

（6）检验跳答是否合理以及跳答的位置是否正确。

（7）评价问卷的访问时间。访问时间由问卷的长度和与访问相关的因素决定，其中，问卷长度和调查目的、调查问题的类型等相关，访问时间本身与被访者的年龄和文化程度、访问员的专业程度、访问的场地有关系。一般情况下，访问的时间都不能太长，否则会使被访者感到疲劳或厌烦，导致访问的成功率较低。根据经验，一般面访的时间应少于 60 分钟，电话访问的时间应少于 25 分钟，自填式访问的时间应少于 20 分钟，拦截式访问的时间应少于 15 分钟。

（8）评价问卷的外观设计是否美观大方，是否有足够的记录空间。

在问卷评估过程中，可以根据实际情况对问卷进行多次修改和完善，但仍不能保证问卷就不存在问题，因此还需要借助于被访者进行评估，也就是进行小样本的试调查。

十、通过试调查对问卷进行测试

检验一份问卷是否设计得当，最好的办法就是用它进行试调查，试调查的样本不需随机抽取，可以特意找一些特殊的被访者进行访问并调查。试调查的访问员则需要是专业的、优秀的，以便能很快找出问题的所在。试调查的目的在于检验问卷的逻辑性和一致性、问题的措词有无歧义、答案是否封闭、跳答控制是否正确、能否清楚准确进行记录等。

试调查不仅使访问员可以在访问过程中了解问卷设计的情况，在访问结束后，访问员也可就问卷和访问与被试者进行讨论，了解他们是否理解问题、回答起来是否方便、问卷是否激励他们做出了真实的回答，还可直接向被试者征询他们对问卷的看法。

试调查不是一次就能完成的，而是需要逐步改进、完善。试调查之后，根据反馈情况，应对问卷进行修改，再去进行试调查，最终得到一份满意的问卷。

十一、问卷的印刷和装订

问卷应当用质量较好的纸张印刷，而且应正规地进行装订，一方面是让被访者有一种专业的感觉，有利于提高回答的质量；另一方面是保证在问卷的传递和流动过程中不散开、不缺页、不破损。

问卷印刷的份数要在既定样本量的基础上留出一定数量的富余，这是考虑到访问培训过程中访问员需要用到一些，以及在访问中有不合格问卷作废时需要重新访问的情况。同时需要印刷的还有访问所需的卡片。

问卷印刷完成后，整个问卷设计的工作就全部结束了，接下来的工作就是利用问卷进行访问了。

本章小结

1. 调查问卷分类：①按照调查的方式，可分为“自填式问卷”和“访问式问卷”；②按照问卷中问题的回答方式，可分为“开放式问题的问卷”和“封闭式问题的问卷”；③按照问卷的结构，可分为“无结构的问卷”和“有结构的问卷”。

2. 调查问卷设计总的原则如下：①保证测量的效度；②提高测量的信度；③鼓励被访者的合作；④便于访问、记录和整理。

3. 调查问卷的基本结构一般包括三个部分，即问卷封面、问卷正文和结束语。

4. 调查问卷设计的流程如下：根据研究构架以及概念的操作化定义，规定所需信息；确定调查的方法和问卷的类型；确定每个问题的内容；确定每个问题的结构；确定每个问题的措词；确定问题的备选答案；确定问题的排列顺序；问卷的格式和排版；对问卷进行评估；通过试调查对问卷进行测试；问卷的印刷和装订。

思考与练习

1. 设计调查问卷时应注意哪些问题？
2. 调查问卷中的基本问题类型有哪些？
3. 根据要求设计并完善一份调查问卷。

第七章　调查资料的处理与统计分析

◉ **知识要点**

1. 市场调查资料的审核与整理
2. 市场调查数据的处理
3. 市场调查数据的分析

导入案例 >>>

Excel 的频数统计功能

Excel 提供多种统计分组方法，如利用函数 FREQUENCY 进行频数统计；利用“数据分析”中的“直方图”宏程序进行频数分析；利用“数据透视表”进行两个或两个以上变量的交叉分组；等等。我们在此只讨论利用函数 FREQUENCY 进行频数统计的方法。

首先，以“受众对饮料的广告知名度调查”为例，将 50 个原始数据建立在 Excel 工作表中。如图 1 所示。

Microsoft Excel - Book3

文件(F)　编辑(E)　视图(V)　插入(I)　格式(O)　工具(T)　数据(D)　窗口(W)　帮助(H)

宋体

H3　=

	A	B	C	D	E	F	G	H
1								
2			表3-1			饮料名称	代号	
3	1	3	1	5	2	旭日升冰茶	1	
4	2	1	3	2	3	露露	2	
5	1	3	3	4	1	可口可乐	3	
6	3	4	1	3	4	百事可乐	4	
7	4	2	2	4	2	汇源果汁	5	
8	3	1	1	5	5	其他	0	
9	5	1	3	3	3			
10	3	4	2	5	4			
11	2	3	4	3	2			
12	3	1	4	5	1			

图 1　受众对饮料的广告知名度调查记录

在图 1 中，A3：A12 – E3：E12 是调查员在某天对照 50 名受众对饮料的广告知名度调查进行的记录，G3：G8 是通过键盘输入的拟进行频数统计代号。首先，将光标移至 H3 单元格，按住鼠标左键，拖曳光标覆盖 H3：H8 区域（如图 1 所示）。点击 Excel 插入菜单中“函数”选项，在“统计”类函数中选择“FREQUENCY”函数（如图 2 所示。）在“Data_array”中输入原始数据阵列“A3：E12”，在“Bins_array”中输入分组组距阵列“G3：G8”，然后同时按“Ctrl_Shift_Enter”键即得如图 3 所示频数统计结果。“Ctrl_Shift_Enter”是 Excel 特别针对矩阵运算的回车符。统计结果如图 3。

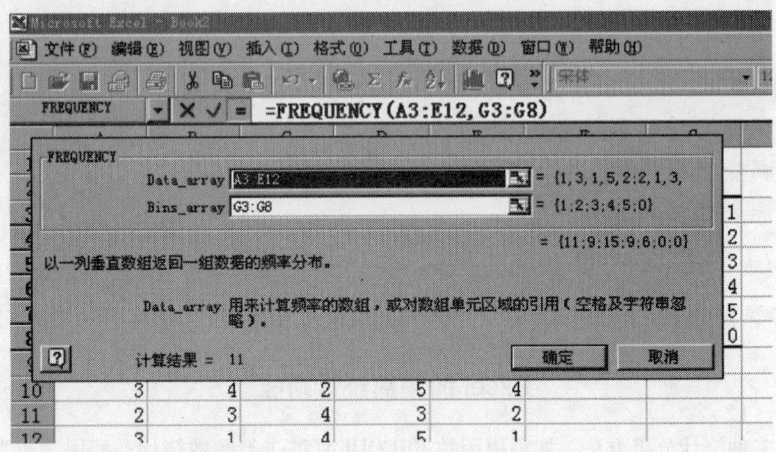

图 2 “FREQUENCY”函数

Microsoft Excel

H3 = {=FREQUENCY(A3:E12,G3:G8)}

Book3

	A	B	C	D	E	F	G	H
1								
2			表3-1			饮料名称	代号	频率
3	1	3	1	5	2	旭日升冰茶	1	11
4	2	1	3	2	3	露露	2	9
5	1	3	3	4	1	可口可乐	3	15
6	3	4	1	3	4	百事可乐	4	9
7	4	2	2	4	2	汇源果汁	5	6
8	3	1	1	5	5	其他	0	0
9	5	1	3	3	3			
10	3	4	2	5	4			
11	2	3	4	3	2			
12	3	1	4	5	1			

图 3 频数统计结果

第一节 市场调查资料的审核与整理

通过市场调查实施阶段所获得的原始资料，还只是粗糙的、表面的和零碎的东西，需要经过审核和整理加工，才能进而分析研究并得出科学的结论。因此，调查资料的整理工作是调查过程中一个必不可少的环节。

一、市场调查资料审核

（一）市场调查资料审核的含义和意义

市场调查资料审核是对调查获取的各种资料（原始资料和整理资料）进行审查和核实。市场调查资料审核对获取有效的有价值的信息具有重要意义：

（1）大型调查的调查项目多、数字多、信息量大，为了保证信息前后一致，不出现逻辑的、登记的、计算的错误，十分有必要进行资料的审核，贯彻信息的一致性、客观性和有效性。

（2）在资料整理之前进行市场调查资料审核，可以提高工作效率，避免重复劳动。如果信息资料不经过审核而直接进行资料整理，一旦发现错误信息，前面所做的信息整理工作将前功尽弃，既费时费力增加成本，又不利于真实信息的及时补充。

（3）有利于提高信息资料的质量。信息资料在汇总整理之前就已经进行了审核，经检查无误，且对错误信息已经做了恰当的修正，那么，在此基础上进行的汇总信息，只要汇总质量可以保证，则最终的数字质量是可以保证的。

（二）市场调查资料审核的内容

1. 完整性审核。审核市场调查资料的完整性就是检查应报送的单位有无遗漏，报送的资料是否齐全。如果有遗漏，应及时查明原因加以补报。只有掌握被调查现象全面的而不是残缺不齐或被歪曲的资料，才能对现象进行科学的预测。

2. 准确性审核。对市场调查资料的审核要首先审核它的准确性。审核的方法有逻辑审核和计算检查。逻辑审核就是检查市场调查资料内容是否合理，各个项目之间有无相互矛盾的地方；计算检查就是检查调查表中各项数字在计算方法和计算结果上是否有误、数字的计量单位有无与规定不符的地方；等等。

3. 及时性审核。审核市场调查资料的及时性，就是检查各种市场调查资料是否按规定及时提供。如果迟报，应对迟报的原因进行分析，并提出改进意见，以求做到各单位按时或提前上报，提高市场调查资料的质量。

4. 协调性审核。对市场调查资料进行协调性审核，就是要检查各种调查资料或各部分调查资料之间是否连贯、是否一致、是否对立，以及是否有明显的差异。如果有不连贯、不一致，或者是对立或有明显差异，则要弄清楚是实际情况还是其他什么原因引起的，以保证调查质量。

（三）市场调查资料审核的方法

1. 逻辑审核。逻辑审核就是检查市场调查资料内容是否合理，各个项目之间有无相互矛盾的地方。像“年龄20岁而工龄已经5年”就属于明显的逻辑错误，要弄清情况，核准后予以纠正。

2. 计算审核。计算检查就是检查调查表中各项数字在计算方法和计算结果上是否有误；数字的计量单位有无与规定不符的地方；等等。如其中项目数一般要小于或等于合计数，横行相加与纵列之和应相等或相吻合，否则就属于计算错误，应重新计算。

3. 抽样审核。抽样审核就是从全部调查资料中抽取一部分资料进行质量检验，用以推断全部调查资料的准确程度，并修正调查结果的方法。

（四）市场调查资料审核时应注意的问题

1. 开始时间。资料审核应贯穿整个调查过程，做到边调查边审核，以防全部调查完才审核、发现问题全部返工的情况发生。

2. 稽查准确性。准确性是信息资料的生命线，是调查质量的体现，也是资料审核的重点。在实际审核时，无论是数字、单位还是内容，都要严把质量关。

3. 实际调查中再审核。对于审核中发现的问题，应及时反馈给调查员，并作相应的调整，以避免在实际调查中再次审核时同类错误的发生。

4. 处理问题要全面。处理问题既要凭借经验，又要注重调查资料本身所反映市场现象的特征，不要有主观片面性。

二、市场调查资料整理

（一）市场调查资料整理的含义和意义

市场调查资料整理是运用科学方法，对调查所得的各种原始资料进行审查、检验和初步加工综合，使之系统化和条理化，从而以集中、简明的方式，反映调查对象总体情况的工作过程。

从市场调查中获得的原始资料都是一个一个的样本个体的特征。例如，对某个问题的看法、感觉等。各个样本所反映的是事物的表面现象，如果不通过归类、整理，就说明不了事物的内在联系和规律性。此外，所收集的资料可能有一些虚假、差错、短缺、冗余等现象，所以要对这些原始的资料进行加工，才能保证资料的真实、准确和完整。

（二）市场调查资料整理的内容和步骤

1．调查资料整理的内容。包括对资料数据处理与资料数据管理两方面。

2．调查资料整理的步骤。

（1）设计调查资料整理的方案。包括确定具体的分组、汇总指标以及综合统计表；选择资料汇总的方式；确定资料审核的内容和方法；确定与历史资料衔接的方法和组织工作、时间进度的具体安排；等等内容。

（2）调查资料的审核。对获取的各种资料进行核实与校对。二手资料侧重于来源、出处与真实性的审校，原始资料侧重于逻辑性、客观性、数字的准确性等方面的审校。

（3）调查资料的分组与汇总。通过分组与汇总，使分散的、零星的、无规律的资料变成系统的、有规律的资料，以便可以清楚地说明问题。

（4）编制表格与绘制图形。使枯燥的信息数据变得形象、生动，便于对比分析和理解。

（5）资料的系统积累。把信息进行入账或建立数据库的处理，便于今后历史地分析问题、掌握规律，对现象把握得更透彻。

第二节　市场调查数据的处理

一、数据处理的含义和步骤

1．数据处理的含义。数据处理是指对资料的分组、汇总和编表、绘图等工作。未经过处理的资料通常是分散的、零星的、无规律的资料，经过分组、汇总、编表与绘图等加工处理，使无生命力的信息变成系统的、有规律的资料，从而可以清楚地说明问题，使枯燥的信息数据变得形象、生动，更有利于对比分析和理解。

2．数据处理的步骤。

（1）资料的审核和整理。检查数据是否符合逻辑性再计算误差。

（2）缺失数据的处理。检查资料数据是否出现登记误差，是否有漏登、错登，对有毛病的数据采取弥补措施，进行恰当的技术处理。

（3）数据的编码和录入。即将计算机无法识别的信息变成计算机可以识别的信息加以输入和处理。

（4）数据的显示（包括制表和绘图）。将已处理的信息以清晰、明了、生动的方式表达出来。

二、缺失数据的处理

缺失数据是指由于被调查者没有给出明确的答案或调查员没有记录下他们的答案而造成未知变量值。

1．缺省值类型。缺省值不能与无效数据等同起来，一般有以下几种情况产生缺省值：①回答者不知道问题的答案；②回答者拒绝回答有关问题；③回答者答非所问；④访问员因疏忽漏问此问题，因此回答者没有回答。

针对有缺省数据的资料，如果只是简单地将此样本剔除，那么样本数会越来越少，最后的结果是：①使样本估计的精确度降低，统计检验说服力差；②如果回答者有明显特征差异，那么得到的结果产生的偏差会很大。总体来说，如果分析的变量很多时，简单地将缺省值剔除的结果是其样本的代表性不显著、误差过大，造成的结果是很严重的。

2．处理缺省数据的方法。常用的处理缺省数据的方法是填充法。其理由有二：能保留下所收集的缺省问卷的其他信息资料，避免了非随机性引起的偏差。填充法有以下几种形式：①均值法。指用样本中对某回答项目的相关数据计算平均值得到的数据填充缺省值。②均值加上随机项。此随机项从残差的分布中获得。③从回归模型中得到预测值作为缺省值。④从回归模型中得到预测值加上随机项作为缺省值。

三、数据的编码和录入

（一）数据编码

编码是指把原始的资料转化成为符号或数字的资料简化过程。通过编码将资料输入计算机进行简单、有效的处理。同时，编码是统计计算和结果的解释基础。原始信息一般可分为两类，即数字信息和文字信息。数字信息可以直接录入计算，文字信息则根据分组情况进行编码，即将文字转化成数字信息。例如，一般男用“1”代替，女用“2”代替。

可依据编码过程发生在调查实施之前或之后分为事前编码和事后编码。事前编码是指在编写问卷题目时就给予每一个变量和可能答案一个符号或数字代码；事后编码，则是指研究者在调查已经实施、问卷已经作答之后，给予每一个变量和可能答案一个符号或数字代码。通常封闭性问卷的调查采用事前编码，而开放性问题由于事先不知道有多少可能的答案，因此常常采用事后编码。

1. 定义变量。规定变量名称。一份调查问卷通常包含若干问题（或称为变量）。为了统计处理方便，在数据输入计算机之前，必须先给每一个问题或变量规定一个变量名称。在定义变量名称时，可以直接用英文单词、英文的首写字母或前几个字母来命名，如性别用“sex”，年龄用“age”，文化程度用“edu”等来定义。

2. 规定各量表值。量表值依据数据的类型可以用字符串或数字来表示。量表值用数字表示问题的各种答案比较方便。

例1：“您的性别……”

答案：男（　　）　　　　　　　女（　　）

对此，一般把“男性”定义为“1”；把女性定义为“2”。

例2：“您在选购空调时考虑的主要因素是什么？”

答案：

价格便宜（　　）　　　　　　外形美观（　　）

维修方便（　　）　　　　　　名牌（　　）

经久耐用（　　）　　　　　　噪声小（　　）

制冷强（　　）　　　　　　　其他（　　）（请按重要程度全部进行排序）

像这样的量度，可以直接按答案的顺序分别规定为1，2，3等。即将“价格便宜”规定为“1”；将“外形美观”规定为“2”；将“维修方便”规定为“3”；将“名牌”规定为“4”；将“经久耐用”规定为“5”；……；将“其他”规定为“8”；等。

3. 编写编码对照表。当所有变量和量表值都规定清楚之后，编码人员要编写一本编码对照表，说明各英文字母、数码的意思。因为在市场调查研究中，通常都有大量变量名称及数码。如果不制作一本手册，则很可能会将它们所代表的含义忘记，查阅起来也不方便。

编写一本编码对照表，用以说明各种符号、数码的意义。归纳一下，其一般具有三个功能：

（1）录入人员可根据编码对照表说明来录入数据。

（2）研究人员或电脑程序员根据编码对照表拟统计分析程序。

（3）研究者阅读统计分析结果或不清楚各种代码的意义时，可以从编码对照表中查阅。

问卷编码对照表可参照表7－1来制订。从表7－1可以看出，编码对照表一般包括七项内容：变量序号、变量含义、相应问卷题号、变量名称、是否跳答、数据宽度和数据说明。另外，在各种统计软件中一般可以用变量标志即用标签简单地表明变量特征，这也可以作为编码查阅的参考。

表7－1　问卷编码对照

变量序号	变量含义	相应问卷题号	变量名称	是否跳答	数据宽度	数据说明
1						
2						

4. 编码过程注意事项。

(1) 合理性。编码要充分反映调查项目之间的内在逻辑联系。例如，统计分析时需要分析不同调查地区的差别，那么，在编码时，不同地区用不同的变量定义。地区的变量名称可以用“seg”表示，地区的量度表用数字1，2，3等表示。在编码时应尽量地使地理位置接近的地区的码值接近。例如，东北三省的码值应该接近，以反映三省地理位置接近这一事实。又如，年龄分组编码可以如表7－2所示。编码应坚持如下原则：能用自然数尽量不用小数；能用正数尽量不用负数；能用绝对值小的数尽量用绝对值小的数；可用一位代码表示清楚的绝不用两位。

表7－2　年龄分组编码

组别（岁）	18～27	28～37	38～47	48～57	58～67
编码	1	2	3	4	5

不同码值不能表示相同内容，不同类型的调查项目其码值也应不同，否则就会引起混淆，发错信号。

(2) 经济性。许多市场调查项目可借用现成编码。如在全国性调查中，各省、市、自治区的常见编码就有邮政编码、长途电话区码、国际地区编码、汽车车号等可借用，以节省精力与时间。

(3) 开放性问题的编码。对于开放性问题的编码，编码员首先要将回答者的答案浏览一遍，列出所有的可能答案，然后定义这些答案的变量名称和变量表值，再对每一个回答者进行分类。

例：您为什么在今后两年内不想购置燃气式热水器？

A. 它们体积都较大，在我的厨房里无法安装

B. 我可在工作单位洗澡，没有必要买

C. 它们在外观上不太好看

D. 它们的颜色不太好看，并且比较贵

E. 我听说使用它们不安全，常常会发生事故

F. 购买后安装和维修都很困难，还是不买算了

G. 国产热水器使用不方便

H. 我对它们不太了解

对上例开放性问题，8 个回答者回答的内容都不同。可以想象，若对 100 个人询问，可能会得到 100 种答案。如果不进行归类处理，那么就不容易进行分析。所以，可以将一些意思相近的答案归到某一类中去，从而分析消费者为什么不买的主要原因。例如，将上例的答案分为 5 个类别（见表 7 -3）。

表 7 -3　答案类别

编　码	答案类别	实际答案
1	产品设计上的原因	
2	产品价格上的原因	
3	产品使用上的原因	
4	产品需求上的原因	
5	不知道（无回答）	

（二）数据录入

数据录入（data transferring）是指将编码后的资料输入到计算机内存储起来，以便由计算机进行分类和汇总。

目前，我国大多数市场调查的调查数据都是键盘录入，即由电脑员通过计算机终端直接把原始数据录入统计软件的数据库。以 Excel 为例，数据录入包括以下几个步骤：

1. 录入变量。如表 7 -2 所示，横行表示样本录入顺序，序号 1，2，3 等由计算机自动生成。纵列表示变量，变量的名称由使用者自己规定。

2. 数据录入。在变量录入后将问卷资料一份一份地录入到相应的表栏中。一般使问卷的编号与计算机自动生成的序号相同，以便于今后资料的审核、查找。

3. 对数据质量审核。在数据分析前，还要先检查数据录入的准确性，以免今后返工浪费人力、物力和财力。数据录入可能出现的错误包括：

（1）录入的选项在回答项目中根本就找不到。比如人口性别，编码只有 01 和 02，即男性编码是 01，女性编码是 02，其他都是无效的。

（2）回答内容不真实。检查错误的方法，一种是进行数据的二次录入，然后将两次录入的结果加以比较，对不同的数据原始问卷资料进行核对。但这种方法比较费时、费力。另一种是逻辑查错，即先对一些变量进行频次、频率的分析，根据分析结果来判断是否存在错误。这种方法只能查出不符合逻辑的错误，无法判断符合逻辑的错误，而且该方法只能对一些变量进行检查，难以对所有变量都做检查。

第三节　市场调查数据的分析

一、数据的分组分析

1．分组的作用。

（1）区分社会经济现象的类型。社会经济现象之间存在本质差异，这些差异构成了不同的类型，我们可通过将这些不同类型的社会经济现象的数量进行分析，来发现社会经济发展的规律。例如，很多软件公司在向客户销售它们档次比较高的产品或调查客户的特征时，常问到他们所在的企业的性质是民营、国营还是“三资”。

（2）研究社会现象之间的依存关系。一切社会现象都不是孤立的，而是相互联系、相互制约的，通过分组就能将社会现象之间的这种依存关系反映出来。如分析使用过家用电脑软件的学生和没有使用过的学生对家用电脑软件能否提高学习成绩的看法。

（3）反映事物内部结构及比例关系。表现在：一方面，可以明显看出各组中频（次）数的分布情况，从而对被调查对象的结构情况有一个大体的了解；另一方面，科学的分组方法，还可以使许多普通分组显示不出来的结论显化。

2．分组的步骤。

（1）按标志特征分组，可以分为品质标志分组和数量标志分组。品质标志分组，是指按反映事物属性的标志分组，如按性别、按职业等分组都属于品质分组。数量标志分组，是指按照某一标志的不同数量，将总体单位划分为若干组，如收入、人口、年龄、企业规模等。

按品质标志来分组比较容易划分，按数量标志来分组就要仔细考虑所分的组能否揭示出某种经济规律，并且要确定分组界限。例如，为了反映班级学生的学习情况进行的成绩分组（如表 7－4 所示）。

表 7－4　成绩分组

成绩分组	人数
60 以下	8
60～80	24
80～90	34
90 以上	12

（2）确定分组界限。分组界限，是指组与组之间划分的界限。它包括以下几个因素：组数、组距、组限、组中值的确定。组数是分组的数量。组距是各组中最大值和最小值之间的差额。组距相等的叫等距数列，组距不等的叫不等距数列。组限是指组距的两个端点。每组的最小值为组的下限，每组的最大值为组的上限。只有上限没有下限或者只有下限没有上限的组叫开口组，否则叫闭口组。组中值是上限和下限之间的中点数值，其计算方法为：

$$\text{闭口组的组中值：组中值} = （\text{上限} + \text{下限}）/2$$

开口组组中值的计算：

缺下限的开口组：组距数列的首组出现“×××以下”

$$\text{组中值} = \text{上限} - \frac{\text{邻组组距}}{2}$$

缺上限的开口组：组距数列的末组出现“×××以上”

$$\text{组中值} = \text{下限} - \frac{\text{邻组组距}}{2}$$

（3）对数量标志分组应注意的事项。①按某一标志进行分组，不要遗漏任何原始资料所提供的数据；②组距尽可能取整数，不要是小数；③各组的组距尽可能相等，即尽可能多用等距分组，少用不等距分组；④问卷中回答项目本身就已分好类，今后做表格时就可按上述分类进行排列；⑤对某一具体数字而非区间范围的，应设计出分组，使其在分组的间隔中；⑥使用的组距要使最常出现的答案在中间；⑦分类间隔应是互相排斥的。

（4）对品质标志进行分组应注意的事项。①分组有利于相互比较；②在分组时，答案应是简洁和互斥的，每个答案应放在一种间隔里。

分组应包括所有的答案，如果没有答案的选择，应放在分类的“其他项”中。

二、数据的集中趋势分析

一般来说，总体中所有单位的次数分布有集中趋势和离中趋势之分。

对调查数据公布的数量规律性集中特征进行分析，是对被调查总体的特征进行准确描述的重要前提。数据集中趋势分析的对象，包括数据的均值（各类平均数）、中位数和众数。数据集中趋势，指次数分布趋向集中于一个分布的中心。其表现是次数分布中心附近的变量值的次数较多，而距次数分布中心较远的变量值的次数较少。比如，某项对236名消费者进行的月均生活消费开支额调查所得到的数据经整理，如表7－5所示。

表7-5　月均生活费开支额统计

月均生活费开支（美元）	消费者数（人）	各组人数比重（%）
100～150	11	4.67
151～200	20	8.48
201～250	37	15.68
251～300	46	19.49
301～350	52	22.20
351～400	42	17.80
401～450	21	8.90
451～500	7	2.97
合　计	236	100.00

以上资料显示，月均生活费开支额在301～350美元附近各组的消费者人数较多，即这里是次数分布的中心区域，从整个次数分布状况来看，次数集中趋向于变量值为301～350美元这个组。

显然，集中趋向数据的特征是，总体中各单位的次数分布既有差异性，又有趋中性。它反映了社会经济现象的特性，即社会经济现象总体数量特征存在着差异性，但客观上存在着一个具有实际经济意义的能够反映总体中各单位数量的一般水平的数值。概括技术就是找出这一数值所采用的方法。

最常用的反映总体中各单位数量的一般水平的数值有众数、中位数和平均数三种。

1．众数。众数是总体中各单位在某一标志上出现次数最多的变量值。比如，某项对大学生上电影院观看电影的调查资料显示，大多数学生每月观看电影4次，这一数字即是众数。所以，确定众数的方法比较容易。

2．中位数。中位数是总体中各单位按其在某一标志上数值的大小顺序排列时，居于中间位置的变量值。比如，某项对消费者去百货公司购物次数的调查，对15个消费者的调查结果按顺序排列是：0，0，0，0，1，1，1，1，1，2，2，2，3，7，9，则中位数是1。

中位数的计算方法不难，首先，应对未经分组的资料按各个标志值的大小顺序排列，然后再根据如下公式确定中位数的位置：

$$\text{中位数位置} = \frac{n+1}{2}$$

式中：n 为标志值的项数。如果 n 为奇数，取数列中间一项为中位数；如 n 为偶数，则取数列中间两项标志的算术平均值为中位数。

3. 平均数。平均数是数据偶然性和随机性的一个特征值，反映了一些数据必然性的特点。平均数一般包括算术平均数、调和平均数和几何平均数三种，其中算术平均数是最简单、最基本的形式，它又视资料分组与否而有简单算术平均数和加权算术平均数之分。

（1）算术平均数。是计算平均指标最常用的方法。它表明同一总体各单位标志值的一般水平，是总体各单位标志值之和的标志总量与总体的单位总数之比。算术平均数的基本计算公式为：

$$\text{算术平均数} = \frac{\text{总体标志总量}}{\text{总体单位总量}}$$

算术平均数又分为简单算术平均数和加权算术平均数。

1）简单算术平均数。指在总体各单位实际资料未经分组的情况下，将各单位标志值直接相加除以总体单位数而求得的平均数。计算公式为：

$$\bar{x} = \frac{x_1 + x_2 + \cdots + x_n}{n} = \frac{\sum x_i}{n}$$

2）加权算术平均数。即用各组标志值乘以相应各组单位数，先求出各组标志总量，然后加总求得总体标志总量，并除以各组单位数之和的总体单位总数，既可得加权算术平均数。计算公式为：

$$\bar{x} = \frac{x_1 f_1 + x_2 f_2 + \cdots + x_n f_n}{f_1 + f_2 + \cdots + f_n} = \frac{\sum x_i f_i}{\sum f_i}$$

（2）调和平均数。是统计平均数的另一种形式，是总体各单位标志值倒数的算术平均数的倒数，又称倒数平均数。分为简单调和平均数和加权调和平均数。

1）简单调和平均数公式：

$$M_H = \frac{1}{\frac{\frac{1}{x_1} + \frac{1}{x_2} + \cdots \frac{1}{x_n}}{n}} = \frac{n}{\sum \frac{1}{x_i}}$$

2）加权调和平均数公式：

$$M_H = \frac{M_1 + M_2 + \cdots M_n}{\frac{\frac{M_1}{x_1} + \frac{M_2}{x_2} + \cdots \frac{M_n}{x_n}}{n}} = \frac{\sum M_i}{\sum \frac{M_i}{x_i}}$$

（3）几何平均数。几何平均数是 n 个变量值连乘积的 n 次方根，多用于计算平均比率和平均速度。如平均利率、平均发展速度、平均合格率等。

几何平均数的计算公式为：

$$G = \sqrt[n]{x_1 \times x_2 \times x_3 \times \cdots x_n}$$

三、数据的离中趋势分析

在市场调查、预测过程中，除了需对集中趋势进行概括，以反映事物的一般水平外，也要对离中趋势进行概括，以反映各单位标志值之间的差异程度，从而更全面深刻地认识事物的特征。集中趋势反映的是数据的一般水平，我们用平均数等数值来代表全部数据。但若要较全面地掌握这组数据的数量规律，还需要计算反映数据差异程度的数值，即离中趋势。

数据的离中趋势，是指次数分布呈集中趋势的状态下同时存在的偏离次数分布中心的趋势。例如，消费者月均消费开支额在 100 ～500 美元这一范围中，尽管大多数消费者的开支额在 250 ～400 美元之间，但也有少数消费者的开支额偏高或偏低，而使次数分布呈离中趋势。

离中趋势通常由极差、平均差、标准差和离散系数等反映。

1. 极差。也叫全距，是总体各单位中最大的标志值与最小的标志值之差，一般用 R 来表示。极差的计算：

（1）单项数列：

极差（R）=标志最大值 - 标志最小值

（2）组距数列：

极差（R）=最大组的上限 - 最小组的下限

采用极差可以评价标志变异程度，极差值越小，说明总体各单位标志值越集中，则平均数的代表性就越大；反之，极差值越大，说明总体各单位标志值越分散，则平均数的代表性就越小。

由极差的计算方法可知，极差只受最大值和最小值的影响。如果因特殊原因出现特别大或特别小的数值时，全距就不能确切反映标志值真实的变异程度，可见它只是一个较粗略的测量数据离中趋势的指标。在实际应用中，当经济现象的离散程度比较稳定时，可以使用这一指标。

2. 平均差。是总体各单位数量标志值与其算术平均数离差绝对值的算术平均数。平均差一般用 AD 来表示。

（1）简单平均差计算公式：

$$AD = \frac{\sum |x_i - \bar{x}|}{n}$$

（2）加权平均差计算公式：

$$AD = \frac{\sum |x_i - \bar{x}| f_i}{\sum f_i}$$

式中：$x_i - \bar{x}$ 代表离差，即每一个标志值（x_i）与平均指标（$\bar{x}$）之间的差数；n 为离差的项数。由于平均指标处于各标志值的中点，正离差之和与负离差之和正好相等，它们相加的结果为零，因而无法计算离差的平均数。其解决办法是将所有的离差作绝对值处理。平均差可以评价标志变动程度，平均差越小，平均数的代表性就越大；反之，平均数的代表性就越小。

3．标准差。又叫均方差根，是各标志值与其算术平均数离差平方的算术平均数的平方根，是测定标志差异程度的最常用的指标，用“σ”表示。

简单式：

$$\sigma = \sqrt{\frac{\sum (x_i - \bar{x})}{n}}$$

加权式：

$$\sigma = \sqrt{\frac{\sum (x_i - \bar{x}) f_i}{\sum f_i}}$$

计算标准差的基本原理及其含义与平均差相同。它是采用对离差进行平方来消除正负号。用标准差可以评价标志变动情况，标准差越小，平均数的代表性就越大；反之，平均数的代表性就越小。

4．离散系数。是标志变异指标与其相应的算术平均数的比值，因此，也称标志变动系数，用“V”表示。离散系数越小，说明总体各单位标志值越集中，则平均数的代表性就越大；离散系数越大，说明总体各单位标志值越分散，则平均数的代表性就越小。

离散系数包括极差系数、平均差系数和标准差系数三种。

（1）极差系数。极差系数是将极差除以相应的平均指标得到的数值。

极差系数计算公式：

$$V_R = \frac{R}{\bar{x}}$$

（2）平均差系数。平均差系数是将平均差除以相应的平均指标得到的数值。

平均差系数计算公式：

$$V_{AD} = \frac{AD}{\bar{x}}$$

平均差是总体平均指标与各个标志值的平均差额，它同时受到标志值的变异程度和总体平均指标两种因素的共同影响。因此，当对比两个总体的变异程度时，如果它们的平均指标水平不同，就不能简单地将两个平均差进行对比。此外，由于平均差具有与平均指标相同的计量单位，所以，不同现象即计量单位不同的总体的平均差也不能直接比较。平均差系数是一个相对数，它解决了上述平均差的局限性，从而能用以比较平均指标水平不同或经济现象不同的总体的标志变异程度。

（3）标准差系数。标准差系数是将标准差除以相应的平均指标得到的数值。

标准差系数计算公式：

$$V_{\sigma} = \frac{\sigma}{\bar{x}}$$

与平均差一样，标准差也是反映标志值变异程度的绝对指标，它受标志值的差异程度和平均指标两个因素影响。标志值平均水平不同，或不同现象即计量单位不同的总体的标准差，是不能直接比较的。标准差系数与平均差系数相似，克服了这些缺陷，能直接用于比较。

四、数据的相对程度分析

相对程度分析是统计分析的重要方法，是反映现象之间数量关系的重要手段，可以使那些利用总量指标不能直接对比的现象找到可比的基础，在市场调查分析中经常使用。它通过对比的方法反映现象之间的联系程度，表明现象的发展过程，用来比较的指标作为分式的子项，被比较的指标作为分式的母项，计算出的比值，一般都用百分数（%）或系数、倍数表示，个别种类的相对指标的比值用名数表示。

根据数据的特点，按照不同目的对比统计指标，就会产生不同种类的相对指标，主要有计划完成相对指标、结构相对指标、比较相对指标、比例相对指标和强度相对指标5种。

（一）计划完成相对指标

在我国，整个国民经济和各地区、各部门以至各企业，都要制订各种计划，以保证经济和文化建设有计划地进行。为了检查计划的执行情况，反映计划执行的结果，需要以计划为标准，确定计划的完成程度。

计划完成相对指标，就是以计划作为基准，将实际完成数与计划规定数相比较，来确定计划的完成程度，通常用百分数表示。计算公式为：

$$\text{计划完成相对指标} = \frac{\text{实际完成数}}{\text{计划任务数}} \times 100\%$$

计划完成相对指标必须保持分式上下项的一致性。

（二）结构相对指标

一个总体通常由若干部分组成。为了观察与分析总体内部的构成及其变化，要在总体分组的基础上，计算结构相对指标。

结构相对指标是总体内部某一组成部分的数值与总体的全部数值之比。它表明总体中各部分所占的比重，用来反映和说明总体内部的构成情况，又称比重指标。通常用百分数表示，也可以用系数表示。其计算公式为：

$$结构相对指标=\frac{全体部分数值}{全体全部数值}\times 100\%$$

可以是某组总体单位数与全部总体单位数之比，也可以是某组标志总量与总体标志总量之比，都表明总体内某类现象所占的比重。但不管是哪一种表现形式，结构相对指标的子项数值，必须同时包括在母项数值之中，如果违背这一原则，就不能说明总体结构及其变化量。也正因为如此，各组结构相对指标之和一定要等于100%（用百分数表示）或1（用系数表示）。

（三）比较相对指标

比较相对指标是同一时期不同地区、不同部门或不同单位的同类指标的对比，用以说明同一时期内某种同类现象在不同单位之间的差异程度。其计算公式为：

$$比较相对指标=\frac{某地区（部门或单位）某一指标数值}{另一地区（部门或单位）某一指标数值}\times 100\%$$

（四）比例相对指标

比例相对指标是同一总体内部各个不同部分的指标数值之间的对比，用以反映总体内部各部分之间的比例关系。计算公式为：

$$比例相对指标=\frac{总体中某一部分指标数值}{总体中另一部分指标数值}\times 100\%$$

比例相对指标不仅能反映总体内部的比例关系，而且也是制订社会和经济发展计划、合理安排各种比例关系的重要依据。

（五）强度相对指标

强度相对指标是同一时期两个性质不同而又有联系的总量指标之比，用以说明现象的强度、密度或普遍程度。其计算公式为：

$$强度相对指标=\frac{某一指标数值}{另一有联系的指标数值}$$

强度相对指标表现形式一般为复名数，由分子指标的计量单位与分母指标的计量单位共同组成。如人口密度用“人/平方公里”表示，人均国内生产总值用“元/人”表示，等等。计算强度相对指标，必须从社会经济现象的本质方面去反映两个总量指标之间的内在联系，这样才能使计算结果具有实际意义。例如，研究每位受众拥有电影院的数量可以提高受众的文化消费层次，进而做大做强我国电影产业。

本章小结

1. 市场调查资料审核是对调查获取的各种资料（原始资料和整理资料）进行审查和核实。

2. 审核的内容包括：完整性审核、准确性审核、及时性审核、协调性审核。

3. 调查资料整理的内容包括对资料数据处理与资料数据管理两方面的内容。

4. 调查资料整理的步骤包括设计调查资料整理的方案、调查资料的审核、调查资料的分组与汇总、编表与绘图和资料的系统积累五个步骤。

5. 数据分析包括：分组、集中趋势、离中趋势和相对程度分析。

思考与练习

1. 如何进行数据的审核？

2. 进行分组分析的作用是什么？

3. 用 Excel 中的统计功能进行数据的整理并作分析。

第八章　传媒市场调查报告的撰写

◉ 知识要点

1. 传媒市场调查报告撰写中应注意的事项
2. 传媒市场调查报告撰写的步骤及技巧
3. 传媒市场调查报告的格式和内容

导入案例 >>>

电视观众满意度调查报告

随着全国各省电视台的纷纷上星，中央电视台的节目受到了挑战，其观众也日益分流。观众对目前节目满意度的变化，反映了未来可能的收视率变化。2009 年 10 月，中央电视台委托央视调查咨询中心媒介研究部对中央电视台和各省卫星频道观众满意度进行了调查。调查结果表明：

（一）观众评价：CCTV－1 名列第一

在观众对全国 37 个卫星电视频道的总体评价中，观众满意度排名第一位的为中央 1 台。值得注意的是，中央 5 套（体育频道）的观众满意程度仅次于 CCTV－1，名列第二，说明体育频道的节目在观众心目中有较高的吸引力，并占有较大的优势（见表 1 所示）。

表 1　全国 37 个卫星电视频道观众满意度排名前 10 位

频道名称	观众满意度评分（分）	观众满意度指数（%）	序号
CCTV－1	8. 86	114	01
CCTV－5	8. 32	107	02
CCTV－6	8. 31	107	03
CCTV－2	8. 23	106	04
湖南卫视	8. 23	106	05
凤凰卫视	8. 17	106	06

续上表

频道名称	观众满意度评分（分）	观众满意度指数（%）	序号
黑龙江卫视	8.16	105	07
重庆卫视	8.14	105	08
福建卫视东南台	8.08	104	09
北京卫视	7.99	103	10

注：观众满意度满分为10分，观众满意指数平均分为100分。

（二）节目评价：《焦点访谈》荣登榜首

通过数据分析得知，最受观众好评的前5个栏目依次为《焦点访谈》、《实话实说》、《足球之夜》、《人与自然》和《新闻30分》。从节目类别分析，中央电视台的新闻节目观众满意度最高；体育节目名列第二，高于中央电视台节目观众满意度的平均分；以下依次是经济节目、综艺节目和专题节目。

（三）体育节目：成功男士喜爱的节目

调查显示，在中央电视台41个主要栏目中，体育栏目的观众满意度平均分为8.15，此分数仅次于新闻节目，高于全台其他主要节目的平均分。通过对中央电视台的5个主要体育栏目的调查发现，《足球之夜》在主要电视节目中名列前茅。有趣的是，在关于体育节目的五方面评价中，观众对“主持人”评价的平均水平最高。可见，风趣幽默、专业精深、见解独到的体育频道主持人形象最受观众欢迎。

调查还发现，体育频道的观众多具有如下特征：男性，30～34岁，大学本科及以上文化程度，未婚，家庭月收入较高，生活上积极进取。这一目标观众在性别、文化程度、职业、收入等方面相对稳定，并且在年龄、婚姻状况上有所延伸，即体育节目不仅吸引了年轻未婚者，同时也吸引了成年已婚者。

调查显示，每天的19：30—23：00是观众收看CCTV-5的黄金时间，其中20：30—22：00的含金量最足。

（四）北京电视受众收视习惯调查

北京特雷森信息中心根据现有收视网连续采集的数据，并结合专项问卷调查，于2009年2月15日至5月24日对北京地区部分电视节目进行了百日跟踪调查。调查分析工具为SAS统计分析系统及特雷森公司自行开发的数据库分析系统。本次调查的栏目选择与栏目收视率高低无关，调查结论如下。

1. 对几个特色栏目的透视。

本次调查对以下主要栏目进行了分析：

(1)《好山好水好心情》：在特定观众中表现不俗。《好山好水好心情》于2008年9月底开播，收视群体逐渐形成，其收视率走势越来越稳定于1.3%左右。在同时段播出的几个栏目中，其占有率位居第四，而排在其前面的3个频道此时正在播新闻和电视剧这类大众化的节目。对于这种每周只播出一次、给特定收视群体收看的“小众栏目”而言，其表现已经不俗了。在与北京二套一周同时段播出的几个栏目做比较时，调查人员发现《好山好水好心情》仅次于在星期日播出的娱乐性节目——《幸运之光》。

（2）《北京特快》：不在黄金段照样出彩。18：30—20：30是人们收看电视的黄金时段，而《北京特快》首播的时间是20：30分，多数人都会关电视去睡觉，这是开机率急剧下降的时间，然而研究人员却发现该收视率走势图中22：30—23：15之间有一小段平台，收视率没有下降，说明此时是由于《北京特快》的播出，留住一批观众在耐心看完临睡前的最后一个节目。而在中午11：40—12：00处，收视率又波起一个小山峰。黄金时段只有一个，不可能将每个栏目都安排在这个时段，但如能在非黄金时段掀起一个小波澜，也一样赢得掌声。

（3）《法制进行时》：收视率波动与其3个板块的主题相关。根据栏目一段时期的收视数据，可以使用时间序列模型对某一栏目将来的收视率走势进行预测。研究人员发现《法制进行时》栏目的收视率有一种上升的趋势，虽然其间也有波动，这与其一周7次播出的3个板块的主题不同相关。调查人员结合该栏目的特征占有率，使用SAS统计分析软件中的对应分析，研究了这3个板块分别吸引的观众特征，目的是了解各个板块在受众中的位置。可以看出，36～45岁的中年人比较喜欢收看《法治进行时》，文化程度比较低的观众最爱看《法网追踪》，而《庭审纪实》则受到大专文化程度的观众及一些干部的偏爱。这说明：栏目名称与哪种特征相临越近，则这类人群越喜欢收看该栏目，这与绝对收视人数的多少无关，只体现特征收视人群对该栏目的偏爱程度。

（4）《同乐园》：“小众栏目”有特定受众。调查发现，频道专业化、栏目小众化，已经是一种必然的趋势。栏目也像产品一样面临消费者的选择，因而电视栏目的制作也需要定位，并在播出一段时间后检验其实际受众与目标受众是否相符。《同乐园》是专为喜爱戏曲的观众制作的，其中老年人收看的比例较年轻人要高得多，这也与喜爱戏曲的观众中老年人较多有关。

现在已经有很多栏目是为某一特定收视群量体裁衣专门制作，将受众“市场细分”，广告主也希望自己的广告能够让尽量多的目标受众看到。因此，频道专业化、栏目小众化已不仅仅是观众的意愿。

（5）《第七日》：中午时段中最具竞争力的节目。时段占有率实际上说明一个栏目在观众市场中的竞争力，类似于产品的市场占有率。《第七日》在中午时段能够竞争到近三成的观众，位居该时段第一，说明其有相当的实力。如果把该节目放到一个收视高峰，相信占有率会更高，收视率也会随之上涨。

（6）《纪实报道》：提前5分钟则有另一番天地。影响栏目收视率高低的因素既多又复杂。研究发现，一个频道作为一个整体，必须注意充分利用“收视惯性”这一规律，即前一栏目的收视率比较高，且前后栏目的受众比较相似，则会留住相当数量的观众收看其后面的栏目，使后面的栏目得到一个比较高的收视率起点。

调查显示，在19：30时间段，北京1套的收视率为20%，中央1套是8%左右。由于北京1套在转播新闻联播后13分钟才开始播《纪实报道》，使观众大量分流到中央1套的《焦点访谈》和北京2套、有线1套的连续剧，这样中央1套得以保持原有水平且稍有上升，而北京1套却急剧下降。北京台若能将《纪实报道》提前5分钟播出，则会留住相当一批喜欢收看新闻类节目的观众。

（7）《晚间新闻报道》：千万不要忽视观众的收视习惯。2009 年 1 月和 4 月，《晚间新闻报道》的播出时间分别向后推了 15 分钟和 25 分钟，使收视率下降到 1% 以下。

2. 对影响受众看不同栏目因素的剖析。

在调查中，研究人员发现，由于电视节目栏目小众化的趋势，使得对受众的分析需要从一个新的视角——人的兴趣和喜好、人的性格、人的消费能力等方面来展开，以得出某个栏目对具有哪种喜好的人更具吸引力的结论。虽然这一类人的绝对数量不会很多，但如果该栏目能够吸引这类人中的 60% 或者更多，就说明这个栏目是成功的。

根据统计分析的结果，人的兴趣爱好与其是否喜欢收看一个栏目之间的相关性要比收入、学历、职业等特征与其是否喜欢收看一个栏目之间的相关性要强得多。购买产品与否与其是否对这类产品感兴趣的相关性也比较强。而且从这个角度来分析栏目，也符合小众栏目发展趋势的需要。

特雷森公司对某个娱乐类栏目进行了详尽的受众的研究，结果如下：

（1）影响人们是否喜欢收看该栏目的因素依次是：城市与郊区的差异，是否喜欢听流行音乐，对影视娱乐话题、流行话题、时尚动态感兴趣的程度，以及是否喜欢逛街及性别情况。

（2）全北京有 17.1% 的观众喜欢收看该栏目，城八区与各区县的差异较大（城八区人口中有 11.3% 的人喜欢收看该栏目，郊区人口中的 22.3% 的人喜欢收看该栏目）。

（3）城镇中对影视娱乐话题非常感兴趣且喜欢逛街的人最喜欢收看该栏目，占该类特征人群的 35.1%。

（4）各区、县中喜欢听流行音乐且对各种流行话题、时尚动态非常感兴趣的人最喜欢收看该栏目，占该类特征人群的 58.6%。

由此可以看出该栏目对哪一类特征的人群最具吸引力，以及影响观众是否喜欢收看该栏目的因素有哪几个。同时，对广告的投放也是一个参考依据。

从调查中可以看出不同时段受众具有其各自的特征，比如，星期六晚 12 点以后会有 7.5% 的人可能还在收看电视，其中有 60% 以上的人对高新技术问题比较感兴趣或非常感兴趣，占全北京对这类问题感兴趣的人的 10.4%。同时也有一些人对美食感兴趣；而对运动、身体健康、保健以及影视娱乐方面的话题并不怎么感兴趣。

[价值中国（http：//www.chinavalue.net），2009 年 10 月 13 日]

第一节 市场调查报告概述

与市场调查资料相比，市场调查报告不仅形式上更便于阅读，而且能够透过现象看本质，从原始的调查数据中总结出规律性的东西来，使客户能够更加系统而深入地理解市场，从而更好地指导实践活动。一份好的调查报告，能对企业的市场情况、分析问题、制定决策和编制计划等各方面都起到积极的作用。市场调查报告是用书面形式表达出来的，如果市场调查报告写得拙劣，那么，即使设计并实施了最好的调查方案，也会使得到的最好的调查资料黯然失色，甚至可能使整个市场调查工作功亏一篑，前功尽弃。

要撰写市场调查报告，必须了解市场调查报告的特点、撰写市场调查报告应遵循的原则，掌握整个调查报告的撰写步骤、调查报告的主要形式和一定的技巧，使市场调查报告在实际调查工作或理论研究中发挥应有的作用。

一、市场调查报告的特点

市场调查报告是对某一类市场的全面情况，或某一侧面、某一问题进行调查之后撰写出来的，是针对市场情况进行的调查、分析与研究，有着不同于其他类型报告的特点。

1. 针对性。针对性是调查报告的灵魂，主要包括两方面：①撰写调查报告必须明确调查目的。市场调查报告的目的性很强，要明确是为了解决某一问题，还是为了说明某一问题，撰写报告时必须做到目的明确、有的放矢，围绕主题展开论述。②调查报告必须明确阅读对象。阅读对象不同，其要求和所关心问题的侧重点也不同。如果既不明确解决什么问题，又不明确读者对象，针对性不强，则撰写出来的市场调查报告是盲目的、毫无意义的。

2. 新颖性。市场调查报告应紧紧抓住市场活动的新动向、新问题，引用一些人们未知的通过调查得到的新发现，提出新观点，形成新结论。只有这样的调查报告才有使用价值，能达到指导企业进行市场经营活动的目的。一般情况下，不要把众所周知的、常识性的或陈旧的观点和结论写进去。

3. 时效性。当今世界已进入信息时代，市场竞争越来越激烈，企业在生产经营活动中必须掌握准确、及时、系统的经济信息资料，对市场变化迅速做出反应，并对未来状况加以预测，才能在竞争中取胜。因而，要顺应瞬息万变的市场形势，调查报告必须讲究时间效益，做到及时反馈。只有及时到达使用者手中，使决策跟上市场形势的发展变化，才能发挥调查报告的作用。时间就是金钱，意义就在于此。

二、市场调查报告撰写的基本原则

判断一份调查报告质量好坏的基本标准，是看该报告能否与报告的阅读者顺利地沟通。为了达到顺利沟通的目的，在准备报告的过程中，必须始终考虑阅读者对调查的技术方法是否理解，所关心的重点是什么，以及是否有足够的时间阅读报告，等等。总之，报告的写作者要时时考虑到客户的需要。

1. 充分考虑到读者的情况。报告应当是为特定的读者而撰写的，他（们）一般是管理部门的决策者。因此，撰写报告时，不但要考虑他们可能在什么环境下阅读报告，还要考虑他们会如何使用这个报告。应当避免技术性的术语或专门性的词汇，因为这些读者（项目委托人）一般来说对抽样调查、数据处理或统计分析都不太熟悉，而且他们一般比较忙，因此，要用描述性的说明来代替一些专业名词。如果无法避免使用一些技术术语，也要在附录里给予简要的说明。要知道，人们宁愿将一个他们解决不了的问题放在那里，也不愿意接受一个他们理解不了的解决方案。当然，有时候调查都必须适应有几种不同技术水平和对项目有不同兴趣的读者，为此，可以将报告分成几个不同的部分或干脆完全针对不同的对象，分别撰写整个报告。

2. 完整而精炼。所谓报告的完整性，是指报告中应根据调查项目所提出的问题，提供回答问题所必需的全部信息，特别是最重要的信息不应有遗漏。然而，调查报告的完整性并不意味着面面俱到和过于繁琐，报告还应该是精炼的和简要的。一方面，市场调查报告应简明扼要，内容有所取舍，围绕调查目标，突出重点。如果包含了太多不重要和不必要的信息，就有可能失去重点。另一方面，写作风格要简洁明快，直截了当，避免使用过长的句子。当然，也不能为了达到简洁、精炼而牺牲了完整性。

3. 客观而准确。应以客观的态度来撰写报告。报告应当准确地给出项目的研究方法、调查结果的结论，不能有任何迎合用户或管理决策部门期望的倾向。决策者们不太可能热情地接纳那些反映不赞同他们判断或行为的报告。但是，调查者应当有勇气客观地报告并捍卫调查结果。

准确，是指在一项调查中不仅要求收集资料准确，在报告中引用资料准确；还要求提供调查结果准确，以及语言使用的准确。

4. 清晰而有条理。将所要报告的信息清楚地向读者传达并非易事，这其中包括结构要有条理，思维逻辑要缜密，以及语言表达要清晰。为此，在写作前应准备一份提纲，按逻辑顺序列出所有的要点，在初稿完成后反复推敲和修改。调查报告中最重要的和主管人员最关心的部分是调查结论及建议，因此，这部分内容的清楚表达尤为重要。

5. 易读易懂。市场调查报告应当是易读易懂的。报告中的材料要组织得有逻辑性，使读者能够很容易弄懂报告各部分内容的内在联系。使用简短、直接、清楚的句子把事情说清楚，比用“正确的”但含糊难懂的词语来表达要好得多。在报告的主体部分，应避免技术细节方面的介绍或讨论，也尽量少用专门的术语，因为报告的阅读者对技术问题未必了解，也未必有时间和兴趣了解。一些涉及技术细节的内容可放在正文之后的附录中。

为了增强报告内容的易读性，可用各种表格、图形、照片或其他可视物品来补充正文中的关键信息，作为表达的辅助手段。直观可视的图形、表格等能够帮助报告撰写人与读者之间进行良好的交流，还可以增强报告的明了程度和效果。

为了检查报告是否易读易懂，最好请两三个不熟悉该项目的人来阅读报告并提出意见，反复修改几次之后再最后呈交给用户。

6. 外观正规而专业化。可以说，报告的外观同报告的内容是同等重要的。理由很简单，调查项目的委托人在判断项目的质量和水平方面都不是专家，他们常常会有一些疑问：调查结果的准确性、可靠性和有效性到怎样？一般来说，并没有一套标准的方法来判断（除非经过专门的鉴定）。因此，他们总是认为一份干净整齐、组织得好的有专业味道的报告一定比那些外观不像样的报告要可信、更有价值。调查者一定要清楚，不像样的外观或一点小失误和遗漏都会严重地影响阅读者的信任感。所以，最后呈交的报告应当是专业化的，打印和装订都应是够水平的。印刷及排版格式、字体的大小、空白位置的应用等都会对报告的外观及可读性产生很大的影响。

三、市场调查报告的类型

一般来说，可将市场调查报告分为综合报告、专题报告、研究性报告、说明性报告四种不同的类型。

1. 综合报告。这是提供给用户的最基本的报告。这种类型的报告目的在于反映整个调查活动的全貌，详细地给出调查的基本结果和主要发现。因此，除了需要将统计处理数据的基本结果整理成大量的表格、图形外，报告主要包括以下几个部分：①调查概况。包括调查目的和调查方针、调查内容和问卷设计、抽样方案和调查实施、数据的统计处理。②样本结构。包括调查点的分布、调查对象的基本情况、样本结构、样本分布与总体分布的比较。③基本结果。这一部分主要针对问卷中的内容，逐项给出调查结果，一般配合给出大量的统计图表以及简要说明。④对不同层次调查对象的分析。这一部分是调查报告的重点，要针对调查对象的人口状况，即针对不同性别、不同年龄、不同文化程度、不同职业和不同收入等各种层次的调查对象，给出统计分析的主要结果。⑤主要项目间的关联性分析。这一部分主要针对理论假设，对主要调查项目（变量）间的关联性、相关性做出判断，即判断这些项目间是相互关联的还是相互独立的；如果是相关的，又是一种怎样的联系。⑥主要发现。这一部分实际上是调查的小结，要说明通过调查及数据分析所得到的主要发现和几点结论性的意见，以提供给有关决策部门参考。

2. 专题报告。与综合调查报告不同，专题报告是针对某个问题或侧面撰写的。例如，针对农村消费者的问题、老年消费问题，都可以分别写出专题调查报告。又例如，在北京市女性化妆品市场调查中，可以以不同层次的女性用于购买化妆品的月平均消费量为主要内容，完成一个专题报告。

3. 研究性报告。研究性报告实际上也可以看成是某种类型的专题报告，但是其学术性较强，需要进行更深入的分析研究，并要求从中提炼出观点、结论或理论性的东西。

4. 说明性报告。说明性报告也叫技术报告，即对调查中的许多技术性问题进行说明，例如抽样方法、调查方法、抽样误差的计算、样本的加权处理方法等。主要通过说明调查方法的科学性来肯定调查结果的客观性与可靠性。

第二节　市场调查报告的格式和内容

一、市场调查报告的基本格式

调查报告的格式不是固定不变的，其具体结构、格式和风格、体例因调查项目的需要、调查者以及调查性质的不同而不同。但是，大多数正规的市场调查报告都有一个基本的格式，即包括开头部分、主体部分和附录部分，每个部分又包括若干具体内容。以下所列的是一套可供参考的格式，准备报告时可根据具体情况，在此基础上增减。

1. 开头部分。开头部分一般包括封面、题目、信件、目录和摘要。

（1）封面（包括标题）。

（2）信件：①致项目委托人的信（可省略）；②项目委托人的授权信。

（3）目录：①报告目录；②统计表目录；③统计图目录；④附件目录；⑤展示品目录。

（4）摘要：①主要发现；②结论；③建议。

2. 主体部分（报告正文）。主体部分一般包括引言、调查方案设计、调查实施、数据分析、调查结果、局限性及必要说明、结论和建议几个部分。

（1）引言（问题的定义）：①问题的背景；②问题的表述（要达到的目标）；③处理问题的基本途径。

（2）调查方案设计：①方案设计的类型；②所需的信息；③二手数据的收集；④原始数据的收集；⑤量表技术；⑥问卷设计及测试；⑦抽样技术。

（3）调查实施。

（4）数据分析：①数据分析方法；②数据分析方案。

（5）调查结果：①基本结果；②分组结果；③关联性分析结果。

（6）局限性及必要说明。

（7）结论和建议。

3. 附录部分。一般包括调查问卷、图形、表格、有关计算的细节或技术说明、参考文献等几个部分。

二、市场调查报告的内容

市场调查报告的内容主要包括以下几个方面：

（1）说明调查目的及所要解决的问题。

（2）介绍市场背景资料，如地理、气候条件，经济、文化及社会变化趋势，政局变化，法律与政策，等等。

（3）分析的方法，如样本的抽取，资料的收集、整理、分析技术，等等。

（4）调查数据。

（5）提出论点，即摆出自己的观点和看法。

（6）论证所提观点的基本理由。

（7）提出解决问题可供选择的建议、方案和步骤。

（8）预测可能遇到的风险、对策。

在市场调查报告中，所占篇幅最多的一般是调查结果部分。下面按照市场调查报告规范格式的顺序，分别对每一部分的内容做一些简要说明。

1. 封面。包括调查报告的标题，执行调查项目的研究人员或机构（名称、地址、电话），报告的提交日期，等等。报告的标题一般要将被调查单位、调查内容明确而具体地表示出来，如《杭州市居民商品房需求情况调研》。还可采用正副标题形式，一般正标题说明调查的主题，副标题则具体表明调查的单位和问题，如《××牌产品为什么滞销——对××牌产品销售情况的调研分析》。

2. 信件。信件包括致项目委托人和项目委托人的授权信两部分：①致项目委托人的信。正式的报告一般应有一封给用户的信，简要地总结受委托项目执行的全过程（不包括调查结果）；信中还应建议需要用户方所做的进一步行动。例如，针对调查中的发现制订一些相应的措施，对某些问题要做进一步的研究探讨，等等。②项目委托人的授权信。这封信是在项目开始之前用户给调查者（机构）的授权信。信中规定了项目的范围以及合同中的一些项目。很多时候只需在“致项目委托人的信”中提一下这封授权信就可以了；有时将授权信的复印件附在报告中也是必要的。

3. 目录。目录应列出报告各部分或分部分的标题及其对应的页码。在多数报告中，目录部分只需包含大标题和小标题就可以了。目录的详细程度取决于报告的长度。若图表较多，报告目录之后还应有图表目录、附件目录和展示品目录等。

4. 摘要。摘要是市场调查报告中最重要的内容，是整个报告的精华。一般来说，高层领导或高层管理人员因为工作繁忙，往往只有时间阅读摘要部分，然后根据摘要，从正文中寻找需要进一步阅读的内容。因此，摘要应以较小的篇幅（一般不要超过2～

3 页)，对调查报告中最重要的内容进行高度概括。

摘要是按照市场调查项目的顺序将问题展开，并阐述对调查的原始资料进行选择、评价，并得出结论、提出建议等。一般包括五方面内容：①调查目的。简要说明调查的由来和委托调查的原因。②问题的描述。简要介绍调查对象和调查内容，包括调查时间、地点、对象、范围、调查要点及所要解答的问题等。③处理问题的途径、所采用的方案设计。介绍调查的方法，有助于使人确信调查结果的可靠性。因此，这一部分应对所用方法进行简短叙述，并说明选用方法的原因。例如，是用抽样调查法还是用典型调查法；是用实地调查法还是用方案调查法；等等。④主要的发现。⑤结论和建议。

摘要的每一部分都要有一个小标题或关键词（短语），每段内容应当简洁精炼，一般不要超过三四个词。摘要应当能够使读者兴奋，引起他们的兴趣和好奇心，去进一步阅读报告的其余部分。

5. 引言。引言即调查问题的定义。这一部分给出调查问题的背景，并据此对调查项目的必要性做简要的解释；说明与决策制订者以及与行业专家讨论的要点；对二手资料的分析，所做的定性研究，以及所考虑的各种因素；对管理决策问题和实际问题做出清楚的描述。此外，还应说明处理问题的基本途径，最后所采用的处理问题的途径以及达到这一结果的过程，并描述指导这一研究的理论基础、模型，研究问题、理论假设以及影响方案设计的因素。

6. 调查方案设计。这一部分详细描述执行调查的具体方案，包括所采用方案的类型、所需的信息、收集的二手资料和原始资料、量表技术、问卷设计和测试、抽样技术等。这一部分要用易于理解的方式来描述，要使用非技术性的语言。技术的细节说明可以用技术报告的形式放在最后的附录之中。这部分应当说明所选用的具体方法是正确的。

7. 数据分析。这一部分描述数据分析的方案，说明所采用的方案及技术是正确的。分析技术应当用简单的非技术性的语言来描述。

8. 调查结果。这部分用来提出调查的发现，包括基本的结果、分组结果和关联性分析结果等几方面。它是调查报告正文中最长的一部分，一般要由几个章节构成，不但要逐题给出总的结果，还要按市场细分或按所关注的人口特征（如年龄、性别、收入、职业等）给出分类的结果，以及项目间的相关关系结果。

这部分内容要紧紧围绕调查问题和所需的信息，按照调查目标的逻辑顺序来安排。叙述要简明扼要，细节可用图表作为辅助表达方式，但过于详细的图表可放在附录部分。

9. 局限性及一些必要的解释说明。应认识到，由于时间、预算以及其他组织上的种种限制，任何市场调查都会存在局限性，而且所采用的研究方案也是有局限性的，各种方案都可能与某些类型的误差相联系，有些误差甚至可能是比较严重的。在这一部分，应持公开坦诚的态度，指出调查存在何种局限性，资料收集过程存在什么问题，并简要讨论这些问题对结果的可能影响，目的是使报告的阅读者和使用者能够对调查结果作出评估。

这一部分的撰写应当十分细致谨慎，并且注意观点上的平衡。一方面，调查者应当把握住的是，管理决策人员不会过分地信赖于调查结果，不会将结果用于其他目的（例如将结果推广到其他总体）；另一方面，又注意不要影响了他们对调查的信任感或贬低了调查的重要性。

10. 结论和建议。结论和建议是撰写综合分析报告的主要目的，包括对引言和正文部分所提出的主要内容的总结。仅将统计的结果总结出来是不够的，调查者应当按照定义的问题来解释统计的结果，并从中提炼出一些结论性的东西；然后根据调查统计的措施以及解决某一具体问题提供选择的方案和建议。结论和建议与正文部分的论述要紧密对应，不能提出无证据的结论，也不要进行没有结论性意见的论证。

有时候并不要求市场调查者提建议，因为他所做的项目只涉及一个领域，对较大范围的情况并不了解。如果要提建议的话，这些建议应该是合理的、实用的、可行的，并且是可以直接用于管理决策的制订的。

11. 附件。附件是指调查报告正文包含不了或没有提及、但与正文有关、必须附加说明的部分，它是对正文报告的补充或更详尽的说明。附件中包括所有技术性较强和细节性的材料，供那些关心调查技术方面内容的主管人员或专家阅读。通常有问卷、抽样方案、一些资料的背景材料、必要的工作技术报告以及参考文献等。

第三节　市场调查报告撰写的步骤及技巧

一、市场调查报告撰写的步骤

1. 构思。从调查策划开始就应有一个粗线条的方案，在统计分析过程中，随着统计数据的展现，种种构想不断在心中出现，对报告的撰写也就自然呈现出基本的轮廓。

2. 选取数据。在分析过程中会有大量的数据出现，有些数据没有什么价值，就不予采用；明智的做法应是根据调查目的，选取那些有价值的数据进行分析和报告。

3. 撰写初稿。经过前面的酝酿，便可以动手把数据、结论、建议等进行有机的组合，形成报告初稿。

4. 定稿。以突出主题、表达简明为准，对初稿进行修改后再定稿付印。

二、市场调查报告正文的组成

整个调查报告的核心内容一般在正文中加以详细的描述，正文如何撰写，关系到整个调查报告的质量。那么，正文由哪些部分组成呢？

1. 开头。即基本情况说明，包括调查的目的和根据，调查的时间、地点、对象、范围、方法和效果，等等。一般围绕为什么进行调查、怎样进行调查和调查的结论等部分展开阐述。

2. 主体部分。即调查的核心部分。可分为两块：一是详细调查的分析，对调查的每一部分内容进行客观的说明与分析；二是综合调查分析，对调查的结果进行分类，并说明这些调查结果所反映的信息。综合调查分析要对调查的数据资料进行客观的说明，遵循提出问题、分析问题、解决问题的思路撰写，由点到面，循序渐进，最后引出结论。

3. 结尾部分。结尾起到画龙点睛的作用，应当采用简明扼要的语言，使人对调查结果加深认识。结尾一般有以下几种方法撰写：概括全文；自然形成结论；提出看法和结论；展望未来；等等。

三、市场调查报告的撰写技巧

其实市场调查报告的撰写也像文章的写作一样，有一定的写作技巧，用什么样的方式去撰写，决定着调查报告阅读的方便性。当然，调查报告更像一篇纪实的说明文，需要实事求是、客观地对调查结果进行综合、分析，最终给决策者提供真实的情报，以便他们能够对市场作出正确的决策，以免贻误时机。

（一）基本要求

1. 突出主题。分析方法和统计指标的取舍、分析内容的详略等，都要围绕调查主题这个中心。

2. 以调查资料为依据。要做到调查的结论建议与统计整理分析的结果相一致。结论、建议不能脱离统计的数据，同时调查报告要有丰富的定性研究，以弥补数据的不足。

3. 表达力求简明。整理结果可以作为附件放在文后，正文力求简明，所引述的对象应是主要的指标和结论；有些较专业化的深入的统计分析过程和结果也可以放在附录中。另外，遣词造句务必简练，不可拖泥带水。

（二）表达技巧

要写成一篇行文流畅的调查报告，在写作的过程中，一般运用叙述、说明、议论、语言的运用四种技巧。几种表达技巧相互配合、相辅相成，使文章更富有可读性，更有感染力。

1. 叙述。对于调查报告的开头，可运用叙述的方法，对调查的来龙去脉进行叙述，表明调查的目的和根据，调查的过程和结果；还可按时间顺序进行叙述，交代调查的目的、调查的对象、调查的经过等。

2. 说明。市场调查报告中常用数字、分类说明、对比说明、举例说明等方法进行表达。

3. 议论。调查过程中得到的调查信息就是论据。根据对调查信息的分析，得出结论的过程就是议论。调查所得的结果，统称为论据。比如，人的心态、对同一问题的看法等。议论是通过目标调查人群对一些问题的看法而得出的一种结论。

4. 语言的运用。在整个调查报告中，调查的结果很多是用数字表示的，因此，数词在调查报告中运用得较多；同时，陈述句、肯定句等都能使报告更具有说服力。

（三）调查报告中的制图技巧

表格作为描述性统计方法，广泛应用于市场调查报告中，它可起到清楚、形象、直观和吸引人的作用。调查报告中常用的图形有直方图或条形图、饼形图等，这些图表能够清楚、形象、直观地表达所要说明的问题。因此，调查报告中这些图表不可缺少。

下面举例说明市场调查报告中最常用的几种图形。

1. 圆饼图。圆饼图是以圆的整体面积代表被研究现象的总体，按各构成部分占总体比重的大小，把圆面积分割成若干扇形来表现部分与总体的比例关系。圆饼图一般只用于单选问题，整张圆饼图算 100%，每一部分的面积就表示了某个变量对应取值的百分数。圆饼图不能切割成太多的部分，一般不要超过 7 个部分。以南京江宁大学城大学生手机消费意向调查为例，则可以做出江宁大学城大学生对手机 3G 功能看法的一张圆饼图（见图 8 – 1）。

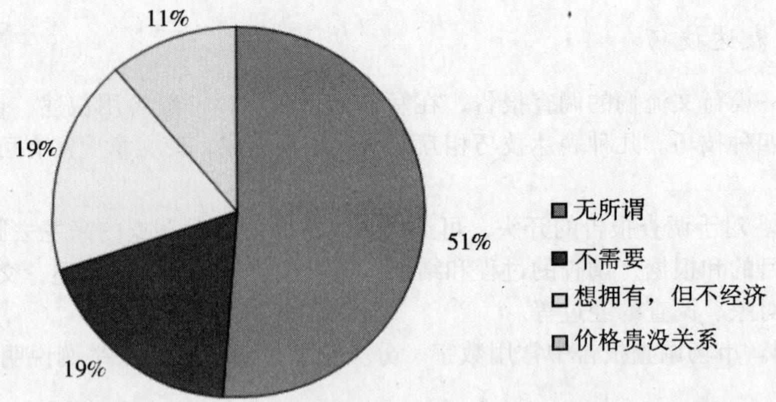

图8－1　南京江宁大学城大学生对手机3G功能的看法分布

消费者调查结果显示，江宁大学城大学生对手机3G功能的看法，认为“无所谓”的占51%；认为“不需要”的占19%；“想拥有，但不经济”的占19%；认为“价格贵没关系”的占11%。

2. 线图。线图又称曲线图，即利用线段的升降来说明现象的变动情况，主要用于表示现象在时间上的变化趋势、现象的分配情况和两个现象之间的依存关系。线图又包括简单线图和复合线图。前者适用于描述一段时间内单个变量的历史状况以及发展趋势。如不同年级大学生对手机价格接受情况分布图（见图8－2）。

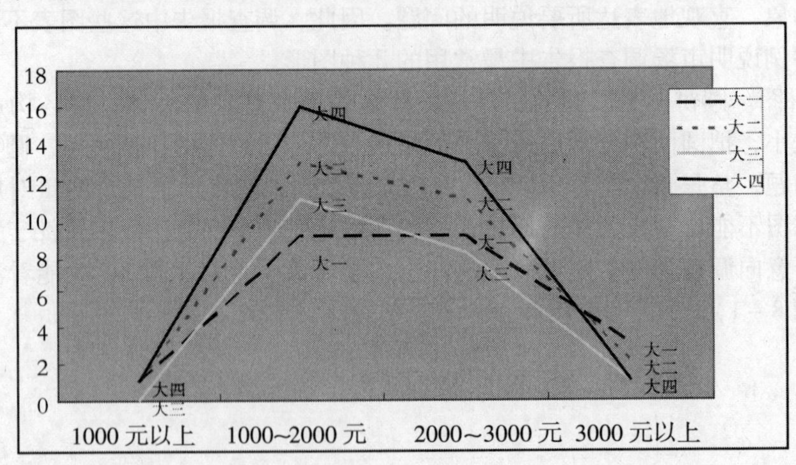

图8－2　不同年级大学生对手机价格接受情况分布

3. 条形图。条形图是利用相同宽度的条形的长短或高低来表现数据的大小与变动。

如果条形横排，也可称为带形图，纵排也可称为柱形图。条形图可以清楚地表现各种不同数值资料相互对比的结果。条形图也可分为简单条形图和复合条形图，前者适用于说明一段时间内的单个变量，复合条形图适用于说明两个或两个以上的变量的对比关系（见图8－3和图8－4）。

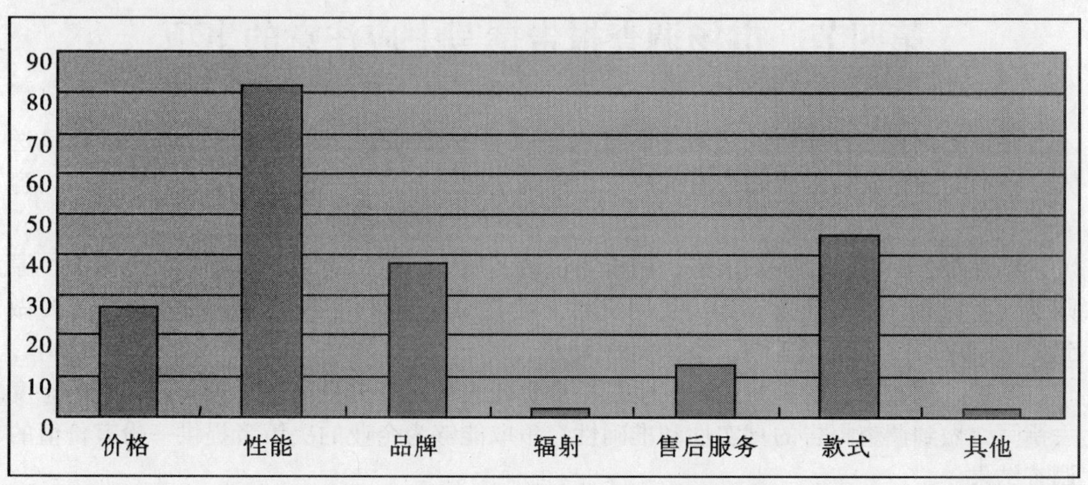

8－3　大学生购买手机注重的功能分布

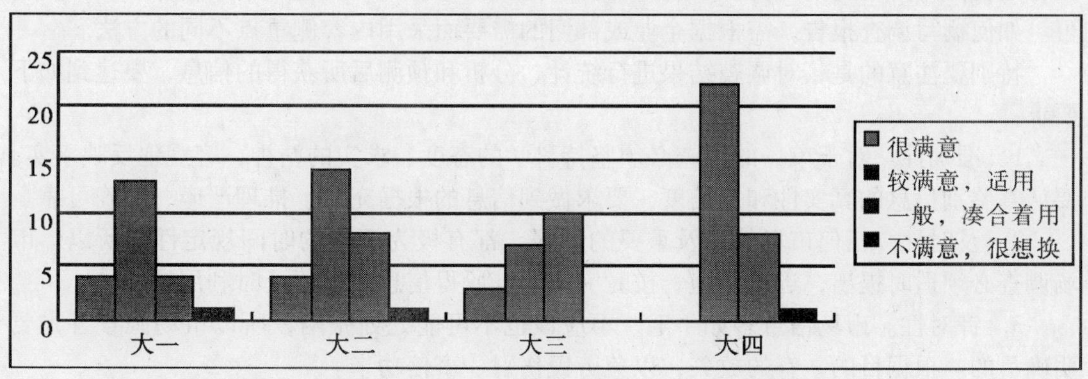

8－4　不同年级大学生对目前使用手机的满意度分布

4. 其他图形。此外，还有一些其他常用的图形，如散点图、面积图、高低图、控制图、雷达图、箱图等，就不再详细介绍。

在使用图表时，我们应该记住，图表只是为了说明主题，并不能代替主题，更不是为了报告的装饰。因而在制作和设计图表时要注意以下几点：①统计图表的使用目的是把统计资料简洁地表达出来，因此，图表的内容应简明扼要；②图表的主题必须明白易懂，一目了然；③要准确标明图表中有关栏目的名称和单位；④要注明资料的来源，以便查对；⑤需要时可用各种颜色来做图。

第四节　市场调查报告撰写中应注意的事项

在市场调查报告撰写的过程中，要考虑报告的针对性，要明确报告的目的和呈送人，撰写时要做到目的明确，有的放矢，围绕主题展开论述。同时，要观点明确，内容安排有序，富有逻辑性。

调查报告的特点是实事求是，用事实说话，所以，应以客观的态度来撰写报告，原则是：有什么，就写什么（如需要用资料，就要加以说明）。最终在形成报告后，要做到排版有序，字体比例适中，整体美观大方。

当然，调查报告的撰写过程，也是调查责任人的一个信息梳理过程。用客观的态度去撰写，做到调查报告的真实性和准确性，争取能够为企业的决策者提供一份有价值的调查结果。

总之，市场调查的目的是为市场销售提供信息，为决策者提供决策依据。撰写调查报告的目的是为了更清楚地反映市场或者消费者或竞争对手的真实情况，做到客观即可。如何撰写调查报告，需根据企业或部门的需要而采用内容侧重点不同的方法。

特别要注意的是，对调查结果进行统计、分析和预测后所获得的信息，要达到如下要求：

1. 准确性。对于市场的调查必须坚持科学的态度、求实的精神，客观地反映事实。要认真鉴别信息的真实性和可信度，要求做到信息的根据充分、推理严谨、准确可靠。

2. 及时性。任何市场信息及重要的情报，都有极为严格的时间规定性。所以，市场调查必须适时提出，迅速实施，按时完成，其所得信息情报要及时利用。

3. 针对性。市场信息多如牛毛，不应该也不可能处处张网，所以市场调查首先要明确目的。根据目的，有的放矢，以免劳民伤财、事倍功半。

4. 系统性。市场信息在时间上应有连贯性，在空间上应有关联性，随着时空的推移和改变，市场将发生日新月异的变化，信息也将不断扩充。企业对市场调查的资料加以统计、分类和整理，并提炼为符合事物内在本质联系的情报，而不是一个“大杂烩”。

5. 规划性。市场信息面广量大，包罗万象，因此，要做好信息管理工作，就应加强计划性。既要广辟信息来源，又要分清主次，突出重点；既要持之以恒，又要注意经济效益；既要充分利用各方面的力量，又要有专业化的组织和统一管理。

6. 预见性。市场信息的收集和整理，既要满足当前经营决策的需要，又要分析变化的未来趋势，预见今后的发展。

本章小结

1. 市场调查报告分为综合报告、专题报告、研究性报告、说明性报告。

2. 正规的市场调查报告都有一个基本的格式，即包括开头部分、主体部分和附录部分。

3. 市场调查报告主体部分一般包括引言、调查方案设计、调查实施、数据分析、调查结果、局限性及必要说明、结论和建议几个部分。

4. 对调查结果进行统计、分析和预测后所获得的信息，要达到如下要求：准确性、及时性、针对性、系统性、规划性、预见性。

思考与练习

1. 调查报告的步骤有哪些？

2. 调查报告撰写时的注意事项有哪些？

3. 根据调查内容试撰写一份规范而有创意的调查报告。

参 考 文 献

1. 柯惠新，沈浩编著. 调查研究中的统计分析法. 北京：中国传媒大学出版社，2005
2. 刘燕南著. 电视收视率解析：调查、分析与应用. 北京：北京广播学院出版社，2001
3. 柯惠新，丁立宏著. 市场调查与分析. 北京：中国统计出版社，2000
4. 央视－索福瑞媒介研究（CSM）. 2005 中国电视收视年鉴. 北京：中国传媒大学出版社，2005
5. （美）詹姆斯·G. 韦伯斯特，帕特西亚·F. 法伦，劳伦斯·W. 里奇著. 视听率解析. 王兰柱，苑京燕译. 北京：华夏出版社，2004
6. 刘燕南著. 电视传播研究方法. 北京：北京师范大学出版社，2003
7. 王兰柱主编，肖海峰，郑维东副主编. 聚焦收视率. 北京：北京广播学院出版社，2002
8. （美）Lisa Taylor，Adrew Willis 著. 大众传播媒体新论. 简妙如译. 台北：台湾韦伯文化事业出版社，1999
9. 周鸿铎等著. 传媒产业市场策划. 北京：经济管理出版社，2003
10. （美）罗伯特·皮卡德著. 媒介经济学. 冯建三译. 台北：台湾远流出版事业股份有限公司，1994
11. 贾国飚著. 媒介营销. 长沙：湖南人民出版社，2003
12. 周鸿铎主编. 媒介调查分析. 北京：经济管理出版社，2005
13. 胡祖光编著. 市场调研与预测. 北京：中国发展出版社，2006
14. 郑小玲主编. Excel 数据处理与分析应用教程. 北京：人民邮电出版社，2010
15. 谢耘耕. 2005 中国电视媒体竞争报告. 现代传播，2005（6）
16. 王兰柱主编. 收视率调查应用手册. 央视－索福瑞媒介研究内部资料
17. 郑维东. 电视节目市场评价方法研究. 收视中国，2003（6）
18. 沈浩，黄晓兰. 结合分析在汽车市场研究中的应用. 北京广播学院学报，2002（1）
19. 收视率分析与电视广告投放. 央视－索福瑞媒介研究，2003－09

20. 李学东. 当前电视节目评价体系分析. 电视研究杂志，2002（5）
21. 刘燕南. 关于观众流动分析的一些探讨. 中国新闻研究中心，2002-09
22. 周步恒. 衡量广播媒体实力之杠杆：论节目评估体系. 中广网，2003-12
23. 黄孝俊，叶琼丰. 节目欣赏指数及其应用前瞻. 香港中国传媒报告（*CHINA MEDIA REPORT*），2002，（1）
24. 中央电视台总编室. 节目综合评价体系方案和栏目警示及淘汰条例，2002
25. 刘燕南. 电视传播者眼中的收视率. 中国新闻研究中心，2002-09
26. 收视率调查漫谈. 新传播资讯网，2002-06
27. 刘燕南. 收视率分析再探. WTO框架下我国电视传媒业发展战略研讨会，2001